BERND MAELICKE

DAS KNAST-DILEMMA

BERND MAELICKE

DAS KNAST-DILEMMA

Wegsperren oder resozialisieren?

Eine Streitschrift

C. Bertelsmann

Verlagsgruppe Random House FSC® N001967
Das für dieses Buch verwendete FSC®-zertifizierte
Papier *Munken Premium Cream* liefert
Arctic Paper Munkedals AB, Schweden.

1. Auflage
© 2015 by C. Bertelsmann Verlag, München,
in der Verlagsgruppe Random House GmbH
Umschlaggestaltung: buxdesign München
Satz: Uhl + Massopust, Aalen
Druck und Bindung: GGP Media GmbH, Pößneck
Printed in Germany
ISBN 978-3-570-10219-0

www.cbertelsmann.de

Inhalt

IV. Wegsperren oder resozialisieren? 179

V. Perspektiven 215

Prolog

Dieses Buch handelt vom rationalen und irrationalen Umgang mit Kriminalität. Die Furcht, Opfer einer Straftat zu werden, ist berechtigterweise weit verbreitet. Jedes Jahr registriert die Statistik der Polizei in Deutschland mehr als achthunderttausend Menschen, die Opfer einer Straftat wurden. Das entspricht einem Prozent der Bevölkerung. Diese achthunderttausend Menschen sind Opfer von Körperverletzungen, Einbrüchen, Raubüberfällen, Sexualdelikten, Mord oder Totschlag geworden. Hinzu kommt die Dunkelziffer all der Taten, die nicht polizeibekannt werden, die sich hinter bürgerlichen Fassaden oder in Parallelgesellschaften, in sozialen Brennpunkten oder in Migrantenquartieren abspielen.

Die Politik antwortet darauf mit Phrasen. Eine sich immer wiederholende Aussage lautet: »Jedes Opfer ist ein Opfer zu viel«, eine weitere: »Wegsperren, aber für immer!« Mit der Angst der Menschen vor Kriminalität und mit solchen Sprüchen kann man Wahlen gewinnen – man denke nur an Roland Koch in Hessen oder Ole von Beust und Ronald Schill in Hamburg.

Nachdem die Gesetzgebungskompetenz für den Strafvollzug im Jahr 2006 vom Bund auf die Länder übertragen worden ist, entscheidet immer häufiger der Ausgang von Landtagswahlen, ob die Quote der inhaftierten Gefangenen ansteigt, ob mehr oder weniger Gefangene in den offenen Vollzug kommen, wie viele Beamte im Vollzug und wie viele Bewährungshelfer eingesetzt werden.* Die Landtage bestimmen, wie viele Haushaltsmittel für den Vollzug und wie viele für ambulante Maßnahmen zur Verfügung stehen.

Alle Experten wissen, dass diese Faktoren Auswirkungen auf die Rückfallquoten der Entlassenen und damit auf die Sicherheit der Bürger als potenzielle Opfer haben. In der Kriminalpolitik entscheiden die Politiker allerdings weitgehend nach Kriterien der politischen Opportunität, nicht nach denen einer systematischen Qualitäts- und Kostenkontrolle. Es mangelt an nachhaltigen Konzepten auf der Grundlage wissenschaftlicher Ergebnisse der Kriminologie und der Strafvollzugswissenschaften sowie an entsprechenden nachhaltigen und wirkungsorientierten Masterplänen für die Resozialisierungspolitik auf Landes- und auf regionaler Ebene. In Schleswig-Holstein ist dies seit 1988 anders – dieses Buch handelt unter anderem davon.

Schon der Begriff (Re-)Sozialisierung macht deutlich, dass es darum geht, Fehlentwicklungen in der Biografie der Täter nachträglich zu korrigieren. Bereits in ihrer Kindheit und Jugend ist ihre Sozialisation zumeist nicht so verlaufen, dass spätere Straftaten verhindert werden konnten. Es geht also um den Versuch einer nachträglichen Sozialisation – nunmehr im fortgeschrittenen Alter von Jugendlichen, Heranwachsenden und Erwachsenen. Negative Erfahrungen und Verhaltensweisen haben sich bereits verfestigt, das soziale

* Aus Gründen der Lesbarkeit wird in diesem Buch nicht die im behördlichen Schriftverkehr genderkorrekte Schreibweise »Beamte und Beamtinnen« oder »BeamtInnen« verwendet, ich bitte um Nachsicht. Gerade beim Thema Resozialisierung wird die Genderproblematik sehr deutlich: Die Gefangenen sind zu über 90 Prozent Männer – die Frauen sind dagegen häufig die entscheidenden Personen, die positiv zu einer gelingenden Resozialisierung der Männer beitragen.

Umfeld erweist sich häufig zusätzlich als gefährdender Faktor. Resozialisierung ist deshalb ein äußerst komplexer Prozess, der bei jedem Täter sehr individuell und unterschiedlich verläuft. Viele Hürden müssen überwunden, viele Umwege gegangen werden. Resozialisierung gelingt nur wechselseitig – die Täter wie die Gesellschaft müssen daran gemeinsam mitwirken.

Nachdem ich mich mehr als fünfzig Jahre ehrenamtlich, hauptamtlich, wissenschaftlich und politisch mit diesem Thema beschäftigt habe, sind meine Haupterkenntnisse und mein Hauptvorwurf, dass wir in Deutschland trotz besseren Wissens – und das empört mich am meisten – nicht alles fachlich Mögliche und Erprobte tun, um Kriminalität zu verhindern und Opfer zu schützen. Die Gesellschaft, die Politik, die Medien sind fixiert auf den vermeintlichen Königsweg des Wegsperrens der Täter hinter Gefängnismauern. Dabei wird völlig übersehen, dass 96 Prozent von ihnen irgendwann wieder entlassen werden (mehr als 40 Prozent bereits nach maximal einem Jahr) und dass die Rückfallquoten trotz aller Reformbemühungen in den letzten vierzig Jahren weitgehend konstant geblieben sind. Zudem verursacht der Freiheitsentzug etwa zwanzig Mal so hohe Kosten wie beispielsweise die Bewährungshilfe, deren Erfolgsquoten außerdem bei in vielen Fällen durchaus vergleichbarer Klientel weitaus günstiger sind.

Dieses Buch handelt von Tätern und Opfern. Es handelt aber auch von Staatsanwälten und Richtern, Bewährungshelfern und Sozialarbeitern freier Träger, von Gefängnismitarbeitern aller Funktionsbereiche, Ministerialbeamten, ehrenamtlichen Helfern und vielen anderen, die als Akteure auf dem Feld der Resozialisierung tätig sind.

Ich habe sie alle erlebt, war selbst einer von ihnen. Während meines Jurastudiums in Freiburg arbeitete ich als ehrenamtlicher Helfer im Gefängnis, meine Doktorarbeit schrieb ich zum Thema »Entlassung und Resozialisierung«. Vier Jahre lang, von 1974 bis 1978, war ich in Frankfurt am Main als Leiter der Akademie für Jugendarbeit und Sozialarbeit in der Aus- und Fortbildung von Sozialarbeitern tätig. Als Direktor des Frankfurter Instituts für Sozialarbeit und Sozialpädagogik (ISS) begleitete ich von 1978 bis 1990 kriminalpolitische Modellversuche wie zum Beispiel die »Anlaufstelle für straffällig gewordene Frauen« oder Reformansätze im Jugend- und Frauenvollzug, bei der Bewährungshilfe und der Freien Straffälligenhilfe in mehreren Bundesländern. Als Ministerialdirigent war ich dann von 1990 bis 2005 im Justizministerium in Schleswig-Holstein verantwortlich für die Verbesserung des dortigen Systems der ambulanten und stationären Resozialisierung. Ab 2005 konnte ich an der Universität Lüneburg und in der Schriftleitung der Fachzeitschrift *Forum Strafvollzug* meine Erfahrungen auswerten und weitervermitteln.

Ich habe in diesen Jahrzehnten miterlebt, mit welchen Aktivitäten und welchen Anstrengungen alle Akteure unermüdlich versuchen, in ihren Organisationen und Institutionen Täter zu resozialisieren und Opfer zu schützen. Ihr Engagement kann gar nicht hoch genug geschätzt und gewürdigt werden.

Allerdings reichen lobende Worte nicht aus, um das Reso-System in Deutschland zu verbessern. Strategien, Konzepte, rechtliche und organisatorische Rahmenbedingungen müssen grundlegend und dringend verändert werden. Geschieht dies nicht, ist die Gefahr groß, dass immer mehr Menschen, die aktiv an der Wiedereingliederung straffällig gewordener Menschen in die Gesellschaft arbeiten, resignieren oder sich gegen drohende Kürzungen wehren müssen. Ihr alltäglicher Frust wächst an, ihre Innovationsbereitschaft geht zurück.

Was wir brauchen, ist eine schonungslose und selbstkritische Analyse der Stärken und Schwächen unseres Reso-Systems und auf dieser Grundlage einen neuen Aufbruch, hin zu weniger Rückfällen, besserem Schutz der Opfer und wirksamerem Einsatz der Mittel. In diesem Buch werde ich Wege aus dem Dilemma »wegsperren oder resozialisieren?« aufzeigen – Wege, die sich in zahlreichen Projekten in Deutschland oder international bereits als gangbar und erfolgreich erwiesen haben, die aber in den deutschen Bundesländern bisher weitgehend Ausnahmen geblieben und jedenfalls nicht Regel geworden sind.

In Schleswig-Holstein konnten wir in den letzten fünfundzwanzig Jahren zeigen, wie in der Reso-Politik innovative Ideen Wirklichkeit werden: ein wissenschaftlich begründetes Gesamtkonzept, eine nachhaltig angelegte Kommunikationsstrategie, belastbare und tragfähige politische Entscheidungen und eine professionell gesteuerte Umsetzung mit begleitender Erfolgskontrolle – auch darüber werde ich ausführlich berichten.

Alle Aussagen und Feststellungen, die ich in diesem Buch treffe, beruhen auf meinen unmittelbaren und überprüfbaren Erfahrungen aus vielen Jahrzehnten der Beschäftigung mit dem Thema. Fachbücher habe ich in meinem Leben mehr als genug geschrieben, jetzt stehen in einer persönlichen Zwischenbilanz konkrete Personen und Situationen im Mittelpunkt. Alle Akteure und Ereignisse gab oder gibt es in der Realität. Nichts ist erfunden, aber einiges wurde verfremdet, um Persönlichkeitsrechte zu achten und zu schützen.

Am Beispiel des Straftäters Timo S. werden wir eine strafrechtliche Karriere über etwa zehn Jahre begleiten. Wir werden erkennen, wie Timo S. zum Täter wurde und welche Faktoren seine erfolgreiche Sozialisation verhindert haben. Wir erleben Versuche der Resozialisierung durch Strafvollzug, Bewährungshilfe und andere Hilfsorganisationen und erkennen ihre sehr begrenzte Wirksamkeit. Die Lebensgeschichte von Timo S. ist repräsentativ für die überwiegende Mehrzahl der derzeit Inhaftierten. Wir haben allerdings viele Daten und auch seinen Namen verfremdet.

Im zweiten Teil schildere ich exemplarisch meine Suchbewegungen nach etwas Besserem als Strafvollzug – hier geht es um Forschungsprojekte, Modellversuche und eindrucksvolle Schlüsselpersonen, die ebenfalls versucht haben, das Reso-System zu verbessern.

Von 1990 bis 2005 hatte ich die einmalige Chance, zusammen mit anderen Mitstreitern diese Erfahrungen und Erkenntnisse in Schleswig-Holstein als verantwortlicher und steuernder Ministerialdirigent im Justizministerium zu einem Gesamtkonzept zu verdichten und schrittweise umzusetzen. Davon handelt der dritte Teil.

Der vierte Teil präsentiert eine kritische Zwischenbilanz, der fünfte Teil entwickelt weiterführende Perspektiven, die nicht utopisch sind, sondern schnell und wirksam realisiert werden können.

Gute Freunde haben mich während der Arbeit an diesem Buch ermuntert, auch von meiner eigenen biografischen Entwicklung zu berichten, denn in der Nachkriegszeit war ich selbst kriminellen Gefährdungen ausgesetzt. Diese Erfahrungen, die ich buchstäblich am eigenen Leib machte, sind ein weiterer Grund für meine Motivation im nicht endenden Einsatz für eine nachhaltige Verbesserung des Systems der Resozialisierung.

I. Von geraden Wegen und krummen Bahnen

Turning Points (1)

Damals nannten sie mich Glatze – wegen der Läuse hatte man mir den Kopf rasiert. Wir waren zu fünft, der Junge war allein. Seine schlaksige Gestalt war in der Dunkelheit gut zu erkennen. Er kam aus der Richtung der Nikolaikirche, wo am Nachmittag noch Markt gewesen war, und nahm die Abkürzung durch den Park. Das war sein Fehler. Er trug Sandalen, schwang im Gehen seinen Stoffbeutel, sah fröhlich aus. Dann blieb er stehen, sah unsere bedrohliche Gruppe, überlegte zu fliehen. Aber die Jungs waren schon über ihm, und er ging zu Boden. Er schirmte sein Gesicht mit dem Ellbogen ab, versuchte keuchend nach Hilfe zu rufen, die Unterlippe war aufgeplatzt. Er wimmerte, erst laut, dann leiser und immer ängstlicher. Ich stand daneben, starrte in die Dunkelheit und spürte – nichts. Unsere Beute war kaum der Rede wert: ein paar Münzen. Dafür bekam der Junge noch ein paar Tritte mehr. Er blieb wimmernd liegen, wir rannten weg.

Das war in Göttingen im Jahr 1953, und mir war damals nicht klar, dass mein Leben so nicht weitergehen konnte. Es war nicht der einzige Überfall, bei dem ich dabei war. Ich war gerade zwölf Jahre alt und ein emotional verwahrlostes Kind auf der Suche nach Zuwendung und Anerkennung.

Kindheit im Übergang vom Krieg zum Frieden

Meine Kindheit während der Kriegsjahre kommt mir heute noch immer idyllisch vor, dabei wurden wir dreimal in Berlin ausgebombt. Mein Vater war überzeugter Nationalsozialist und hatte als Volkswirt Karriere im Propagandaministerium gemacht (einer seiner Kollegen im Ministerium und Freund der Familie war der spätere Bundeskanzler Kurt-Georg Kiesinger). Noch im März 1945 meldete sich mein Vater freiwillig an die Ostfront. Später berichtete man meiner Mutter, dass er in den Kugelhagel der Russen gelaufen war. Wie so viele Kinder meiner Generation wuchs ich ohne Vater auf.

Nach dem Krieg lebte meine Mutter mit meinem älteren Bruder und mir allein in Berlin in einer kleinen Wohnung im Stadtteil Prenzlauer Berg. Das Haus war durch die Bombenangriffe schwer beschädigt, viele Fensterscheiben fehlten, und von meinem Bett aus konnte ich nachts die Sterne und den Mond sehen. Das Brennholz und die Briketts reichten nicht aus, und ich hatte immer Hunger. Auf den Straßen tauschte man Holz gegen Kartoffelschalen, ich klaute Briketts und Eierkohlen von fahrenden Leiterwagen.

Oft suchten wir Zuflucht bei meiner Großmutter auf einem Gutshof in der Nähe von Buckow in der Märkischen Schweiz, ungefähr fünfzig Kilometer östlich von Berlin. Grüne Wiesen, sanfte Hügel – es war eine schöne, friedliche Welt. Damals verstand ich nicht, warum man die jungen und auch die alten Frauen und die Kinder nachts in Keller und Scheunen brachte und sie vor den Russen versteckte. Tagsüber waren die russischen Soldaten meine Freunde – wir brausten mit ihnen in ihren T-34-Panzern über die Wiesen und Felder.

1948 entschied meine Mutter, dass etwas passieren musste. Mein Opa lebte mit seiner zweiten Frau in Göttingen – im

Vergleich zu Berlin eine heile Welt. Kaum Kriegsschäden, eine stabile Versorgungslage, eine gnädigere Besatzungsmacht. Der Opa bot meiner Mutter an, einen ihrer Söhne zu sich zu nehmen.

Flucht in den Westen

Meine Mutter brachte mich im März 1948 an die Zonengrenze nach Thüringen, wo man mich an bezahlte Fluchthelfer übergab. »Sei ein tapferer Junge, du wirst es gut haben!«, sagte sie, dann war sie fort.

Spät am Abend begann in eisiger Kälte der Marsch durch den Harz in den Westen. Ich hatte lediglich einen kleinen Rucksack mit dem Nötigsten dabei, und ein Mann sagte nur: »Hier lang, immer dranbleiben!« In einer Kolonne aus vielleicht zwanzig Personen marschierten wir durch einen endlosen und bergigen Wald. Der Boden war matschig. Ich fror wie ein Schneider, meine Finger waren steif vor Kälte. Ich wusste nicht, wo Göttingen lag oder wo die sowjetisch besetzte Zone endete, sah nur meinen Vordermann mit seinem kleinen ledernen Koffer. »An den musst du dich halten, den darfst du nicht verlieren, dann kommst du irgendwann an«, schärfte ich mir selber ein.

Hinter uns bellten Hunde, irgendwo fielen Schüsse. Ich konnte kaum die Hand vor Augen sehen und geriet jedes Mal in Panik, wenn ich den Koffer meines Vordermanns aus dem Blickfeld verlor. Ich weiß nicht mehr, wie lange wir gelaufen sind. Irgendwann wurde es hell.

Mein Großvater und meine Stiefoma, ich nannte sie Tante Gustchen, empfingen mich freundlich am verabredeten Ort an der Grenze. Wir fuhren nach Göttingen in die Altstadt, Nikolaistraße 21. Lauter intakte Häuser, keine Bombenschäden. Die Wohnung war geheizt, ich bekam ein eigenes Zimmer, und es gab mehr als genug zu essen.

Doch der erste Eindruck war trügerisch. Tante Gustchen war mir gegenüber streng und abweisend, der Opa wiederum kam mir ständig traurig vor – wohl eine Folge des Krieges – und ließ sich von seiner Frau unablässig herumkommandieren. Zwischen den beiden herrschte Kälte und Lieblosigkeit. Bald spürte ich, dass ich für sie eher eine Last als eine Bereicherung war.

Ich war allein, gefangen in einem Leben mit alten, mir fremden Leuten. Trotzdem habe ich meiner Mutter später nie Vorwürfe gemacht, dass sie mich weggegeben hat. Als Kriegerwitwe im Ostberlin der Nachkriegszeit war sie mit zwei halbwüchsigen Jungen ständig überfordert und handelte aus existenzieller Not.

Allein in der Fremde

Das Verhältnis zu meinem Großvater und seiner Frau wurde immer schlechter. Ich rebellierte. Ich konnte ihn nicht als Autorität akzeptieren, zugleich fühlte ich mich von Tante Gustchen immer wieder ungerecht behandelt.

An eine Szene an einem 26. April, an dem sowohl mein Großvater als auch ich Geburtstag hatten, erinnere ich mich noch heute. Es war früh am Morgen, der alte Mann saß im Sessel, und Tante Gustchen sagte: »Bernie, du gratulierst jetzt dem Opa!« Ich entgegnete: »Nein, mach ich nicht! *Ich* hab heute Geburtstag! *Ich*!« Und auch an den Siebenstriemen, einen Holzgriff mit sieben langen Lederriemen, mit dem Tante Gustchen immer wieder auf meinen nackten Hintern einschlug, wenn ich ihr nicht gehorchte, erinnere ich mich noch genau.

Die Zuwendung und Anerkennung, die ich zu Hause nicht bekam, suchte und fand ich auf der Straße. Mit elf Jahren wurde ich Mitglied einer Bande von Jugendlichen, deren Väter nicht aus dem Krieg zurückgekehrt waren. Die Ältesten waren sechzehn oder siebzehn Jahre alt, ich war mit Abstand der Jüngste. Ich bewunderte den Anführer, einen großen, autoritären Typen mit einer klaren Sprache, der vor nichts zurückschreckte. Er gab mir das Gefühl, dass ich sein Kumpel war.

Jahre später las ich in der Zeitung, dass in den Fünfzigerjahren in Göttingen die ersten mit Ketten und Schlagringen bewaffneten Rocker harmlose Rentner im Park zusammengeschlagen hatten, und erkannte: Wir waren die Vorläufer dieser Rocker.

Damals empfanden wir uns einfach als eine Clique, die durch die Göttinger Altstadt zog. Die kriminelle Energie, die sich nach und nach in der Gruppe entwickelte, entsprang keiner materiellen Not, die Jungs stammten alle aus bürgerlichen Familien. Sie war vielmehr Ausdruck der Vaterlosigkeit und der allgemeinen Krise der Autoritäten nach dem Krieg. Zunächst klauten wir in Läden oder auf dem Markt, später verübten wir Überfälle oder Einbrüche. Da ich der Jüngste in der Gruppe war, stand ich meistens an der Straße Schmiere, während die anderen in die Häuser einstiegen und hinterher die Beute unter sich aufteilten.

Ich hatte nichts zu sagen, bekam nie etwas von der Beute ab. Doch ich gehörte dazu und durfte dabei sein, wenn die Jungs ihre Aktionen durchzogen. Und in diesem Fall war Dabeisein für mich wirklich alles. Ich fand Gemeinschaft, spürte Solidarität, konnte meine Grenzen ausloten, bekam Lob, Anerkennung und auch Kritik. Um meine Jungs zu beeindrucken, begann ich, meine Großeltern zu beklauen und meine Beute auf der Straße an die anderen zu verteilen. Oder ich lieh aus der Stadtbibliothek große Bildbände aus und schnitt die Abbildungen heraus. Natürlich wusste ich, dass ich dadurch Probleme bekommen würde – aber dies war eine Form des Protests und der Auflehnung, die mir offensichtlich wichtig war.

Im Nachhinein könnte man vielleicht sagen: Was soll's? Nach dem Krieg ging sowieso alles drunter und drüber, und zu der Zeit hat wahrscheinlich jeder mal Lieblosigkeit erlitten oder irgendetwas geklaut. In Kriegs- und Nachkriegszeiten begehen fast alle Menschen schlimme Straftaten. Außerdem ist aus mir ja doch noch etwas geworden.

All das mag stimmen. Doch ich weiß heute, dass es nicht an mir lag. Ich habe nur Glück gehabt. Denn ich wäre um ein Haar auf der schiefen Bahn immer weiter abgerutscht. Damals hatte ich keinen Menschen für mich, der positiv und aufbauend auf mich hätte einwirken können.

In der Schule wurde ich immer mehr zum Außenseiter. Ich schwänzte den Unterricht, bekam nur noch schlechte Noten und fühlte mich wie ein Versager. Bald sahen auch die Lehrer in mir nur noch den schwierigen und nicht erreichbaren Schüler.

Eine Fürsorgerin vom Jugendamt kam mehrere Male zu uns nach Hause und wollte mich schließlich in ein Heim für schwer erziehbare Jugendliche abschieben. »So kann das nicht weitergehen«, sagte sie, »dem Jungen muss man Grenzen setzen!« Ich stand daneben, mein Großvater schwieg, Tante Gustchen nickte. Ich dachte an den Siebenstriemen und wollte nur noch weg.

Heute weiß man, wie es damals in solchen Heimen zuging. Zucht, Ordnung, Prügel, sexueller Missbrauch waren an der Tagesordnung, Kinder sollten gebrochen werden. Ich weiß nicht, wie meine Persönlichkeit und mein Leben durch solche Verwundungen geprägt worden wären. Später habe ich viele Menschen kennengelernt, die solche Erziehungsmaßnahmen hatten erdulden müssen. Die seelischen Wunden waren noch immer offen, zumindest aber hatten sie lebenslang schmerzende Narben zurückbehalten.

Meine Rettung

Und dann geschah so etwas wie ein Wunder. Es war im Juli 1953, am letzten Schultag vor den Sommerferien. Ich saß in der letzten Bank ganz hinten, wie immer teilnahmslos und desinteressiert. Plötzlich öffnete sich die Klassentür. Herein kam eine bildschöne, blonde, junge Frau. »Ist hier der Bernd Maelicke?«, fragte sie die Lehrerin, während ihr Blick die Reihen entlangwanderte.

Noch bevor sie mich entdeckte, sprang ich auf, lief nach vorne und fiel meiner Mutter in die Arme. Sie wollte mich wiederhaben! Ich war unendlich glücklich.

Von da an wurde alles anders. Meine Mutter war inzwischen wieder verheiratet und mit meinem Bruder an den Bodensee gezogen. Noch am selben Tag fuhren wir dorthin. Irgendwie gelang es ihr, dass ich trotz meiner katastrophalen Zeugnisse zur Probe in die Sexta des Gymnasiums in Singen aufgenommen wurde. Für mich begann damit eine neue Ära, ich konnte mein Leben noch einmal neu beginnen. Ich war zwei Jahre älter als meine Klassenkameraden, kannte die »große Welt« und sprach fehlerfrei Hochdeutsch. Meine Schulleistungen verbesserten sich schlagartig, nach kurzer Zeit war ich Klassensprecher und hatte echte Freunde ohne kriminelle Interessen.

Die Heimkehr zu meiner Mutter war der entscheidende Wendepunkt in meinem Leben. In der kriminologischen Rückfallforschung wird so ein Wendepunkt als »Turning Point« bezeichnet: ein einschneidendes Erlebnis, das die Orientierung eines Menschen völlig verändern kann.

Heute bin ich sicher, dass mich die Rückkehr zu meiner Mutter und das neue Leben vor dem Gefängnis gerettet haben. Ohne diese glückliche Wendung wären meine Chancen auf ein erfülltes und straffreies Leben vermutlich sehr gering gewesen. Noch heute bin ich ihr dankbar dafür.

Ich habe in meinem Leben viele Menschen getroffen, die einen solchen positiven Turning Point nicht erfahren durften. Menschen, die niemand gerettet hat. Menschen, die für sich keine Alternative sahen außer einem abweichenden Verhalten.

Ihre Straftaten werden dadurch nicht entschuldigt. Es ist aber einfach, Menschen zu bestrafen und dadurch auszugrenzen. Resozialisiert werden sie dadurch nicht. Ihnen einen besseren Weg aufzuzeigen und ihnen zu helfen, diesen besseren Weg zu beschreiten, ist schwer, aber es lohnt sich. Für die vermeidbaren Opfer, für die potenziellen Täter, für die Gesellschaft.

Wie man zum Verbrecher wird

Das Böse ist immer und überall

Angenommen, ein Gewalttäter bricht aus dem Gefängnis aus. Er hat seine Aktion lange geplant und perfekt organisiert. Jetzt befindet er sich auf der Flucht.

Die Reaktionen der Öffentlichkeit sind stets dieselben: In den Zeitungen erscheinen alarmierende Artikel, das Fernsehen berichtet vor Ort. Fahndungsfotos werden abgedruckt, zusammen mit dem Hinweis, der Täter sei gefährlich und möglicherweise bewaffnet. In der Zeitung mit den großen Buchstaben wird diskutiert: Wie konnte das nur passieren? Wieso kann die Justiz nicht für unsere Sicherheit garantieren? Rücktrittsforderungen an den zuständigen Landesjustizminister werden laut. Die Bürger fragen sich, ob der Ausbrecher vielleicht schon in ihrer Straße, in ihrem Vorgarten ist. Sie vergleichen die Fahndungsfotos mit den Gesichtern von Menschen, die im Supermarkt hinter ihnen in der Schlange stehen. Sie kontrollieren abends zweimal, ob die Haustür sicher verschlossen ist. Sie fordern höhere Mauern, mehr Stacheldraht, bessere Kontrollen durch die Vollzugsbeamten. Solche Reaktionen sind verständlich, zugleich aber vollkommen irrational. Denn es spielt überhaupt keine Rolle, in welche Höhen die Sicherheitsstandards in den Gefängnissen geschraubt werden – 96 Prozent aller Gefangenen werden irgendwann mit vollständiger Verbüßung ihrer Freiheitsstrafe oder vorzeitig entlassen.

Zurzeit sitzen in den 186 Gefängnissen in Deutschland rund 65 000 Gefangene ein, davon rund 55 000 in Strafhaft und rund 10 000 in Untersuchungshaft. Nur rund 4300 befinden sich im Frauenvollzug – dies ist auch der Grund, warum sich dieses Buch im Wesentlichen mit dem Männervollzug beschäftigt. Der Umgang mit straffälligen Frauen verlangt einen frauenspezifischen Ansatz, den zum Beispiel Hannelore Maelicke in ihrer Untersuchung *Ist Frauenstrafvollzug Männersache?* bereits im Jahr 1995 vorgelegt hat.

Rund 5000 Gefangene befinden sich im Jugendvollzug, rund 2100 in sozialtherapeutischen Anstalten oder Abteilungen und rund 500 in der Sicherungsverwahrung. Etwa 40 Prozent der Gefangenen verbüßen eine Freiheitsstrafe bis zu einem Jahr, die Hälfte davon unter sechs Monaten, fast 7 Prozent lediglich eine Ersatzfreiheitsstrafe. Im offenen Vollzug befinden sich etwa 17 Prozent, im geschlossenen Vollzug etwa 83 Prozent. Diese Zahlen schwanken je nach Bundesland zwischen 5 und über 30 Prozent. Nur eine kleine Minderheit verbüßt eine lebenslange Freiheitsstrafe, zurzeit sind dies ungefähr 2500 Gefangene.

Jedes Jahr werden in Deutschland ungefähr 50 000 Menschen aus den Gefängnissen entlassen, das entspricht der Einwohnerzahl einer Stadt wie Passau. Derzeit leben rund 800 000 Haftentlassene mitten unter uns. Aus diesen Entlassenen werden Nachbarn, Arbeits- und Vereinskollegen und

Kunden in der Einkaufspassage – aber auch Obdachlose oder Rotweinbrüder, die auf der Straße schlafen. Ihre Vergangenheit sieht man ihnen auf den ersten Blick nicht an. Meistens auch nicht nach dem zweiten.

Die Faszination des Bösen

Ich kann mich nicht mehr dagegen wehren. Wohin ich auch in Urlaub fahre, sei es Venedig, Barcelona, Südfrankreich, Mallorca oder eines der skandinavischen Länder: Überall erkenne ich Gefängnisse. Sie mögen noch so versteckt sein, noch so unsichtbar hinter normalen Fassaden, in Gewerbegebieten, Gleisdreiecken oder mitten in der Natur in hügeligem Gelände liegen.

Gefängnisse sind keine Sehenswürdigkeiten, von Alcatraz, Robben Island oder alten DDR-Gefängnissen einmal abgesehen. Viele Menschen fahren an Strafanstalten vorbei, ohne sie als solche wahrzunehmen. Aus ihrer Perspektive ist das Gefängnis der Ort des »anderen«, des tendenziell »Abnormen«. Dort findet, so die naive Vorstellung, all das statt, was in der »normalen« Gesellschaft nicht stattfinden darf. Hier die Gesetzestreuen, dort die Gesetzesbrecher. Hier diesseits, dort jenseits des Gesetzes. Hier das Gute, dort das Böse.

Die Gefangenen sind »die anderen«. Nur so ist es zu erklären, dass Menschen, die noch nie eine Haftanstalt von innen gesehen haben, bereits ein mulmiges Gefühl beschleicht, wenn sie sich einem Gefängnis auch nur nähern. Kommt ihnen dann auch noch – begleitet von Vollzugsbeamten – ein kleiner Trupp von Gefangenen entgegen, die zu Außenarbeiten eingeteilt sind und deren martialische Tattoos deutlich sichtbar sind, dann verspüren viele den spontanen Impuls wegzulaufen und sich in Sicherheit zu bringen. Bekannte aus anderen Berufen, denen ich von meinen vielen Terminen in

Gefängnissen erzählte, fragten mich erstaunlich oft, ob ich dort eigentlich Angst hätte und ob ich für den Notfall bewaffnet sei.

Weil es im Alltag scheinbar nicht vorkommt (zumindest nicht öffentlich sichtbar wird), übt das »Abnorme«, das »Böse«, eine enorme Faszination aus. Die Medienöffentlichkeit scheint geradezu süchtig nach Darstellungen von Kriminalität und Gewalt. Im Fernsehen laufen Tag für Tag jede Menge Krimis, an einem durchschnittlichen Fernsehtag passieren über hundert Morde. Grausame Bluttaten werden in aller Ausführlichkeit dargestellt, und viele Talkshows erschrecken die Zuschauer, indem sie über die angeblich steigende Brutalität von jugendlichen Straftätern oder mittlerweile auch die Gefahr von Rentnerbanden diskutieren.

Dabei ist die Kriminalität in Deutschland seit Jahren rückläufig, überwiegend deshalb, weil sich die Altersstruktur in der Bevölkerung verändert hat: Es gibt immer mehr ältere Menschen, und ältere Menschen werden seltener straffällig. Auch in deutschen Großstädten gibt es insgesamt weniger schwere Gewalttaten wie Mord, Totschlag, Sexualverbrechen, Raub oder Erpressung.

Zwar ist die Zahl der Delikte wie Sachbeschädigung, Diebstahl und leichte Körperverletzung angestiegen. Dies hat jedoch nicht mit einem realen Anstieg von Kriminalität zu tun, sondern vielmehr mit einer intensiveren Ermittlungsarbeit der Polizei sowie mit der erhöhten Bereitschaft der Bevölkerung, Anzeige zu erstatten.

Doch die Faszination des Bösen wird dadurch nicht geschmälert, dazu reicht schon jeder Einzelfall aus, der medial ausgeschlachtet wird. Egal, wie es in Wirklichkeit aussieht, man stellt sich das Böse als etwas »Bedrohliches«, »Krankhaftes«, »Psychopathisches« vor und lässt sich davon gerne am Feierabend ein wenig zum Gruseln bringen. Gleichzeitig pflegt man die Erwartung an den Sicherheitsstaat: Hinter den hohen Gefängnismauern sind die Täter sicher verwahrt und können niemandem mehr gefährlich werden. Hauptsache, sie werden gefasst und weggesperrt.

Scheinlösung Wegsperren

Man kann den Eindruck bekommen, die Öffentlichkeit schreibe dem Gefängnis geradezu magische Fähigkeiten zu: Es bringe Straftäter zum Verschwinden, gerade so, als sei der Knast ein Zauberhut. Sind die Täter einmal zur Strecke gebracht und dem langen Arm der Justiz zugeführt, so der Glaube beziehungsweise das Heilsversprechen, muss sich auch niemand mehr vor ihnen fürchten.

Zudem kann sich jeder, der öffentlich »Wegsperren« fordert, als harter, konsequent durchgreifender Macher darstellen, der kein »Weichei« und »Gutmensch« ist, sondern unerschrocken gegen Gewalttäter vorgeht.

Richtig ist: Solange jemand im Gefängnis sitzt, kann er draußen keine Straftaten begehen. Wäre es also möglich, jeden Täter für den Rest seines Lebens im Gefängnis zu behalten, dann ginge die Rechnung auf. Wer lebenslang weggesperrt würde, könnte der Allgemeinheit nicht wieder gefährlich werden. Zurzeit wären dies wie gesagt rund achthunderttausend entlassene Straftäter. Wir bräuchten für ihre Unterbringung allerdings ungefähr zweitausend neue Gefängnisse – eine absurde Horrorvorstellung. Und trotzdem würden weiterhin neue Straftäter nachwachsen, würden weiterhin Millionen von Delikten angezeigt werden oder unentdeckt im Dunkelfeld bleiben.

Von der Todesstrafe soll an dieser Stelle nicht die Rede sein. Es soll der Hinweis genügen, dass die Kriminalität in den Ländern, wo sie noch Anwendung findet, keineswegs geringer ausfällt als in Deutschland.

Das »Wegsperren« wird immer wieder gefordert und hört sich so einfach an. Wie wir noch sehen werden, ist es allerdings kurzfristig eine schlechte und langfristig meistens gar keine Lösung.

Der Anfang einer Geschichte

Die meisten Krimis enden mit der Ermittlung, Verhaftung oder Verurteilung des Täters. Ist er gefasst, dann ist die Spannung vorbei. Das Böse ist besiegt, man kann ausschalten und sich beruhigt ins Bett legen.

Die Dramaturgie eines durchschnittlichen *Tatort* prägt die öffentliche Wahrnehmung von Kriminalität stärker, als es uns lieb sein kann. Der Mord erscheint als Problem, Verhaftung und Gefängnis als Lösung. Diese Dramaturgie erweckt den Eindruck, mit der Verhaftung ende eine Täterbiografie. Der Eindruck ist jedoch fatal falsch: Nicht selten fängt diese nämlich dann erst richtig an. Gerade junge Täter gehen vor, während und nach dem Gefängnis durch eine regelrechte »Schule des Verbrechens«.

Fangen wir dort an, wo Kriminalgeschichten normalerweise aufhören: bei der Verhaftung, im Gerichtssaal, im Knast, nach der Entlassung – ein sich ständig wiederholender Kreislauf von immer wieder neuen Straftaten. Diese häufig Jahrzehnte dauernden Entwicklungen entziehen sich gemeinhin der öffentlichen Darstellung. Schließlich zeigt die Biografie eines erfolgreich resozialisierten Täters vor allem die – nicht sichtbare – Abwesenheit eines Rückfalls. Eine erfolgreiche Reintegration in die Gesellschaft lässt sich nicht wie zum Beispiel ein Mord im TV-Krimi mit einem Schuss aus der Pistole und ein paar Spritzern Kunstblut darstellen.

Wir haben keine andere Wahl

Wir müssen als Gesellschaft eine Entscheidung treffen: Wie begegnen wir Straftätern, und welche Perspektiven wollen wir ihnen zu welchen Bedingungen anbieten? Sollen sie auch dann noch büßen, wenn sie ihre Strafe bereits vollumfänglich abgesessen haben? Erwarten wir von ihnen, dass sie auch noch Jahrzehnte nach ihrer Tat Reue zeigen und sich immer wieder entschuldigen? Wollen wir, dass sie nach ihrer Entlassung eine Wohnung, eine Arbeit, soziale Kontakte finden und sich eine Basis schaffen, die sie und vor allem potenzielle Opfer möglichst vor dem Rückfall schützt? Oder nehmen wir hin, dass sie nach dem Ende der Gefängnisstrafe genau dort weitermachen, wo sie aufgehört haben – in den alten Milieus, womöglich mit noch größerer Intensität, mit noch größerer krimineller Energie?

Wir tun gut daran, jeden Straffälligen, der im Gefängnis einsitzt, bereits zu Beginn seiner Freiheitsstrafe auf den Tag seiner Entlassung vorzubereiten und ihm auch danach zur Seite zu stehen. Nicht deshalb, weil wir Mitleid mit dem Täter haben, sondern weil seine Resozialisierung die einzige Möglichkeit ist, weitere Straftaten dauerhaft zu verhindern und weitere Opfer zu schützen.

Ich bin daher der Überzeugung, dass es unsere gesellschaftliche Pflicht ist, nicht wegzusehen, nicht abzuschalten, wenn ein Täter überführt und eingesperrt wird. Unsere Verantwortung endet nicht an der Gefängnismauer. Es liegt in unserem ureigensten Interesse, den Straffälligen bei seiner Resozialisierung zu unterstützen und ihn auch im Gefängnis als Teil der Gesellschaft zu begreifen. Denn straffällig gewordene Menschen sind keine isolierten Einzelwesen, die allein aus individueller Bosheit handeln. Sie sind immer auch ein Produkt der Verhältnisse, die wir alle mit geschaffen und mit zu verantworten haben.

Ich habe die Erfahrung gemacht, dass in deutschen Gefängnissen größtenteils Menschen wie du und ich einsitzen, die allerdings in ihrer Kindheit und Jugend fast alle Gewalt oder erniedrigende Abhängigkeit erleben mussten. Sie wurden in dieselbe Gesellschaft hineingeboren wie wir alle – als unschuldige Kinder und nicht als geborene Verbrecher. Sie zu unterstützen, ein straffreies Leben zu führen, heißt nichts anderes, als mitzuwirken an einer sozialintegrierenden und nicht ausgrenzenden Konfliktregelung.

Ein ganz normaler Prozess

Die Schwächen unseres Reso-Systems fangen nicht erst im Gefängnis an. Bereits in der Gerichtsverhandlung lässt sich ablesen, wie die Regulierung des Konflikts zwischen Täter und Opfer in Deutschland verstanden wird: Im Mittelpunkt steht grundsätzlich der Täter. Der Strafprozess ist ein Akt mit zwei Hauptakteuren: hier der Täter, dort der Staat. Das Opfer kommt nur dann vor, wenn es als Zeuge benötigt wird oder von sich aus eine Rolle, zum Beispiel als Nebenkläger, beansprucht.

Begleiten wir den vierundzwanzigjährigen Timo S., einen durchschnittlichen Täter in einem durchschnittlichen Prozess, wie er in deutschen Gerichten tausendfach jeden Tag abläuft.

Ein Amtsgericht in einer deutschen Großstadt: Dienstag, 9 Uhr, Raum 306. Ein junger Mann wird vor dem Schöffengericht wegen Raub und Körperverletzung angeklagt. Das Schöffengericht (zwei Schöffen als Laienrichter und ein Berufsrichter) kann bis zu vier Jahren Freiheitsstrafe verhängen.

Die Besucherplätze für die Öffentlichkeit sind leer, auch Reporter sind weit und breit nicht zu sehen. Der Angeklagte ist kein Prominenter, seine Tat hat keine skandalisierbare Komponente. Sie passt auch nicht zu einer gerade hochkochenden bundesweiten Debatte um ein aktuelles Thema und ist deshalb für die breite Öffentlichkeit nicht von Interesse.

Das Gerichtsgebäude wurde im 19. Jahrhundert erbaut und strahlt eine altehrwürdige, herrschaftliche Atmosphäre aus. Lange Flure, in denen die Schritte widerhallen, breite Treppenaufgänge, hohe Wände, tief von der Decke hängende, schwere Leuchter. Jeder Besucher wird am Eingang mit dem Metalldetektor abgesucht und wenn nötig von einem Justizbeamten abgetastet. In den Fluren, die alle gleich aussehen, findet man den Raum 306 nur, wenn man sich auskennt.

Obwohl sich offensichtlich niemand für diesen Strafprozess interessiert, scheut der Staat weder Kosten noch Mühen, ihn zu betreiben. Mehr als ein halbes Dutzend Staatsbedienstete nehmen an der Verhandlung teil. Außer dem Vorsitzenden Richter sind zwei Schöffen, ein Protokollführer, der Staatsanwalt, der Anwalt des Angeklagten, ein Vertreter der Bewährungshilfe und das Opfer als Zeuge sowie zwei uniformierte Beamte anwesend. Auf dem Rücken der Uniformen steht in weißer Blockschrift das Wort JUSTIZ.

Der Vorsitzende Richter trägt seine schwarze Robe, die ihm eine erhabene Aura verleiht, und sitzt mit den beiden Schöffen hinter einem erhöhten, mit dunklem Holz vertäfelten Pult.

Der Angeklagte Timo S. hat seinen Platz zusammen mit seinem Anwalt auf der rechten Seite des Saales, ihm gegenüber am Fenster ist der Tisch des Staatsanwalts.

Timo S. ist mittelgroß, doch auch wenn er steht, muss er zu dem Vorsitzenden Richter aufschauen, der ihn von seinem Pult herab scheinbar teilnahmslos mustert. Er hat Timo S. vorher noch nie persönlich gesehen, er kennt sein Gesicht nur von den Fotos in der Akte. Der Richter hat pro Jahr rund dreihundert solcher Fälle zu verhandeln. Die Akte für dieses Verfahren hatte er mehrfach in den letzten Monaten auf dem Schreibtisch. Am Tag vor der Verhandlung hatte er ungefähr zwei Stunden Zeit, sich erneut mit dem Fall zu befassen. Das ist wenig Zeit, um die gesamten Umstände einer Tat zu erfassen, und noch weniger, um sich in die Motivation von Timo S. oder die Lage des Opfers hineinzuversetzen. Und ganz gewiss zu wenig, um differenziert einschätzen zu können, warum dieser Mensch kriminell geworden ist und welche Maßnahmen ihm dabei helfen könnten, zukünftig straffrei zu leben.

Freisprechen oder Verurteilen als alltägliche Routine

Was in den folgenden fast fünf Stunden passiert, ist für das Gericht Alltag, für Timo S. dagegen ist es der vorläufige Höhepunkt seines Verfahrens. Er hat lange darauf gewartet. Seit der Tat ist mehr als ein Jahr vergangen, und nun entscheidet sich, ob er mit Bewährung davonkommt oder ins Gefängnis muss.

Für Timo S. steht viel auf dem Spiel, für die drei Richter nichts. Für sie ist Freisprechen oder Verurteilen weitgehend Routine. Sie müssen zu einer Entscheidung kommen, im Rahmen der begrenzten Möglichkeiten, die ihnen der Strafprozess bietet. Es geht um formale Gerechtigkeit. Der Komplexität des Lebens und den Biografien der Menschen (Tätern wie Opfern), die sie vor sich haben, können sie nicht wirklich gerecht werden. Sie können nur freisprechen oder verurteilen, und gerade beim Freispruch haben sie oft Zweifel.

Timo S. ist kein unbeschriebenes Blatt. Er ist niemand, der auf Anhieb sympathisch rüberkommt. Darauf legt er es auch gar nicht an. Der stämmige junge Mann hat die Arme vor der Brust verschränkt und verzieht keine Miene. Er ist gerade mal vierundzwanzig Jahre alt und hat bereits Dutzende von Straftaten verübt, seit er mit vierzehn Jahren strafmündig wurde. Die Polizei definiert ihn als Intensiv- und Wiederholungstäter. Diese machen zwar nur etwa 5 Prozent aller jugendlichen und heranwachsenden Straftäter aus, aber rund die Hälfte der von ihrer Altersgruppe begangenen Delikte gehen auf ihr Konto.

Timo S. hat sich immer wieder geprügelt, er hat gekifft und immer mehr geklaut. Er wurde mehrfach verwarnt, bekam Auflagen und Weisungen, absolvierte mehrere Soziale Trainingskurse, musste gemeinnützige Arbeit leisten, war im Jugendarrest, bekam einen Bewährungshelfer und war auch schon mal acht Monate in der Jugendanstalt. Seit er einundzwanzig ist, gilt für ihn das Erwachsenenstrafrecht. Die vielfältigen erzieherischen Möglichkeiten des Jugendstrafrechts sind damit für ihn weggefallen.

Timos Eltern sind geschieden. Seine Mutter hat lange an der Kasse in einem Supermarkt gearbeitet, bis ihre psychischen Probleme sie zwangen, den Job aufzugeben. Timo erlebte sie von frühester Kindheit an als ständig krank, vom Vater unterdrückt, wenig liebevoll. Sein Vater ist langzeitarbeitslos und schon lange von zu Hause ausgezogen. Timo hat keinen Kontakt zu ihm. Er kennt keinen einzigen Mann im Alter seines Vaters, der mit geregelter Arbeit sein Geld verdient. Es ist für Timo selbstverständlich, sich und seine Familie am untersten Ende der Gesellschaftshierarchie einzuordnen. Zugeben würde er das aber nicht, er weiß auch nicht wirklich, was das bedeutet.

Mit zwölf zieht Timo die ersten Schulkameraden ab, nimmt ihnen Klamotten, Geldbeutel und andere Sachen weg. Er klaut Handys, verkauft sie an Freunde, lernt jemanden kennen, der ihm zehn Handys auf einmal abnimmt. Den Gewinn investiert er in Drogen oder Einkaufstouren, auf denen er das Geld verprasst. Timo S. stellt fest, dass er auf dem

Schulhof Anerkennung bekommt, wenn er Markenklamotten anhat. Er stellt außerdem fest, dass andere den Schlagring an seiner Hand wahrnehmen und ihm respektvoller begegnen. Und er stellt fest, dass er Freunde hat, wenn er Drogen verkauft.

Die Justiz und auch die Jugendhilfe haben lange darauf gesetzt, dass Timo sich aus Eigenmotivation zum Besseren verändern würde. Doch dafür hat er keinen Grund. Der achtmonatige Aufenthalt in der Jugendanstalt, wo er seinen Hauptschulabschluss macht, fühlt sich für Timo an wie das Leben in einer kleinen WG. Es ist leicht für ihn, sich dort so zu verhalten, dass die Beamten mit ihm zufrieden sind. Er begreift schnell, was gefordert und was bestraft wird.

Zugleich lernt er aber auch von Mitgefangenen in den vielen unkontrollierten Freizeitstunden, wie man mit welchen Werkzeugen möglichst leise und schnell Fenster und Türen aufbricht und wie man an welche Hehler welche geklauten Sachen zu welchen Preisen verhökern kann.

Als Timo S. rauskommt, hat sich an seiner Lebenssituation und in seinem sozialen Umfeld wenig geändert, schon gar nicht verbessert. Die Mutter ist in Alkoholtherapie, Timo hält es kaum noch zu Hause aus. Er denkt darüber nach, sich irgendwo zu bewerben, eine Ausbildung anzufangen. Doch er weiß nicht, wie Bewerben geht. Er nimmt Drogen und ist immer wieder pleite. Also geht alles wieder von vorne los: Klauen wegen Drogen, Drogen wegen Klauen.

Rückfall trotz Bewährung

Ein Bewährungshelfer verschafft ihm schließlich eine Lehrstelle als Tischler, doch das regelmäßige Aufstehen kriegt Timo S. nicht hin, und die Ausbildungsbeihilfe findet er lächerlich niedrig. Einbrechen und Dealen ist für ihn lukrativer, und von seinen Freunden hat auch keiner einen ordentlichen Beruf. Zweimal bricht er die Lehre ab, er lebt mit seinem ebenfalls straffälligen Kumpel Sascha in einer Wohngemeinschaft und bezieht Hartz IV.

Timo S. lernt Anja M. kennen, bekennt sich aber nur selten offen zu ihr. Als sie schwanger wird, ist er vor allem wütend. Wie soll er eine Familie ernähren? Anja will, dass er zu ihr zieht, dass sie das Kind zusammen großziehen. Timo fühlt sich in die Enge getrieben, lehnt mit unlogischen Hinweisen auf das Jobcenter ab. Ihm ist das alles zu viel, außerdem fängt sein Leben doch gerade erst an.

Das Jobcenter bietet ihm als Arbeitsbeschaffungsmaßnahme das Zusammensetzen von Puzzles – offenbar als Beschäftigungstherapie – und ein Bewerbungstraining an. Timo S. hält das für vergeudete Zeit und steigt aus der Maßnahme aus. Hartz IV wird ihm daraufhin um 20 Prozent gekürzt. Doch die Drogen kosten, das Smartphone und der Flatscreen auch. Wenige Monate später ist Timo mit mehreren Tausend Euro in den Miesen. Im Briefkasten stapeln sich die Schreiben der Inkassofirmen, er wirft sie alle weg.

Er braucht dringend Geld, und er hat gelernt: Geld bekommt man am schnellsten dadurch, dass man es anderen wegnimmt. In seinem Bekanntenkreis gibt es niemanden, der ihm etwas leihen könnte. Er könnte sich natürlich auch irgendwo um einen richtigen Job mit richtiger Bezahlung bemühen, doch bis er eine Bewerbung geschrieben, einen Job ergattert und den ersten Lohn auf dem Konto hat, dauert es im günstigsten, äußerst unwahrscheinlichen Fall mindestens sechs Wochen. Timo braucht das Geld aber sofort. Aus seinem Handlungsrepertoire sind nun die kriminellen Praktiken angesagt.

Der Raubüberfall

Timo beschattet mehrere Tage lang ein Reihenhaus in der Nähe seiner Wohnung. Es ist ein einfaches Gebäude, keine Villa, es gibt weder Kameras noch eine Alarmanlage. Mit Alarmanlagen kennt sich Timo nicht aus, und bei den richtig reichen Leuten kommt man sowieso nicht rein. In dem Reihenhaus wohnt nur ein Rentner, klein, langsam, freundlich, mit einem hölzernen Gehstock. Niemand, der Timo etwas entgegensetzen könnte. Timo hat ihn vor ein paar Tagen bei LIDL getroffen und ist ihm einfach gefolgt, bis zu seinem Haus. Am Freitagnachmittag sieht er, wie der Rentner mit einem Koffer das Haus verlässt. Am Abend gegen 22 Uhr ist immer noch alles dunkel. Timo schließt daraus, dass der Mann über das Wochenende verreist ist.

Er schleicht durch den Garten zum Haus, schlägt das kleine Kellerfenster ein, nichts passiert. Er steigt durchs Fenster ein und sucht drinnen hektisch nach etwas Verwertbarem. Ein Fernseher mit Flachbildschirm steht im Wohnzimmer, aber der ist zu sperrig. Altdeutsche Möbel, die könnte man bei Ebay verkaufen, wenn sie nicht so schwer wären. Alte Leute bewahren Geld im Schlafzimmer auf, das weiß Timo. Er geht in den ersten Stock, öffnet alle Türen. Er findet einen Geldbeutel mit Geldscheinen und Münzen, steckt ihn ein und will das Zimmer verlassen.

Plötzlich steht der alte Mann im Schlafanzug vor ihm und beginnt zu schreien. Timo sieht durch das geöffnete Schlafzimmerfenster, dass im Haus gegenüber die Lichter angehen. Er stößt den Mann nach hinten, ein wenig zu heftig. Der Rentner fällt und schlägt mit dem Kopf gegen den kantigen Bettpfosten.

Timo flüchtet durch den Keller nach draußen und rennt die kurze Strecke zu sich nach Hause. Eine Stunde später klingelt die Polizei – die Nachbarn hatten die Beamten alarmiert und außerdem gesehen, in welches Haus Timo gerannt war. Der Rest war polizeiliche Routine.

Die Hauptverhandlung

Der Vorsitzende Richter eröffnet um Punkt 9 Uhr die Verhandlung und stellt fest, dass der Angeklagte und sein Verteidiger anwesend sind und der Rentner und ein Vertreter der Bewährungshilfe als geladene Zeugen erschienen sind. Beide müssen den Saal wieder verlassen, um später unabhängig voneinander und unbeeinflusst aussagen zu können. Zunächst wird Timo S. zu seinen persönlichen Verhältnissen vernommen.

Der Staatsanwalt verliest die Anklageschrift, der Tatvorwurf lautet auf Raub nach Paragraf 249 Strafgesetzbuch (StGB) und Körperverletzung nach Paragraf 232 StGB. Der Vorsitzende Richter weist Timo S. darauf hin, dass es ihm freistehe, sich zur Anklage zu äußern. Timo schildert den Tatablauf, aber so dürftig, dass der Vorsitzende detailliert nachfragt. Ob er gewusst habe, dass jemand zu Hause sei, fragt er. »Sonst wär ich ja nicht reingegangen!«, erwidert Timo. Wieso er dem Rentner einen Stoß versetzt habe? »Damit der aufhört zu schreien.« Timo S. wirkt immer gereizter, in die Enge getrieben. Er kann sich nicht besonders gut ausdrücken, er redet so, wie er mit einem Kumpel reden würde. Sein Auftreten wirkt ungünstig, zum Teil unfreiwillig komisch. »Weiß nicht«, sagt er, oder: »So ein Bett mit Pfosten, wie der hatte, kannte ich nicht.« Wo der alte Mann denn hätte sein sollen, an einem Freitagabend? »Verreist halt.«

Danach folgt die Vernehmung des Rentners als einzigem Zeugen, der allerdings seinen Unmut über die Ladung deutlich zum Ausdruck bringt. Er hat nach dem Überfall eine Woche im Krankenhaus gelegen, leidet als Spätfolge des Aufpralls unter anhaltenden Kopfschmerzen und schläft nachts schlecht, weil er sich im eigenen Haus nicht mehr sicher fühlt. Timo S. wollte er nie wieder sehen. Wie hoch seine Strafe ausfällt, ist ihm ziemlich egal. Seinen Geldbeutel mit Inhalt hat er damals von der Polizei zurückbekommen, die Kosten für die Behandlung im Krankenhaus hat seine Krankenkasse übernommen, die sich bisher vergeblich bemüht hat, diese bei Timo S. einzutreiben. Der alte Mann weiß: Den immateriellen Schaden, den er durch den Überfall erlitten hat – die Kopfschmerzen, die Angstgefühle – kann ihm der mittellose und hoch verschuldete Täter sowieso nicht ersetzen. So bleibt dem Opfer nichts außer Verbitterung – Verbitterung über den Täter, aber auch über den seiner Meinung nach zahnlosen Rechtsstaat. Diese Verbitterung zeigt er demonstrativ.

Als Nächstes verliest der Richter das Attest des behandelnden Arztes aus dem Krankenhaus. In dem Attest sind die Kopfverletzungen festgehalten, der Verdacht auf Gehirnerschütterung hat sich allerdings nicht bestätigt.

Jetzt ist der Bewährungshelfer dran, der den Angeklagten früher schon einmal betreut hat. Welche Prognose er für Timo S. geben könne, will der Vorsitzende Richter wissen. »Bei Timo S. liegt eine nur geringe Frustrationstoleranz vor, gepaart mit erhöhtem Aggressionspotenzial und regelmäßigem Drogenkonsum«, erklärt der Sozialarbeiter. Der Wille, sich um eine geregelte Arbeit zu bemühen, sei bei ihm nicht erkennbar. Positiv hervorzuheben sei jedoch, dass Timo S. sich seiner Verantwortung für die gemeinsame Tochter Chantal, die seine Freundin vor achtzehn Monaten zur Welt gebracht hat, durchaus bewusst sei. Dennoch könne er keine positive Prognose abgeben. Timo S. habe sich oft geweigert zu kooperieren, er sei ein schwieriger Fall. Wichtig sei, dass er im Gefängnis seine Tischlerlehre fortsetzen und beenden könne.

Timo S. hat einen Pflichtverteidiger, der sich zwar bemüht, aber nicht gerade stolz darauf zu sein scheint, dass er so einen Typen als Klienten zu vertreten hat. Timo S. kennt den Unterschied zwischen einem guten und einem schlechten Anwalt nicht, aber er findet, dass der Mann zu passiv und zu wenig aggressiv ist. Und er denkt: »Wenn ich mal richtig Geld habe, nehme ich mir einen Topanwalt.«

Timo S. verschränkt die Arme vor der Brust, als wolle er sagen: »Die können mir alle nichts.« Auf der Besucherbank sitzt Anja M. mit der kleinen Chantal. Timo S. weiß nicht, ob seine Freundin noch zu ihm halten würde, wenn das Kind nicht wäre. Anja hat ihm einen Rat für den Prozess mitgegeben: »Reg dich nicht auf, steck einfach alles weg.«

Es ist Timo S. unangenehm, dass sie bei der Verhandlung anwesend ist, noch dazu mit der Kleinen. Doch sein Verteidiger hatte gesagt, es sei gut, wenn sie da sei, damit der Richter sie sehen könne.

Nach der Beweisaufnahme folgen die Schlussvorträge des Staatsanwalts, des Verteidigers und das letzte Wort des Angeklagten.

Der Staatsanwalt stellt Timo S. als brutalen Räuber dar. Timo S. habe gewusst, was er tue, und schrecke offensichtlich auch vor Gewaltanwendung nicht zurück. Er sei ein professioneller Einbrecher, der endlich die volle Autorität des Staates zu spüren bekommen müsse. Timo S. sei bisher unbelehrbar gewesen, also müsse man ihm eine nachhaltige Lektion erteilen. Er habe den Rentner absichtlich mit aller Kraft gegen das Bett gestoßen, um mit der Beute flüchten zu können. Der Staatsanwalt beantragt eine Freiheitsstrafe von vier Jahren.

Der Verteidiger beantragt eine Verurteilung zu höchstens zwei Jahren Freiheitsstrafe mit einer erneuten Aussetzung zur Bewährung. Timo S. bereue stark. »Er hat auch für die Familie geklaut!« Der Anwalt deutet dabei auf Anja M. und Chantal. Timo sei ohne Waffe, quasi wehrlos, in das Haus des Rentners eingedrungen. Nach der Tat sei er verzweifelt gewesen, die Verletzungen des Rentners hätten ihn schockiert. Mit der Hilfe eines Bewährungshelfers könne und werde es gelingen, Timos Leben eine positive Wendung zu geben. Im Gefängnis werde dies sicher nicht gelingen, da sei er mit lauter Rückfalltätern zusammen und würde nichts Gutes lernen.

Timo S. hört gar nicht mehr richtig zu. Es fühlt sich surreal an, was diese Menschen, die er gar nicht kennt, über ihn erzählen. Er weiß nur, dass er in den letzten Jahren immer das Gleiche getan hat: Er ist eingebrochen, um sich mit dem Geld Drogen und Dinge zu finanzieren, die er sich sonst nicht leisten konnte. Bis jetzt wurde er für seine Taten nie besonders hart bestraft. Und nun drohen ihm plötzlich vier Jahre Haft. Das kommt ihm willkürlich und ungerecht vor. Der Staat hat offenbar keine Geduld mehr mit ihm.

Als der Vorsitzende Richter ihn fragt, ob er noch etwas sagen wolle, verzieht Timo S. die Mundwinkel und schüttelt den Kopf.

Nach gut drei Stunden Verhandlung zieht sich der Vorsitzende Richter mit den beiden Schöffen zur Beratung zurück. Nach der Mittagspause verkündet der Richter das Urteil: drei Jahre Freiheitsstrafe ohne Bewährung wegen Raubes in Tateinheit mit Körperverletzung. Timo S. hört es kaum. Er sieht zu Anja M. und Chantal hinüber, während der Vorsitzende Richter mit sonorer Stimme das Urteil begründet.

Es klingt ein bisschen so, als lese er eine Messe. Der Tatbestand ist für ihn völlig klar, ausführlicher setzt er sich mit der Strafzumessung auseinander. Timo S. habe die frühere Chance zur Bewährung nicht genutzt. Er müsse nun erstmals nach Erwachsenenstrafrecht verurteilt werden, drei Jahre Freiheitsstrafe seien angezeigt. »Sie können nun im Gefängnis zeigen, ob Sie bereit sind, Ihrem Leben eine entscheidende Wende zu geben. Nutzen Sie die Chance zum Abschluss einer Lehre, lassen Sie sich zur Sanierung Ihrer Schulden beraten, machen Sie ein Antiaggressionstraining«, empfiehlt der Richter eindringlich. Timo S. habe während des Prozesses kaum Reue gezeigt und sich auch in den letzten Monaten bei dem Opfer nicht um Wiedergutmachung bemüht, diese Haltung müsse er dringend ändern.

Die Spirale der Eskalation

Am Fall Timo S. wird deutlich: Bestraft wird nicht allein die jeweils angeklagte Tat, sondern bei Wiederholungstaten vor allem die Nichteinsicht des Täters beziehungsweise die Tatsache, dass frühere Verurteilungen keine Wirkung gezeigt haben. Wiederholungstäter werden dadurch nahezu automatisch mit jedem Mal härter bestraft. Das staatliche Strafsystem setzt damit eine fatale Eskalationsspirale in Gang. Ein Beispiel: Jemand, der nicht vorbestraft ist, kann getrost einmal in den Supermarkt gehen, sich etwas aussuchen, es unter der Manteltasche verstecken und versuchen, aus dem Laden zu kommen, ohne zu bezahlen. Falls man ihn erwischt, hat er höchstens mit einer Geldstrafe zu rechnen, oft in so geringer Höhe, dass er nicht mal als vorbestraft gilt. Denn was viele nicht wissen: Geldstrafen von nicht mehr als neunzig Tagessätzen und Freiheitsstrafen von nicht mehr als drei Monaten finden keinen Eingang in das polizeiliche Führungszeugnis, vorausgesetzt, dass im Bundeszentralregister keine weitere Strafe eingetragen ist. Der ansonsten unbescholtene Bürger kommt mit einem Supermarktdiebstahl also glimpflich davon.

Wer dagegen schon einmal oder mehrmals wegen Diebstahls im Supermarkt aufgefallen ist, dem kann es passieren, dass er oder sie schließlich ins Gefängnis muss, obwohl die Schwere seiner Straftat objektiv gesehen nicht größer geworden ist. Gleiches gilt für Schwarzfahrer: In Justizkreisen ist der Fall eines notorischen Schwarzfahrers bekannt, der innerhalb von zehn Jahren so oft erwischt und verurteilt wurde, dass er in dieser Zeit insgesamt dreieinhalb Jahre an kurzen Freiheitsstrafen verbüßte.

Ein anderes Beispiel für diese Eskalationsspirale erlebte ich während meiner Lehrtätigkeit in den Achtzigerjahren: In der Frauenstrafanstalt Frankfurt-Preungesheim betreute ich im Rahmen eines Resozialisierungsprojekts der dortigen Fachhochschule mehrere Semester lang eine Gruppe von Frauen im Alter zwischen fünfzig und fünfundsiebzig Jahren, die keine schwereren Delikte als Schwarzfahren, Ladendiebstähle oder Katalogbetrügereien begangen hatten. Der finanzielle Schaden, den sie damit verursacht hatten, war jeweils nur gering, jedoch wiederholten die Frauen die Straftaten häufig bis zu zwanzig Mal. Anstatt also einmal etwas im Wert von ungefähr zweitausend Mark zu stehlen, wofür sie womöglich nur eine Geldstrafe bekommen hätten, klauten sie zwanzig Mal hintereinander etwas im Wert von gerade mal ein paar Hundert Mark. Meistens hatten sie nicht einmal geklaut, sondern lediglich Waren aus Versandhauskatalogen bestellt, die sie nach Lieferung nicht bezahlen konnten.

Die Richter erhöhten jedes Mal die Strafe, und am Schluss hatten die Frauen mehrmonatige Freiheitsstrafen abzusitzen. Therapeutisch sah die Anstalt keine Ansatzpunkte für Verhaltensänderungen. Es ging darum, die Frauen irgendwie zu beschäftigen und möglichst schnell wieder zu entlassen. Die Studenten und ich kamen einmal wöchentlich zur Freizeitgestaltung mit den Frauen auf ihrer Station zusammen. Bei mitgebrachtem Kaffee und Kuchen unterhielten wir uns offen über die Welt drinnen und draußen. Als Hauptlektüre lagen im Freizeitraum die großen Kataloge der bekannten Versandhäuser. Uns war klar: Die Frauen nutzten die Freizeit zur Planung ihrer nächsten Bestellungen.

Völlig unverständlich fanden wir in diesem Zusammenhang die Zustellpolitik der Versandhäuser: Offensichtlich prüften sie eingehende Bestellungen nicht sorgfältig und stellten auch diesen insolventen Frauen immer wieder die georderten Waren zu.

Staatsanwälte oder Richter empfinden das unveränderte Verhalten der Angeklagten oft als einen Angriff auf die staatliche und manchmal auch auf ihre persönliche Autorität. Schließlich sind sie gezwungen, immer neue Strafverfahren durchzuführen, mit immer neuen Verurteilungen und sich ständig wiederholenden Erwägungen und Forderungen nach einem – endlich – straffreien Verhalten der Angeklagten.

Ob allerdings die Angeklagten erneut eine Straftat begehen oder nicht, hat häufig sehr wenig damit zu tun, ob und wie intensiv Richter oder Staatsanwälte ihnen während der Hauptverhandlung ins Gewissen geredet haben. Angesichts einer Biografie von vierundzwanzig Lebensjahren wie bei Timo S., in denen außerordentlich viel schiefgelaufen ist, ist der pädagogische Einfluss, den ein Richter oder ein Staatsanwalt während einer Verhandlung auf einen Täter nehmen kann, verschwindend gering. Erfahrene Richter wissen dies natürlich und kennen die Probleme des professionellen Umgangs mit dieser sehr begrenzten Wirksamkeit ihrer Interventionen, ohne dadurch zu sehr frustriert zu werden. Und viele suchen immer wieder neue Ansatzpunkte im Leben der Angeklagten, um möglichst auf einer der unteren Stufen der Eskalationsleiter – also mit Geldstrafe oder erneuter Verurteilung zur Bewährung – neue Chancen zu eröffnen und schädliche Einflüsse im Gefängnis zu verhindern.

Timo ist ein Beispiel für die in der Öffentlichkeit immer wieder drastisch und bedrohlich dargestellten Intensiv- und Wiederholungstäter. Ihre Verfahren werden bei der Polizei organisatorisch und personell zusammengefasst, um so zu versuchen, die Täter besonders wirksam zu kontrollieren und auf sie einzuwirken. Solche Täter werden gerne als »tickende Zeitbomben« beschrieben, die der bürgerlichen Gesellschaft irgendwann um die Ohren fliegen. Der Werdegang dieser Jugendlichen und Heranwachsenden ist zumeist leider oft schon seit ihrer Kindheit weitgehend vorhersehbar und führt sie oft in den Knast und in eine lebenslange Abhängigkeit von staatlichen Sozialleistungen.

Andererseits zeigen neuere Untersuchungen, dass auch sie häufig irgendwann aufhören, Straftaten zu begehen. Oft liegt es daran, dass sie eine stabile Beziehung zu einer Frau oder anderen Bezugspersonen aufgebaut haben. Wichtig ist es deshalb, nicht weiter nur mit Strafe zu eskalieren, sondern immer wieder neue Chancen und positive Unterstützungen, aber auch soziale Kontrolle anzubieten.

Die besondere Bestrafung der Wiederholung ist auch mit ein Grund, wieso die verhängten Haftstrafen im Verhältnis zueinander oft so unverständlich erscheinen. Es kann vorkommen, dass ein nicht vorbestrafter Gewalttäter, der jemanden rollstuhlreif prügelt, mit drei Jahren davonkommt, wohingegen ein Wiederholungstäter, der immer wieder Gegenstände im Wert von unter fünfhundert Euro klaut, irgendwann auch für drei Jahre ins Gefängnis muss. Es kann sein, dass eine leichte Körperverletzung, mehrfach verübt und wiederholt bestraft, am Ende eine höhere Haftstrafe ergibt als eine einmalige, aber viel schwerwiegendere Körperverletzung.

Solche Fragen nach Sinn und Unsinn der strafrechtlichen Reaktion, nach Wirksamkeit und Unwirksamkeit der resozialisierenden Maßnahmen des Staates werden öffentlich viel zu wenig gestellt. Sie interessieren die Bürger nur dann, wenn sie selbst Täter oder Opfer geworden sind.

Die USA sind das abschreckendste Beispiel für den Widersinn des Eskalationsprinzips: Mit dem Automatismus, auf das erste Delikt mit zehn, das zweite mit zwanzig und auf das dritte mit dreißig Jahren Gefängnisstrafe zu reagieren (»three strikes law«), produziert die Justiz dort überfüllte Gefängnisse. Die zwangsläufige Folge sind extrem hohe Rückfallraten, was wiederum eine erhöhte Gefährdung der Sicherheit der Bürger mit sich bringt. Der »Terminator« Arnold Schwarzenegger hat sich als Gouverneur von Kalifornien besonders negativ profiliert: Am Ende seiner Amtszeit im Jahr 2011 verzeichnete Kalifornien sowohl einen enormen Anstieg der Gefängnisbelegung wie auch der Kriminalität. Das Budget für die Gefängnisse war höher als das für Bildung, und der Staat Kalifornien war pleite.

Gesellschaftlich sind wir zumindest in Deutschland mittlerweile viel weiter: Unser Erziehungsstil in den Familien – in den meisten zumindest – und in den Schulen hat sich seit den Sechzigerjahren völlig verändert. Es wird nicht mehr geprügelt, stattdessen wird diskutiert und überzeugt, aber nicht mehr ohne Sinn und Verstand eskaliert.

Verwirrende Lektion

Wir kehren zurück zu Timo S. in den Gerichtssaal. Der Vorsitzende wünscht ihm zum Abschied viel Glück. Das Gefängnis sei eine große Chance, dass er nun zur Ruhe und zur Umkehr komme. »Ich hoffe«, sagt er scherzhaft, »ich sehe Sie nicht wieder.« Das sagt er nahezu jedem frisch Verurteilten.

Timo S. gibt seinem Pflichtverteidiger die Hand. Der empfiehlt ihm, keine Revision einzulegen. Timo S. weiß nicht genau, was das bedeutet, hat aber weiterhin das Gefühl, ungerecht behandelt worden zu sein.

Er nimmt die kleine Chantal auf den Arm und denkt daran, dass sie schon bald in die Schule kommen wird, wenn er wieder draußen ist. Es gelingt ihm nicht, sich unter den drei Jahren etwas Konkretes vorzustellen. Seine Tochter schreit und streckt die Arme nach ihrer Mutter aus. Sie kennt ihren Vater kaum, er hat in den letzten Monaten nicht viel Zeit mit ihr verbracht.

Anja M. kämpft mit den Tränen. Ihr fällt nichts ein außer:

»Ist nicht so schlimm. Wir besuchen dich.« Dass sie wütend auf Timo ist, sagt sie nicht. Sie ist ohnehin nur gekommen, weil Timos Anwalt sie dazu überredet hat. Ihr Erscheinen könne ihm vielleicht einige Jahre ersparen. Jemand mit einer kleinen Tochter werde nicht so leicht eingesperrt. Mit dieser Einschätzung hat er ja wohl ganz schön danebengelegen, denkt sich Anja verbittert.

Sie will nicht, dass Timo ins Gefängnis kommt. Gleichzeitig weiß sie: Im Gefängnis kann er nicht einfach abhauen. Im Gefängnis wird er sich über ihre Besuche freuen. Und sie hofft: Wenn Timo wieder rauskommt, dann sind sie vielleicht endlich richtig zusammen.

Timo S. spürt, dass vieles in seinem Leben schrecklich schiefgelaufen ist. Jetzt soll er ins Gefängnis. Was er dort lernen soll, kann er sich jedoch überhaupt nicht vorstellen. Er weiß nur: Jetzt kommt er erst mal für einige Jahre weg.

Es ist falsch und sinnlos, mit Timo S. Mitleid zu haben. Er hat einen alten Mann lebensgefährlich verletzt. Er wurde überführt und erhält eine dem Gesetz entsprechende Strafe. Der formalen Gerechtigkeit wurde Genüge getan.

Vielleicht, könnte man denken, ist es ja auch ganz gut so. Vielleicht wird Timo S. hinter Gittern seine Lektion lernen. Im Gefängnis hat er Zeit, über seine Tat nachzudenken und sie zu bereuen. Vielleicht wird ihm dann auch klar, welche Probleme sein Verhalten anderen bereitet hat. Und vielleicht wird diese Einsicht in ihm den Wunsch wecken, sich zu verändern.

Diese beruhigende, im Grunde christliche Fantasie haben die meisten im Kopf, wenn sie über den Sinn einer Haftstrafe nachdenken. Die Realität sieht jedoch ganz anders aus. Für Timo S. fangen die Probleme jetzt erst richtig an. Für ihn, für seine Familie, für die Gesellschaft und damit letztlich auch für die potenziellen Opfer.

Alte Mauern, neue Ideen

Die Bestrafung eines Straftäters durch Freiheitsentzug erscheint uns heute selbstverständlich und konsequent. Doch das war keineswegs immer so. Das Gefängnis, wie wir es heute kennen und wie es überall auf der Welt existiert, ist eine relativ neue Erfindung.

Jahrhundertelang war Bestrafung gleichbedeutend mit dem Zufügen von Schmerz und mit Töten. Eine Strafe sollte in erster Linie einen Zweck erfüllen: Sie sollte körperlich wehtun. Sie war also immer auch eine Leibesstrafe. Diese umfasste Folter, Peitschenhiebe und Schläge, bis hin zum Tod. Die Tat sollte mit dem Leid des Täters vergolten werden. Ein Übel für das andere, Auge um Auge, Zahn um Zahn.

Oft hatte die Strafe einen spiegelnden Charakter – in ihr sollte die begangene Tat noch sichtbar sein. Einem Dieb wurde beispielsweise die Hand abgeschlagen, mit der er gestohlen hatte. Bei Meineid wurde die Zunge abgeschnitten. Wer Falschgeld hergestellt hatte, wurde in jenes siedende Öl getaucht, das er für die Herstellung der gefälschten Münzen benötigte.

Außerdem wurde die Strafe meistens öffentlich inszeniert, auf Markt- oder Dorfplätzen. Einerseits ging es dabei um Abschreckung, andererseits sollte der Delinquent dadurch in der Öffentlichkeit bekannt gemacht werden, damit sich fortan jeder vor ihm in Acht nehmen konnte.

Nicht zuletzt suchte man durch die Bestrafung dem Volk Unterhaltung zu bieten. So wurden beispielsweise im Mittelalter Wald- und Felddiebe bestraft, indem sie öffentlich eine Wippe hinaufgehen mussten, die über einen Fluss gebaut war. War der Übeltäter am Kipppunkt angekommen, schlug die Wippe um, der Dieb verlor das Gleichgewicht und fiel ins

Wasser. Je nach Fließgeschwindigkeit des Flusses oder Wassertemperatur konnte dies lebensgefährlich sein.

Im Mittelalter wäre Timo S. vermutlich körperlich gezüchtigt und öffentlich gedemütigt worden. Womöglich hätte man ihm eine Hand abgeschlagen, vielleicht sogar beide. Oder er wäre, wie bei einem Räuber üblich, auf das Rad geflochten worden und hätte zahlreiche Knochenbrüche erlitten. Es wären den Menschen viele Züchtigungen für ihn eingefallen. Ihn jedoch in ein Gefängnis zu stecken und dort jahrelang auf Staatskosten mit anderen Kriminellen unterzubringen – das hätte man ziemlich abwegig gefunden. Es gab zwar auch Kerker, aber in diesen wurde keine Strafe vollstreckt. Sie waren lediglich dazu da, die Delinquenten bis zur Vollstreckung der Leibesstrafen aufzubewahren. Gewaltsamer Freiheitsentzug blieb höchstens Sklaven und Gefangenen aus kriegerischen Auseinandersetzungen vorbehalten.

Mit Klosterhaft fing es an

Das Wegsperren von Straftätern begann im Christentum. Zufall ist das nicht, denn die Kirche wusste als eine der Ersten, was es für einen Sinn haben könnte, wenn man sie für längere Zeit – freiwillig oder unfreiwillig – von anderen Menschen isolierte. Im christlichen Glauben ist Gottesnähe seit jeher mit einer Vorstellung von innerem Rückzug, Einsamkeit und Bußfertigkeit verbunden.

So entwickelte sich der erste strafende Freiheitsentzug zu Anfang des Mittelalters wenig überraschend genau dort, wo innere Einkehr ohnehin praktiziert wurde: im Kloster, mit der sogenannten »Klosterhaft«. Mönche oder Nonnen, die gegen die Klosterregeln verstoßen hatten, wurden in Strafhäuser auf dem Klostergelände gesperrt. In Einsamkeit und zuweilen bei harter körperlicher Arbeit sollten sie ihre Tat bedenken und dafür büßen. Dazu muss man wissen, dass es in den Klöstern damals keine Einzelzellen gab, sondern dass die Mönche oder Nonnen in großen Schlafsälen (Dormitorien) untergebracht waren. Die Strafe bestand also im Ausschluss aus der Gemeinschaft, die belohnende Perspektive war die Versöhnung und Wiederaufnahme in die Gruppe der Brüder oder Schwestern.

Über schädliche Folgen der Klosterhaft ist wenig bekannt, doch hielten sich diese aus naheliegenden Gründen vermutlich in Grenzen: In Haft waren immer nur einzelne Mönche oder Nonnen eines Klosters, und die zeitweise Unterbringung in den »Haftäumen« des Klosters riss keinen auf Dauer aus seinen normalen Lebensverhältnissen. Es ging auch nicht darum, den »straffälligen« Menschen aus dem Kloster zu entfernen. Die Klosterhaft stellte vielmehr eine etwas strengere Form jenes Lebens dar, das die Mönche und Nonnen ohnehin führten: ein Leben in völliger Übereinstimmung mit den Regeln und in Bußfertigkeit.

Nach dem Ende der Klosterhaft kehrten die Insassen der Strafhäuser ganz selbstverständlich in die Gemeinschaft des Klosters zurück, in eine Umgebung, die sich nicht verändert hatte. Die Anpassungsschwierigkeiten waren dementsprechend gering. Im Gegenteil – die Gemeinschaft begrüßte den geläuterten Mitmenschen, betete und arbeitete wieder mit ihm zusammen, alles in dem Wissen, dass niemand von ihnen ohne Schuld war.

Ich habe diesen solidarischen Umgang mit abweichendem Verhalten selbst erleben dürfen: In den Neunzigerjahren beriet ich im Rahmen einer Weiterbildung zum Thema »Klostermanagement« die Äbtissinnen zweier deutscher Frauenklöster, die auch heute noch nach den Regeln des heiligen Benedikt von Nursia aus dem 5. Jahrhundert leben. Eine Klosterhaft ist nach diesen Regeln nicht vorgesehen, vielmehr wird alles versucht, gemeinsam mit den Mitschwestern im Rahmen der Gemeinschaft Wege zur Lösung von aufgetretenen Problemen zu finden. Bei »Unverbesserlichen« ist allerdings die härteste Strafe der Verweis aus der Klostergemeinschaft.

Armenhaus Gefängnis

Erst ab dem 16. Jahrhundert wurde die Gefängnisstrafe zu einem Massenphänomen. Mit einem Anstieg der Kriminalität oder einer grundsätzlichen Ablehnung der Leibesstrafen hatte dies jedoch wenig zu tun, sondern mit einer ganz neuen wirtschaftlichen und gesellschaftlichen Entwicklung: Landflucht, familiäre Entwurzelung und soziale Verwahrlosung nahmen zu. Städte wuchsen rasant. Die Straßen waren voll von Bettlern, Kranken, Prostituierten und Kleinkriminellen. Selbst wenn man gewollt hätte, wäre es unmöglich gewesen, jedes einzelne Vergehen öffentlich mit einer Leibesstrafe zu ahnden – zu groß war das Ausmaß des sozialen Elends.

Allgemeingültige Gesetze gab es nicht, und die Bettler, Obdachlosen und Prostituierten waren auch nicht in erster Linie kriminell. Sie störten schlicht und einfach die öffentliche Ordnung. Bürger fühlten sich bedroht und klagten über Schmutz und Ansteckungsgefahr. Deshalb griff man nach der scheinbar einfachsten Lösung: Man holte die Störer der öffentlichen Ordnung von der Straße und sammelte sie in großen Gebäuden, um ihnen dort »Zucht und Ordnung« beizubringen.

Im Jahr 1595 errichtete die Stadt Amsterdam das sogenannte »Tuchthuis« (Zuchthaus). Vagabunden, Bettler und Arbeitsunwillige sollten dort durch harte Arbeit (überwiegend Holzarbeiten) und religiöse Betätigung zu einem rechtschaffenen Leben erzogen werden. Zumeist ohne Gerichtsbeschluss wurden Hausierer, »herrenlose Frauen«, Prostituierte und solche Personen eingesperrt, die jemand mit Einfluss damals als »Gesindel« empfand. Landbesitzende Bauern durften beispielsweise Knechte und Mägde ins Zuchthaus bringen, wenn sie mit deren Arbeitsmoral unzufrieden waren.

Nur zwei Jahre später wurde das Amsterdamer »Spinhuis« (Haus für Spinn- und Näharbeiten) für Frauen eröffnet. Über dem Eingangstor steht noch heute unter einem Relief, das die Züchtigung zweier Frauen zeigt, der Spruch: »Fürchte dich nicht. Ich räche nicht Böses, sondern zwinge zum Guten. Hart ist meine Hand, aber liebreich mein Gemüt.«

Das holländische Zuchthausmodell entwickelte sich schnell zu einem Exportschlager. Nach dem Amsterdamer Vorbild entstanden Anfang des 17. Jahrhunderts auch in Deutschland mehrere Zuchthäuser – zunächst in Bremen, Lübeck, Hamburg und Danzig, jenen Hansestädten, die mit Amsterdam über den Seeweg in Handelsbeziehungen standen.

Es dauerte nicht lange, und die Zuchthäuser nahmen neben Bettlern und Vagabunden auch Diebe, Betrüger und andere Verbrecher auf, die nicht zur Todesstrafe verurteilt worden waren.

Auch Timo S. wäre als Räuber wohl in einem solchen Zuchthaus gelandet. Allerdings hätte man vorher nicht festgelegt, wie lange der Freiheitsentzug bei ihm dauern würde. Das hing allein von der Willkür der Anstaltsleiter und den jeweiligen Gegebenheiten der Zuchthäuser ab. Fest stand nur: Wer im Zuchthaus war, der war nicht mehr auf der Straße. Und nur darauf kam es an.

Zucht inmitten von Unzucht

Mitte des 18. Jahrhunderts gab es in deutschen Städten bereits um die sechzig Zucht- und Arbeitshäuser. Die Gebäude glichen Fabriken, und zwar nicht nur von außen. Ihr Erhalt war teuer, daher wurden sie teilweise an Privatunternehmer verpachtet, die vor allem an billigen Arbeitskräften interessiert waren. Denn Arbeitskräfte wurden im Zuge der Industrialisierung überall benötigt. Jeder, der arm war und nicht arbeitete, galt als potenzieller Zuchthauskandidat, wobei die

Arbeiten dort oft einer Leibesstrafe gleichkamen. In einem Zuchthaus gab es beispielsweise Tretmühlen, in denen die Gefangenen stundenlang wie im Hamsterrad laufen mussten, um Hanf zu zerstampfen. Oft arbeiteten sie auch in Steinbrüchen oder verrichteten Feldarbeit.

Die Akzeptanz der Zuchthäuser ging Hand in Hand mit der calvinistischen Arbeitsethik: Nur wer möglichst hart arbeitete, konnte einen Platz im Himmel erhalten. Wer arm war, hatte es selbst verschuldet. Konsequenterweise besuchten protestantische Priester regelmäßig die Zuchthäuser, um dort die Vorzüge dieser harten, unbezahlten Arbeit zu predigen.

Doch der Plan, die Insassen von Zuchthäusern zu frommen, gottesfürchtigen und arbeitsamen Menschen zu formen, schlug grandios fehl. Die Zustände in den Zuchthäusern waren nach kurzer Zeit nicht mehr geeignet, die Inhaftierten an ein züchtiges, arbeitsames Leben heranzuführen. Statt Stätten der Zucht waren die Zuchthäuser bald heillos überfüllt und entwickelten sich zu Stätten der Verwahrlosung. Diebe, Bettler und »Wahnsinnige« hausten in großen Räumen unter unmenschlichen Bedingungen. Alkoholkonsum, Glücksspiel, Prostitution und allgemeine Anstandslosigkeit prägten den Alltag. Das war kaum verwunderlich, schließlich waren die Zuchthäuser ja gerade diejenigen Orte, an denen man alles versammelte, was »unzüchtig« und wenig arbeitsam war. Schlüssige Erziehungs- oder Beschäftigungskonzepte für die Insassen existierten nicht. Man hatte keine Vorstellung, was man mit ihnen anfangen sollte, außer sie zu verwahren und zu harter körperlicher Arbeit zu zwingen. Der ursprüngliche Zweck der Besserung ließ sich unter diesen Bedingungen nicht realisieren. Wie sollten die Insassen auch Zucht und Ordnung lernen, wenn um sie herum Chaos herrschte?

Wer einmal in einem Zuchthaus eingesperrt gewesen war, dem waren mehrere Spätfolgen sicher: Die katastrophalen hygienischen Bedingungen und damit einhergehende Krankheiten ließen die Zuchthausstrafe zu einer indirekten Leibesstrafe werden. Zudem standen die Zuchthäusler in der gesellschaftlichen Hierarchie fast an unterster Stelle. Wer einmal dort war, war für immer stigmatisiert und bekam draußen keinen Fuß mehr auf den Boden.

Zuchthauslogik

Es ist das Schicksal nahezu jeder Institution: Mit zunehmender Dauer und Größe schuf sich auch das Zuchthaussystem seine eigene Rechtfertigung und entwickelte bereits nach kurzer Zeit das Bedürfnis, sich selbst zu erhalten. Je mehr Ressourcen dabei in dieses System investiert wurden, desto schwieriger wurde es, seine Existenz grundsätzlich infrage zu stellen.

Konkret heißt das: Zuchthäuser, die einmal gebaut waren, wurden auch unweigerlich gefüllt. Und wenn sie einmal mit Insassen gefüllt waren, war es kaum möglich, sie wieder zu schließen. Denn sofort tauchte die Frage auf: Wohin mit den Insassen? Wohin mit diesen gefährlichen Menschen? Denn gefährlich mussten sie ja sein, sonst wären sie schließlich nicht ins Zuchthaus gekommen. Und übrigens auch: Wohin mit dem Personal, mit seinen Eigeninteressen, den Arbeitsplatz nicht zu verlieren?

Ein Blick nach Guantanamo, der Gefängnisinstitution, deren voraussichtliche baldige Schließung wahrscheinlich am häufigsten vergeblich versprochen wurde, zeigt, wie wenig sich an diesem grundsätzlichen Problem bis heute geändert hat. Als es einigen in Guantanamo Inhaftierten nach mehreren Jahren schließlich gelang, mithilfe von Anwälten und internationalen Protesten ihre formale Freilassung zu erwirken, war das Hauptproblem: Wohin mit ihnen? Mehrere Länder boten sich zur Aufnahme einiger Häftlinge an, darunter auch Deutschland. Gegen die Aufnahme brachten Bundes-

und Landesregierungen damals eine Begründung vor, welche die selbstreferenzielle, fast satirische Logik des Systems deutlich macht: Auch wenn die Häftlinge vorher weder gefährlich noch radikal gewesen seien, so sei davon auszugehen, dass der Aufenthalt in Guantanamo sie so weit radikalisiert habe, dass sie nach ihrer Entlassung ein erhebliches Sicherheitsrisiko darstellten. Die gleiche Logik wird aktuell auch auf die in deutschen oder französischen Gefängnissen inhaftierten Islamisten angewandt: Im Gefängnis werden sie nicht gebessert, sondern noch gewaltbereiter und gefährlicher.

Dementsprechend ist es kein Wunder, dass seit ihrer Erfindung immer mehr Zuchthäuser oder später Gefängnisse gebaut, aber nur ganz selten welche wieder geschlossen wurden. Manchmal wurde die Bezeichnung geändert (heute gibt es in Deutschland keine »Zuchthäuser« mehr) – aber die Gebäude selbst haben häufig Jahrhunderte überdauert. Und auch heute noch sind die Eigeninteressen des Personals wichtige Faktoren, die bei Veränderungen des Reso-Systems grundlegende Innovationen behindern, ja sogar verhindern können.

Prügel zum Abschied

Erinnern wir uns: Vornehmliches Ziel der Einweisung ins Zuchthaus war es, die Bettler, Prostituierten und Arbeitsunwilligen von der Straße zu holen. Was nach einer eventuellen Entlassung mit ihnen geschehen sollte, darüber hatte man nicht weiter nachgedacht.

Von erfolgreicher Resozialisierung konnte denn auch schlicht keine Rede sein, ein von den Zuchthäusern entwickeltes Konzept zur Wiedereingliederung ihrer ehemaligen Gefangenen nach Beendigung der Haftzeit fehlte völlig. Wer wieder draußen war, musste allein zurechtkommen. Das damalige »Entlassungsmanagement« bedeutete: Der Entlassene bekam zum Abschied, quasi als Denkzettel, eine »mäßige«, »gewöhnliche« oder »tüchtige« Tracht Prügel. Zuchthauswärter bildeten zu diesem Zweck ein Spalier im Innenhof vor dem Tor und schlugen auf den Entlassenen ein, dem der Rücken manchmal von der letzten Züchtigung noch blutete.

Doch damit war das Kapitel Zuchthaus für die Delinquenten keineswegs abgeschlossen: Sie hatten oft keinen Ort, an den sie zurückkehren konnten, schließlich war gerade ihre mangelnde soziale Integration der Grund gewesen, weshalb man sie ursprünglich eingesperrt hatte. Dass es unter diesen Voraussetzungen oft nicht lang dauerte, bis die Entlassenen wieder im Zuchthaus landeten, kann also niemanden überraschen.

So etwas wie »Resozialisierungsarbeit« fing als milde Gabe und Almosen für die Entlassenen an. Die ersten Initiativen der Entlassenen- und Gefangenenfürsorge gingen im 18. Jahrhundert von Privatleuten und Geistlichen aus. Es bildeten sich vor allem in den süddeutschen Ländern Gefängnisfürsorgevereine, die den Entlassenen mit Rat und Tat zur Seite stehen wollten. Oft sorgten sie auch für Unterkunft, Arbeit, Kleidung und Verpflegung, im Idealfall so lange, bis sich der Entlassene selbst versorgen konnte. Der Staat übernahm für diese Aufgabe keine Verantwortung. Nur wenige Fürsorgevereine erhielten eine geringe finanzielle Unterstützung vom Staat.

Doch diese Schwierigkeiten waren kein Hinderungsgrund für den Bau weiterer Zuchthäuser. Denn trotz der zahlreichen Probleme waren schon die frühen Gefängnisse in mindestens einer Hinsicht ein voller Erfolg: Das Gesindel war zumindest zeitweise von der Straße. Armut und Verwahrlosung infolge von Landflucht und Industrialisierung verschwanden dadurch weitgehend aus der öffentlichen Wahrnehmung.

Vom Bestrafen zum Erziehen zum Überwachen

Erst mit dem Ende des Absolutismus setzte ein Umdenken ein. Aufklärung und Liberalismus führten dazu, die Zustände in den Zuchthäusern massiv zu kritisieren und sie zu reformieren. Es war Charles Dickens in England, der Mitte des 19. Jahrhunderts das Grauen der Gefängnisse einer breiten Bevölkerung nahebrachte. Sein Vater hatte selbst, zusammen mit seiner Frau und sieben Kindern, in einem Schuldgefängnis eingesessen. Dickens musste wie viele andere Kinder in Fabriken schuften, um die Schulden der Familie zu bezahlen.

Man kann es als Ironie der Geschichte ansehen, dass die Bewegung der Aufklärung gleichzeitig dazu beitrug, den Fortbestand der Zuchthäuser zu zementieren. Leibesstrafen fanden immer weniger Akzeptanz, stattdessen gelangte man mehr und mehr zu der Ansicht, dass es die Pflicht des Staates sei, einen fehlgeleiteten Menschen zu einem sittsamen und produktiven Mitglied der Gesellschaft zu erziehen und ihn zur Einsicht in die Verwerflichkeit seines Verhaltens vor der Gesellschaft zu bringen. Eine solche Erziehung konnte nur dann erfolgreich sein, wenn man permanenten Zugriff auf den Delinquenten hatte, denn um jemanden zu erziehen, so der Gedanke, musste man seiner habhaft sein und ihn überwachen können. Und das ging am einfachsten, wenn man ihn einsperrte.

So verhängten die Gerichte anstelle von Leibesstrafen immer häufiger Freiheitsstrafen, deren Dauer nunmehr festgelegt und an die Schwere des Vergehens gekoppelt war. Die ersten Zellengefängnisse wurden errichtet, die hygienischen Bedingungen verbessert. Arbeitszwang wurde mit der Zahlung von Arbeitslohn verbunden, ein Teil des Lohns wurde für den Tag der Entlassung zurückgehalten. Doch im Zentrum der Reformen stand eine andere, neue Idee: die totale Überwachung und Kontrolle der Gefangenen.

Sinnbildlich dafür war die Erfindung des sogenannten Panoptikums am Anfang des 19. Jahrhunderts durch den Sozialreformer Jeremy Bentham in England. Es trägt die totale Überwachung bereits im Namen, denn dieser leitet sich von den griechischen Begriffen »pan« (alles) und »optiko« (zum Sehen gehörend) ab. Auch heute ist die Mehrzahl der Gefängnisse noch immer nach diesem Prinzip konstruiert.

Ursprünglich handelte es sich bei einem Panoptikum um einen kreisförmigen Bau, von dessen Mitte aus sämtliche Gefängniszellen einsehbar waren. Statt massiver Türen waren durchlässige Gitter angebracht. Was der Gefangene in seiner Zelle tat, war somit jederzeit von der Position der Wächter aus sichtbar.

Diese Bauweise ermöglichte eine effiziente Kontrolle über den Alltag und die Privatsphäre des Gefangenen, bei gleichzeitig geringem Personaleinsatz. Wenige Wachleute konnten von ihrem Posten aus das Geschehen in zum Teil Hunderten von Zellen einsehen. In der Gewissheit, ständig beobachtet zu werden, sollte der Gefangene das Gefühl der Überwachung verinnerlichen und sich schließlich selbst überwachen. Dann, so die Idee, würde er sich selbst von erneuten Straftaten abhalten. Disziplinierung und Erziehung des Gefangenen kamen im panoptischen System also zusammen.

Die Bauweise des Panoptikums wurde bald weltweit im Gefängnisbau angewandt, meist in leicht veränderter Form: Die Gänge gingen stern- oder strahlenförmig vom Zentrum aus, in dem sich das Wachpersonal befand.

Dieses Prinzip ist bis heute gleich geblieben: Von einer zentralen Position aus sind die Flure mit den einzelnen Zellen gut einzusehen, schnell zu erreichen, und jeder Weg führt am Wachpersonal vorbei.

Von Anfang an war natürlich klar: Auch mit der panoptischen Bauweise war eine permanente Überwachung der Gefangenen nicht wirklich gewährleistet. Die Wachleute konnten nicht tatsächlich vierundzwanzig Stunden lang andauernd in alle Richtungen blicken. Über das, was in den Zellen vor sich ging, hatte man auch damals tatsächlich nur wenig Kontrolle.

Das Panoptikum steht also für Kontrolle und gleichzeitig die Illusion einer totalen Überwachung und absoluten Sicherheit. Tausende von Vorfällen in allen Gefängnissen weltweit beweisen jedoch täglich das Gegenteil. Was in den Einzel- oder Gemeinschaftshafträumen passiert, entzieht sich der totalen Überwachung. Hier dominieren Subkultur und Überlebensstrategien der Gefangenen – später mehr davon.

Strafvollzug in Stufen

Das Panoptikum wurde bald durch ein weiteres Prinzip ergänzt, das 1842 erstmals in England praktiziert wurde und ebenfalls bis heute Bestand hat: der sogenannte Stufenstrafvollzug. Hierbei werden dem Gefangenen, wenn er sich wohlverhält, schrittweise Vergünstigungen in Aussicht gestellt. Dazu gehören zum Beispiel eine bessere Ausstattung der Haftäume, Teilnahme an Gemeinschaftsveranstaltungen, Einkauf von Waren, häufigere Besuche bis hin zu Vollzugslockerungen wie Urlaub, Ausgang, Freigang oder offener Vollzug. Wer sich anpasst, für den wird durch den Stufenstrafvollzug das Dasein im Gefängnis nach und nach angenehmer gemacht. Der Gefangene soll erzogen werden, indem er erkennt: Es ist gut für mich und wird belohnt, wenn ich mich so verhalte, wie es die Anstalt von mir fordert.

Damit war die konzeptionelle Grundlage für den Resozialisierungsvollzug gelegt. Die Zeit im Gefängnis sollte genutzt werden, um Defizite in der bisherigen Biografie der Gefangenen aufzuarbeiten, damit sie nach der Entlassung fähig waren, nicht wieder rückfällig zu werden. Schulungs- und Ausbildungsprogramme, Lehrwerkstätten, Therapien für Sexual- und Gewalttäter – all dies wurde in Deutschland schon ansatzweise in der Weimarer Republik diskutiert und schrittweise in das Gefängnissystem eingeführt. Das Nazisystem unterbrach diese hoffnungsvolle Entwicklung dann dramatisch und führte stattdessen zu Perversionen und Exzessen in den Gefängnissen. Die alten Gebäude und auch das Personal wurden nun missbraucht, um in ihnen die nationalsozialistische Ideologie zu vollstrecken – einschließlich Folter und Todesstrafen.

Von der Freiheit in die Unfreiheit

Ladung zum Strafantritt

Über Timo S. ist das Urteil gesprochen, das Strafmaß steht fest. Nun beginnt die Phase der Strafvollstreckung. Da bei ihm keine Flucht- oder Verdunkelungsgefahr besteht, muss er nicht sofort ins Gefängnis. Er kann, als vorerst freier Mann, nach Hause gehen.

Die Staatsanwaltschaft leitet als Vollstreckungsbehörde die Vollstreckung der Freiheitsstrafe ein. Wenn dringende Gründe wie eine Gesellenprüfung, eine bevorstehende Geburt oder auch ein Pflegefall in der Familie vorliegen, kann die Strafvollstreckung zunächst ausgesetzt werden. Eine sinnvolle Vorgehensweise, ist sie doch darauf ausgerichtet, soziale Folgeschäden der Haft von Beginn an zu vermeiden.

Für Timo S. liegen derartige Gründe nicht vor. Weil er keinen Arbeitgeber hat, muss er diesen auch nicht über seine Verurteilung informieren.

Zunächst wird nun abgewartet, dass das Urteil rechtskräftig wird und keine Rechtsmittel eingelegt werden. Danach dauert es etwa vier Wochen, bis die Staatsanwaltschaft Timo S. eine »Ladung zum Strafantritt« zustellt. Timo soll seine Strafe in der Justizvollzugsanstalt Märkelheim verbüßen, einem modernen Gefängnis am Rand einer Großstadt. Die Anstalt gibt es wirklich, den Namen haben wir erfunden. Sein Anwalt rät ihm, der Aufforderung Folge zu leisten. Indem er sich freiwillig stellt, kann er von Beginn an seinen Kooperationswillen demonstrieren. Erscheint er nicht, wird er zur Fahndung ausgeschrieben. Wer erst geholt werden muss, hinterlässt natürlich gleich einen schlechten Eindruck.

Warten

Bis zum Haftantritt hat Timo zwei Wochen Zeit. »Zwei Wochen« und »drei Jahre«, das sind die beiden Zeiträume, die in seinem Kopf herumschwirren.

Er kann sich auf nichts konzentrieren. Konzentration fällt ihm ohnehin schwer. Er hat bisher höchstens für den nächsten Monat oder sogar nur die nächste Woche oder den nächsten Tag geplant, weiter nicht. Drei Jahre! Diese Zeitspanne kommt ihm so lang vor, dass sie kaum in seinen Kopf passt.

Für einen Zeitraum von drei Jahren zu planen, ist an sich schon eine große Herausforderung. Timo, der sein Leben ohnehin nicht im Griff hat, ist damit völlig überfordert. Natürlich könnte er sich einen Plan machen und sich sagen: »Wenn ich mich anstrenge, komme ich bei guter Führung nach etwa zwei Jahren wieder raus, und dann kann ich mein Leben endlich in Ordnung bringen.« Aber wenn Timo das könnte, wäre er wahrscheinlich gar nicht erst in diese Situation gekommen.

»Genieß deine letzten Tage in Freiheit«, raten ihm die Kumpels. Für Timo heißt das: Feiern gehen, Drogen konsumieren, saufen. Nur fehlt ihm dazu das Geld. Also betrinkt er sich mit billigem Bier und Schnaps zu Hause. Anstatt seine Angelegenheiten zu regeln, kümmert er sich um gar nichts. Anja ruft ihn mehrere Male an, damit er sich von Chantal verabschiedet, doch er meldet sich nicht bei ihr. Warum soll er in zwei Wochen eine Beziehung zu seiner Tochter aufbauen, wenn er dann viele Jahre weg ist?

Timo muss seine Haft vorbereiten, aber er weiß nicht genau, wie. Von behördlicher Seite kommt nur die Ladung, und wenn er sie nicht annimmt, dann folgt die Festnahme. Er muss alle möglichen Leute darüber informieren, dass er die nächsten paar Jahre nicht da sein wird. Seine Mutter, die Telefongesellschaft, seinen Kumpel Sascha, bei dem er Untermieter ist.

Mit den Kumpels ist es am einfachsten. Einige von ihnen haben schon mal gesessen und gratulieren ihm per Handschlag. Er müsse wegen dem Rentner in den Bau, erzählt Timo. Der Scheißrichter, der Scheißrentner. Werde er halt absitzen, Hauptsache, es gebe im Knast keine Probleme mit den Russen. Dort könne er jeden Tag trainieren, fit werden. »Wenn ich rauskomme, dann mach ich euch alle fertig«, sagt er, und seine Kumpels lachen.

»Für mich ist das wie Urlaub«, sagt Timo. »Bin in zwei bis drei Jahren wieder zurück. Karibik, nur ohne Sonne.«

Timo hat es geschafft, ein paar früher geklaute Handys, einen großen Flatscreen und eine Playstation bei Sascha zu verstecken. Sascha ist sein Vertrauter seit vielen Jahren. Er wohnt mit ihm nun fast zwei Jahre zusammen in einer billigen Zweizimmerwohnung in einer Plattenbausiedlung. Sascha sagt ihm zu, dass er nach der Entlassung auch wieder bei ihm wohnen könne. Timo vertraut ihm auch die fast zweitausend Euro Bargeld an, die er aus Hehlereigeschäften heimlich angespart und immer gut versteckt hatte. Sascha verspricht ihm in die Hand, dieses Geld nicht anzurühren und allen Anweisungen von Timo aus dem Gefängnis zu folgen.

Timo ruft seine Mutter an und erzählt ihr alles. Der Anwalt habe ihn schlecht verteidigt, sagt er. Am Telefon beschimpft sie ihn trotzdem, dann beginnt sie zu weinen. Timo legt auf.

Irgendetwas ganz Tolles möchte er in seinen letzten Stunden in Freiheit noch machen. Aber er weiß nicht, was das sein könnte, außer Trinken. Alles, was das Leben schön macht, gibt's im Knast nicht, sagt ein Kumpel: keinen Sex und kein Bier.

Die Haft kommt auf jeden Fall, Timo kann daran nicht das Geringste ändern. Obwohl er im Strafvollzug lernen soll, sich künftig eigenverantwortlich, selbstständig und straffrei zu bewegen, wird seine begrenzte Handlungsfähigkeit schon vor der Haft mehr als deutlich.

Abmarsch, Kumpel!

Zwei Wochen lang gibt Timo sich gut gelaunt. Einen weiteren Brief der Staatsanwaltschaft öffnet er nicht, ein Einschreiben unterzeichnet er, wirft es aber gleich in den Papierkorb. So hat er es bereits mit den Inkasso-Briefen gemacht. Wenn er genug Bier trinkt, gelingt es ihm auch tatsächlich, die Verurteilung zu vergessen.

Nach weiteren zwei Wochen klingeln zwei Streifenpolizisten am frühen Nachmittag an Timos Tür. Er überlegt hin und her, will abhauen, aber ihm fällt weder ein wie noch wohin. Dann öffnet er.

Er habe eine halbe Stunde Zeit, seine Sachen zu packen, sagen die beiden Beamten. Sie begleiten ihn bei einem Rundgang durch die Wohnung. Timo überlegt, noch kurz Anja anzurufen, plötzlich kommt er sich klein und bedürftig vor. Er ruft sie nicht an.

Er brauche nicht viel mitzunehmen, sagen die Beamten. Timo packt trotzdem seine besten Klamotten in eine Reisetasche, auch sein restliches Bargeld – fünfundfünfzig Euro. Er überlegt, noch schnell die Pfandflaschen zum Edeka zurückzubringen, das wären insgesamt wahrscheinlich an die zehn Euro. Doch die Beamten werden immer ungeduldiger.

Sie legen ihm keine Handschellen oder Fußfesseln an, der eine Polizist sagt nur: »Los jetzt, Sportsfreund, auf geht's!« Ein Beamter geht vor, der andere hinter ihm.

Auf der Straße wartet der Streifenwagen. Timo versucht zu grinsen und aufrecht zu gehen. Doch als er hinten im Wagen sitzt und das freie Leben für lange Zeit letztmals an ihm vorbeizieht, wünscht er sich, dass er Anja doch angerufen hätte. In den Knast kommen nur die Loser, die, die sich erwischen lassen, geht ihm durch den Kopf.

Nach einer Stunde Fahrt ist das Gefängnis schon von Weitem zu erkennen. Ein Komplex, so groß wie eine Fabrik, mitten in der Landschaft. Der glänzende Metallzaun ist sechs Meter hoch, davor ein Graben und gerollter Nato-Stacheldraht, der schon beim Anblick wehtut.

»Das wär dann also Ihr neues Hotel«, sagt einer der Beamten und öffnet die Autotür.

Vollzugsziel: Resozialisierung

Menschenwürde und Sozialstaatsprinzip

In Paragraf 2 des Strafvollzugsgesetzes (StVollzG) von 1976 (und ähnlich auch in allen Ländergesetzen) heißt es:

Im Vollzug der Freiheitsstrafe soll der Gefangene fähig werden, künftig in sozialer Verantwortung ein Leben ohne Straftaten zu führen (Vollzugsziel). Der Vollzug der Freiheitsstrafe dient auch dem Schutz der Allgemeinheit vor weiteren Straftaten.

Auch das Bundesverfassungsgericht hatte bereits 1973 in seinem berühmten Lebach-Urteil die Aufgabe der (Re-)Sozialisierung des Strafvollzugs begründet aus den Geboten des Grundgesetzes: der Achtung der Menschenwürde und dem Sozialstaatsprinzip.

Dem Gefangenen sollen Fähigkeit und Willen zu verantwortlicher Lebensführung vermittelt werden, er soll es lernen, sich unter den Bedingungen einer freien Gesellschaft ohne Rechtsbruch zu behaupten, ihre Chancen wahrzunehmen und ihre Risiken zu bestehen.

Von »Auge um Auge« und »Zahn um Zahn« ist also keine Rede mehr. Buße und Reue sind zwar mögliche subjektive Folgen beim Täter oder Forderungen aus der Sicht des Opfers, sie sind aber keine durch den staatlichen Strafvollzug zu verfolgende Ziele. Das StVollzG von 1976 war ein großer Kompromiss einer Großen Koalition im Bundestag und im Bundesrat, alle Parteien stimmten zu. In der Fachwelt stieß das Gesetz schon damals auf große Kritik, denn gemessen am Alternativentwurf von sechzehn Strafrechtsprofessoren (dazu später mehr) war es ein Torso. In der Folge zeigte sich, dass selbst viele Minimalziele des Gesetzes in der Praxis nicht erreicht wurden (zum Beispiel Einzelhafträume, die Höhe des Arbeitsentgelts, die Aufnahme in die Rentenversicherung, die Ausweitung des offenen Vollzugs, eine bessere Personalausstattung). Die Qualitätsentwicklung im Strafvollzug war in den einzelnen Ländern schon vor der Föderalismusreform im Jahr 2006 sehr unterschiedlich. Heute kann man von einheitlichen Verhältnissen und Qualitätsstandards im deutschen Strafvollzug immer weniger sprechen.

Gestaltungsgrundsätze

Paragraf 3 StVollzG schreibt drei Grundsätze für die Gestaltung des Vollzugs fest: den Angleichungs-, den Gegensteuerungs- und den Integrationsgrundsatz.

Was sich zunächst unverständlich anhört, erweist sich bei näherer Betrachtung als ziemlich kühn.

Der *Angleichungsgrundsatz* fordert, das Leben im Vollzug solle den allgemeinen Lebensverhältnissen so weit wie möglich angeglichen werden.

Der *Gegensteuerungsgrundsatz* besagt, dass den schädlichen Folgen des Freiheitsentzugs entgegenzuwirken ist.

Der *Integrationsgrundsatz* legt fest, dass der Vollzug darauf auszurichten ist, dass er dem Gefangenen hilft, sich in das Leben in Freiheit einzugliedern.

Wir werden im Folgenden prüfen, ob diese Grundsätze in der heutigen Vollzugsrealität überhaupt erfüllt werden können oder ob es sich um bloße Lyrik des Gesetzgebers handelt, eine Beruhigungspille, die die wirklichen Verhältnisse verschleiert.

Für einen Gefangenen jedenfalls, der als Neuankömmling eine Haftanstalt betritt, stehen zunächst ganz andere Dinge im Vordergrund. Aus seiner Perspektive ist die Resozialisierung, also das, was gesetzlich als Vollzugsziel festgeschrieben ist, sehr weit weg. Wichtig sind für ihn jetzt: die allgegenwärtigen Mauern, der Einschluss, das Essen, die Mitgefangenen, die Erreichbarkeit von Drogen, die Angst vor Gewalt – also die Lebensverhältnisse im Gefängnis, nicht die draußen in Freiheit. Was nun ansteht, ist seine Sozialisation für das Überleben im Knast.

Im Zugang

Timos Freiheitsstrafe hat begonnen. Es ist gegen 17 Uhr, ab 19 Uhr beginnt der Nachteinschluss für alle Gefangenen. Ein uniformierter Beamter bringt ihn in eine Zelle auf der Zugangsstation: ein Bett, ein Schrank, ein Tisch, ein Stuhl, eine mit einer Schamwand abgetrennte Ecke mit Waschbecken, Spiegel und WC. Vor dem Fenster, das sich öffnen lässt, ist eine Eisenstange montiert, sodass es nur ein paar Zentimeter weit aufgeht.

Timo bekommt ein sogenanntes Erstausstattungsbündel mit Anstaltsklamotten und muss sich umziehen, seine Reisetasche mit der Privatkleidung muss er abgeben. Er bekommt ein Lunchpaket und eine Ladung Standardgeschirr, eine Kanne warmen Tee, die Hausordnung liegt zum Lesen auf dem Tisch. »Geht es Ihnen gut?«, fragt ihn der Beamte. »Brauchen Sie Medikamente?«

Timo verneint, er will jetzt möglichst seine Ruhe haben. Der Beamte erklärt ihm die Wechselsprechanlage mit dem Notknopf, falls es ihm schlecht gehen solle und er einen Beamten sprechen wolle. »Morgen um sechs werden Sie geweckt«, sagt der Beamte. »Ich wünsche Ihnen eine ruhige erste Nacht.«

Die erste Nacht

Die erste Nacht gleicht der alten Klosterhaft. Später wird Timo vieles mit in seinen Haftraum nehmen dürfen, später wird er unbegrenzt fernsehen können, doch in der Zugangszelle, diesem Niemandsland zwischen draußen und drinnen, gibt es all das nicht – und damit auch nichts, was Timo von sich selbst ablenken könnte. Doch gerade die Konfrontation mit seiner eigenen Person fällt Timo besonders schwer. Zehn, zwanzig Mal springt er vom Bett auf, wäscht sich das Gesicht, sieht in den Spiegel, zündet sich immer wieder neue Zigaretten an. Isst das gesamte Lunchpaket auf, bevor es richtig dunkel ist. Mit dem Finger trommelt er monotone Rhythmen an die Wand und auf die Matratze, raucht, denkt daran, wie beschissen alles für ihn gelaufen ist. Fasst mehrere Male den diffusen Beschluss, von jetzt an alles anders zu machen. Nur weiß er nicht, was das heißen soll.

Er liest die Kritzeleien auf dem Schrank. Eine lautet: »Alles Scheiße, alles Dreck, eine Bombe, alles weck!«, eine andere: »Ich finde es toll hier. Komme immer gerne wieder«, und: »Ich glaube eher an die Unschuld einer Hure als an die Gerechtigkeit der deutschen Justiz!« Jemand hat ein Hakenkreuz in das Holz geritzt.

Durch das vergitterte Fenster blickt er auf einen kleinen begrünten Innenhof mit zwei gemauerten Tischtennisplatten in der Mitte. Dahinter ragt eine fünf Meter hohe Mauer aus Beton mit Nato-Stacheldraht auf. Timo fragt sich verwundert, ob wirklich jemand denkt, dass er, der kleine Einbrecher, gegen eine solche Mauer ankommen könne?

Das Fenster seiner Zelle reicht von seiner Hüfte bis über die Stirn. In vielen deutschen Gefängnissen älterer Bauart sind die Fenster noch immer höher angebracht, als in einem Wohnraum üblich. Anfang des 19. Jahrhunderts baute man sie sogar so schmal und hoch, dass der Gefangene nicht mal auf Zehenspitzen hinausschauen konnte. Das hatte einen christlichen Sinn: Wer im Gefängnis saß, sollte nur noch in den Himmel blicken dürfen. Das hohe Fenster erinnerte die Gefangenen täglich daran, dass nur Gott ihnen verzeihen konnte. Mittlerweile hat man fast überall die alten Fenster vergrößert und nach unten erweitert.

Der Vollmond scheint durch das Fenster, sein Licht wandert als viereckiges Gitter über die Wand. Auf dem Flur hört Timo Schlüssel klappern, jedes Mal denkt er, jetzt werde seine Zellentür aufgeschlossen. Er wacht mitten in der Nacht auf, sehnt sich nach irgendeinem Aufputschmittel, wenigstens einem Stück Schokolade, aber deswegen will er den roten Notfallknopf neben der Tür nicht drücken. Es würde ja auch nichts nützen. Er denkt hasserfüllt an den Rentner, der ihm das alles eingebrockt hat.

Aufnahmezeremonien

Am nächsten Morgen ist es mit der Stille vorbei. Timos Zellentür öffnet sich um 6 Uhr, ein Beamter streckt den Kopf herein, sagt »Guten Morgen« und wartet auf eine Antwort. Timo nuschelt »Morgen« zurück. Der Begrüßungsvorgang heißt in der Anstaltssprache »Lebendkontrolle«. Jeden Morgen wird auf diese Weise überprüft, ob die Insassen bei Bewusstsein und am Leben sind.

Timo trinkt nur einen Kaffee, seine Frühstücksration hat er schon am Vorabend aufgegessen. Den ganzen Vormittag ist er nun im Gefängnis unterwegs. Zusammen mit zwei anderen Gefangenen wird er zunächst von einem Beamten zum Arzt gebracht. Der Weg führt über viele Flure und Gänge mit unzähligen Türen, die auf- und wieder abgeschlossen werden müssen. Die schweren, eisernen Schlüssel trägt der Beamte an einer Kette am Gürtel, er steckt sie in einen ledernen Halter wie eine Pistole.

Eine Waffe trägt der Beamte nicht, Waffen im Gefängnis haben sich schon vor vielen Jahren als kontraproduktiv erwiesen. Zu groß ist die Gefahr, dass einer oder mehrere Gefangene einen Beamten überwältigen und in den Besitz der Waffe gelangen. Sollte es zu Übergriffen kommen, löst der Beamte mit einem elektronischen Gerät, das er am Körper trägt, Alarm aus und wartet ab, bis die Kollegen zu Hilfe eilen.

Er führt die drei Gefangenen in ein Wartezimmer, wo sie zehn Minuten lang stumm beieinandersitzen. Alle wissen: Man wird sich schon noch früh genug kennenlernen.

Timo wird als Letzter hereingerufen. Der Arzt hat lange Haare und sieht ein bisschen aus wie ein Abenteurer.

Er untersucht Timo auf Haftfähigkeit, also zu der Frage, ob sein gesundheitlicher Zustand so schlecht ist, dass die Vollstreckung der Freiheitsstrafe medizinisch nicht verantwortet werden kann. Tatsächlich ist die Verfassung vieler Neuinhaftierter so schlecht, dass sie zunächst behandelt und stabilisiert werden müssen, damit sie den spezifischen Anforderungen des Vollzugsalltags gewachsen sind und auch an den Schulungs- und Arbeitsprogrammen teilnehmen können. Es gibt auch besonders gesicherte Haftkrankenhäuser, in denen schwerwiegende Krankheiten behandelt und auch Operationen durchgeführt werden können. Es ist deshalb äußerst selten, dass Haftunfähigkeit anerkannt wird.

Timo hat damit gerechnet, dass der Arzt auch seinen Anus auf versteckte Drogen kontrolliert. Tatsächlich ist eine solche Untersuchung vorgeschrieben. Aus kriminologischer Sicht ist die Untersuchung aller Körperöffnungen jedoch sehr umstritten – besonders auch im Frauenvollzug. Schließlich haben alle Inhaftierten davon schon gehört. Nur die völlig Verzweifelten versuchen, dort Drogen zu verstecken. Zudem wird durch die Untersuchung die Gefahr erhöht, dass ein Inhaftierter vorher Kokaintütchen verschluckt, da Magenuntersuchungen nur bei konkretem Verdacht stattfinden. Wenn solche Tütchen platzen, bedeutet das akute Lebensgefahr – ein Teufelskreis, der möglichst vermieden werden sollte.

Selbst wenn die Untersuchung der Körperöffnungen besonders behutsam durchgeführt wird, empfinden die meisten Gefangenen sie als entwürdigend. Sie findet gegen ihren Willen statt und zeigt demonstrativ, wer die Macht hat.

Der Arzt hört Timo ab, fragt ihn nach Vorerkrankungen und seinem Drogenkonsum. Für den Fall, dass ein Gefangener heroinabhängig ist, gibt es mittlerweile in den meisten deutschen Gefängnissen die Möglichkeit einer Methadonsubstituierung.

Nach der medizinischen Station marschieren die Gefangenen wieder über viele Gänge und Flure in den Keller zur »Kammer«, wo sie neu eingekleidet werden. Ein Häftling misst Timo mit einem kurzen Blick, fragt nach der Schuhgröße und ruft seinem Kollegen die Größe zu. Timo bekommt ein kompliziert gefaltetes Bündel aus blauen Klamotten und schwarze Leder- und Sportschuhe ausgehändigt.

Es sind einfache, ausgewaschene Hemden und Hosen, eine Arbeitsweste, eine Wetterjacke, ein Trainingsanzug, vier

Paar Socken, fünf aus der Form gegangene Unterhemden und -hosen, ein Set Hygieneartikel.

Die Einkleidung stellt ein weiteres Detail in der Entindividualisierung des Gefangenen dar. Ihm wird unmissverständlich klargemacht: Es gibt jetzt neue, für alle gleichermaßen geltende Regeln, nach denen du dich zu richten hast.

Timo findet die uniformierte Kleidung gar nicht so unangenehm. Er erlebt zum ersten Mal etwas Seltsames, das im Knast aber gar nicht so ungewöhnlich ist: Er hat das Gefühl, dass von nun an alles für ihn geregelt wird. Was draußen so schwer war – sein Leben in den Griff zu kriegen –, das geht hier drinnen anscheinend quasi von alleine.

Von seinen Privatsachen darf er einige Fotos, zwei Bücher und zwei Softpornohefte mitnehmen. Die fünfundfünfzig Euro Bargeld werden auf der Zahlstelle seinem Knastkonto gutgeschrieben.

In der Aufnahmeabteilung

Nach der ärztlichen Untersuchung und der Übergabe der Grundausstattung wird Timo in die Aufnahmeabteilung verlegt. Sein Haftraum kann nun außerhalb der allgemeinen Verschlusszeiten (von 19 bis 6 Uhr) aufgeschlossen bleiben.

Am Nachmittag hat Timo das erste Gespräch mit dem Leiter der Aufnahmeabteilung. Er ist Sozialarbeiter, sieht aber nicht so aus, wie sich Timo einen Sozialarbeiter vorgestellt hat. Ein kleiner, junger Mann mit kurz geschorenen Haaren, der auch in eine Militäruniform passen würde. Er hat sein Büro in einem Raum, der nicht viel größer ist als Timos Zelle.

»Wie geht es Ihnen?«, fragt der Sozialarbeiter. Timo weiß darauf keine Antwort, außer: »Ganz gut.«

»Drei Jahre«, murmelt der Sozialarbeiter. »So lange wird es nicht unbedingt sein müssen.« Er hält es für möglich, dass Timo schon nach etwa zwei Dritteln der Zeit auf Bewährung vorzeitig entlassen wird.»Das wollen Sie, Herr S., doch schließlich auch?« Timo nickt. Man werde nun in den nächsten zwei Wochen zusammen mit Timo den sogenannten Vollzugsplan erarbeiten, erklärt der Sozialarbeiter. Dort würden alle Behandlungsmaßnahmen festgelegt, die diese Anstalt ihm bieten könne – alles mit dem Ziel, dass er nicht wieder rückfällig werde.»Ich hoffe, dass wir gut zusammenarbeiten!«, sagt der Sozialarbeiter zum Schluss. Timo nickt abermals. Dann darf er wieder in seine Zelle.

Mit Ruhe und Einsamkeit ist es in dieser Abteilung weitgehend vorbei. Timo lässt seine Tür offen stehen, Stimmen und Gesprächsfetzen dringen zu ihm herein. Vereinzelt stehen Gefangene auf dem Flur herum. Erst um 19 Uhr werden die Zellen für die Nacht verschlossen, und er ist wieder allein.

Früher einmal, vor langer Zeit, so kommt es ihm vor, hat er ein Verbrechen begangen, hatte eine Beziehung mit Anja und mit ihr ein Kind. Jetzt aber ist er in einer neuen Welt angekommen, einer, in der die Welt draußen, wo man sich frei bewegen kann, keine Rolle mehr spielt. Er muss sich nun völlig anders verhalten. Aus dem freien Mann ist der Gefangene geworden. Wenn er hier überleben will, muss er andere Stärken und vor allem keine Schwächen zeigen.

Der Vollzugsplan

Einige Tage später sitzt Timo vor dem Sozialarbeiter und dem Leiter des Hafthauses, in das Timo später kommen soll. Gemeinsam besprechen sie den möglichen Vollzugsplan, einen Arbeits- und Zeitplan für die Dauer der Freiheitsentziehung. Am Ende, nach drei Jahren, steht seine Entlassung. Dazwischen jener Zwei-Drittel-Termin, an dem Timo frühestens auf Bewährung rauskann – also nach vierundzwanzig Monaten.

Der Sozialarbeiter blättert Timos Akte durch, stellt ihm

Fragen zu seiner persönlichen Situation. Er habe, sagt er, insgesamt ein gutes Gefühl.

Der Vollzugsplan listet die wichtigsten Stationen der bisherigen Legal- und Sozialbiografie von Timo auf und stellt sie in Zusammenhang mit den Ursachen und Umständen seiner Straftaten. Welche Ziele, Inhalte und Methoden können im Rahmen der Behandlungsangebote der Anstalt gemeinsam mit Timo vereinbart und festgeschrieben werden, damit die Haftzeit möglichst optimal genutzt und nach der Entlassung möglichst weitere Rückfälle verhindert werden können?

Für Timo schreibt der Sozialarbeiter in den Plan, dass bei ihm »trotz Rückschlägen weiterhin von einer positiven Sozialprognose« auszugehen sei. Der Sozialarbeiter und der Leiter der Teilanstalt verständigen sich gemeinsam mit Timo darauf, dass Timo seine früher draußen begonnene Tischlerlehre fortsetzt und versucht, diese bis zum voraussichtlichen Zwei-Drittel-Termin abzuschließen. Seine Kontakte zu Anja und seiner Tochter sollen unterstützt werden. Über Maßnahmen und Angebote zum Ausgleich der Tatfolgen (materieller und immaterieller Schadensersatz dem Opfer gegenüber) sprechen sie zwar, halten die Umsetzung aber für unrealistisch. Timo wird zu wenig verdienen, um mit einer Schuldenregulierung zu beginnen.

Der Sozialarbeiter kann in der Akte auch die Urteilsbegründung des Richters nachlesen und dessen Empfehlungen für Timos weitere Entwicklung. Allerdings spielen diese so gut wie keine Rolle für den Alltag im Vollzug. Es kann sein, dass der Richter Forderungen und Wünsche, wie zum Beispiel spezielle Therapien, hineingeschrieben hat, die diese Anstalt gar nicht erfüllen kann, weil dafür kein Personal vorhanden ist. In welche Anstalt der Verurteilte kommt, entscheidet nämlich nicht das Gericht, sondern der Vollstreckungsplan des jeweiligen Landes. Häufig sind die Richter auch nicht über alle Angebote und Aktivitäten der jeweiligen Anstalten in ihrem Bundesland im Detail informiert.

»Sie sollten die Chance für einen Neuanfang nutzen«, rät der Sozialarbeiter Timo. Er habe jetzt die Gelegenheit, sein draußen gezeigtes Verhalten zu ändern. Er habe es selbst in der Hand.

Im Regelvollzug

Timo in der neuen Zelle

Timo hat seinen Haftraum im Regelvollzug im B-Haus in der Abteilung B3 bezogen. Acht Quadratmeter. Darin wird er die nächsten Jahre seines Lebens verbringen. Er hat Glück und kommt in Einzelbelegung, was in vielen deutschen Gefängnissen noch immer nicht Standard ist.

So ist die Sache mit dem »Wohnklo« auch nicht so dramatisch, die durch eine kleine Mauer abgetrennte Toilette benutzt er allein. Er allein entscheidet, welches Fernsehprogramm läuft und wann das Licht ausgemacht wird. Keine Schlafgeräusche eines Mitgefangenen stören ihn, auch kein Gestöhne, wenn der andere sich selbst befriedigt.

Dennoch – ein Doppelstockbett beherrscht den kargen Raum. Es gibt keinen Anspruch auf Einzelbelegung, jederzeit kann eine »Zuverlegung«, wie es im Amtsdeutsch heißt, stattfinden – aus Platzgründen, aber beispielsweise auch, um einen Selbstmordgefährdeten nicht allein zu lassen.

Ansonsten das übliche Mobiliar: ein Tisch, zwei Stühle, ein Regal, ein Schrank, das Waschbecken mit einem Metallspiegel und eine Ablage für die Toilettenartikel.

Aus dem Wasserhahn kommt nur kaltes Wasser. Fast alle deutschen Gefängnisbauten aus Kaisers Zeiten, aber auch die Neubauten haben keine Warmwasserleitungen in den Hafträumen. Im damaligen sozialen Wohnungsbau für die Armen war das auch so. Bis heute haben sich dort allerdings die Standards grundlegend verändert, nicht jedoch im Gefängniswesen. Für die Gefangenen bedeutet das: Zähneputzen, Rasieren und die Körperreinigung mit Waschlappen oder Schwamm – alles mit kaltem Wasser.

Warmwasser gibt es mindestens zweimal wöchentlich zu festen Zeiten in den Gemeinschaftsduschen auf den Etagen. Pure Wellness ist das allerdings nicht, alle Gefängnisinsassen wissen, dass bei diesen Gelegenheiten die Subkultur dominieren kann. Körperliche Gewalt bis hin zur Vergewaltigung (durchaus auch mal mit Seife und Besenstiel) wird hier immer wieder eingesetzt, um die Macht- und Abhängigkeitsverhältnisse in der Hierarchie der Gefangenen zu festigen.

Auf Timos Flur gibt es achtzehn Einzelhafträume, dazu eine Gemeinschaftsküche in einem Gruppenraum, der durch Glastüren vom Flur aus einsehbar ist. Neben der Arbeitsplatte steht ein großer Kühlschrank mit achtzehn einzeln abschließbaren Fächern, eines davon gehört Timo. »Schließen Sie Ihre Lebensmittel unbedingt ein«, hat ihm ein Beamter gleich zu Beginn empfohlen, hier im Knast werde geklaut wie bei den Raben. Im Gruppenraum gibt es für die tägliche Freizeit ein Tischfußball, einen großen Flachbildschirm für das gemeinsame Fernsehen, Schach- und andere Brettspiele.

Auf der Abteilung arbeiten fünf fest zugeordnete Beamte und ein Teamleiter. Dieser ist meist ein Sozialarbeiter oder ein Mitarbeiter des gehobenen Vollzugs- und Verwaltungsdienstes. Als Abteilungsleiter ist er für zwei Flure zuständig. Der Abteilungsleiter ist der Chef, er trifft alle wichtigen Entscheidungen beziehungsweise informiert den Vollzugsleiter, der das gesamte B-Haus mit seinen vier Abteilungen unter sich hat (meist ein Jurist oder ein Psychologe). Einer der fünf Beamten soll Timos ständiger Ansprechpartner sein. Ziel ist, dass Timo zu ihm ein besonderes Vertrauensverhältnis entwickelt.

Die Türen der Hafträume sind unter der Woche morgens von 6 bis 7.30 Uhr geöffnet, danach erfolgt der Abmarsch in die Ausbildungs- und Werkbetriebe oder zur Krankenstation. Um 11.30 Uhr verteilen sogenannte Kalfaktoren (Gefangene als Hilfskräfte) das warme Mittagessen auf den Fluren. Von 12.30 bis 16 Uhr arbeiten die Gefangenen wieder in den Betrieben.

Bis 19 Uhr sind dann erneut die Hafträume auf den Abteilungen geöffnet, es können Sport- und Freizeitgruppen und der Aufenthalt im Freistundenhof stattfinden. Danach ist Einschluss für alle und Schichtwechsel der Beamten. Nur wenige sind dann noch im Nachtdienst präsent, machen regelmäßige Rundgänge oder sind über die elektronische Zellenkommunikationslage (eine Wechselsprechanlage) erreichbar, zum Beispiel, wenn ein Gefangener plötzlich Schmerzen hat und einen Notruf absetzt.

Am Wochenende sind die Betriebe geschlossen und die Abteilungen zeitweise offen, zum Beispiel zum gemeinsamen Kochen oder Fernsehen. Es gibt auch die Möglichkeit des »Umschlusses« – bis zu drei oder vier Gefangene können sich in einem Haftraum für eine bestimmte Zeit zusammen einschließen lassen, wenn nicht Sicherheitsgründe dagegen sprechen. Je nach Personalausstattung und Schichtdienstregelungen gibt es auch die Möglichkeit von Sport- und Freizeitveranstaltungen, es gibt Besuchszeiten für Angehörige, am Sonntag finden Gottesdienste der verschiedenen Konfessionen statt. Die Essenausgabe für das gesamte Wochenende erfolgt zumeist am Samstagmittag, zum Teil auch schon am Freitag. Um die Zeit danach gut zu überstehen, kommt es nun auf den Inhalt der Fächer in den Kühlschränken beziehungsweise auf die Kochkünste der Mitgefangenen in der Gruppe an.

Die Präsenz der Abteilungsbeamten ist reduziert – die Subkultur kann wieder dominieren. Viele Übergriffe finden denn auch in den langen Stunden bis Montagfrüh 6 Uhr statt, wenn wieder eine normale Gefängniswoche beginnt.

Timo in der Lehre

Timo hatte draußen nach seinem Hauptschulabschluss eine Tischlerlehre begonnen, sie aber nach fünfzehn Monaten abgebrochen. Nun hat er bei der Vollzugsplanung vereinbart, dass er die Lehre während der Haftzeit beenden werde. Im Idealfall könnte dies bis zum Zwei-Drittel-Zeitpunkt gelingen. Seine Chancen auf vorzeitige Entlassung würden sich damit wesentlich verbessern, ebenso wie seine Vermittlungschancen auf dem regulären Ersten Arbeitsmarkt.

Die Anstalt hat für ihre fast fünfhundert Gefangenen insgesamt neun Berufsausbildungsgänge im Angebot, sie ist damit die zentrale Ausbildungsanstalt des Landes. Timo hätte auch Koch, Bäcker, Elektroniker, Feinmechaniker, Gebäudereiniger, Maler, Maurer oder Metallbauer werden können. Alle Ausbildungsbetriebe sind von den Kammern anerkannt und werden von befähigten Meistern geleitet. Zum begleitenden Berufsschulunterricht kommen Fachlehrer von den Berufsschulen in der Umgebung ins Gefängnis.

Die Erfolgsquote ist relativ hoch, die enge Tagesstruktur führt im Regelfall dazu, dass die meisten Gefangenen die Lehrzeit durchhalten und auch die Abschlussprüfung bestehen. Die Prüfer kommen von draußen, von den Kammern und aus vergleichbaren Handwerksbetrieben, und loben zumeist sowohl die Ausstattung der Lehrwerkstätten als auch die pädagogische Qualität der Ausbildung.

Timo hat ein gutes Verhältnis zu seinem Meister. Der drangsaliert seine Lehrlinge nicht, ist aber auch nicht übertrieben freundlich. Timo findet ihn erfrischend klar und ehrlich – das gefällt ihm besser als zu viel Verständnis oder zu viel Sozialpädagogik.

Oft befinden sich in den Lehrräumen zehn Lehrlinge und nur der Werkmeister. Obwohl die Gefangenen mit scharfen Werkzeugen hantieren, bleibt dieser ruhig und gelassen. Er macht den Job seit über dreißig Jahren und hat noch nie erlebt, dass die Gefangenen sich gegen ihn auflehnten oder ihn gefährdeten. Im Gegenteil: Er kann sich darauf verlassen, dass die Älteren und Erfahrenen sofort einschreiten würden, wenn einer durchdreht und eine bedrohliche Situation entsteht.

Mehrmals erlebt Timo allerdings, wie in der Tischlerwerkstatt Drogen übergeben werden. Der unübersichtliche Raum mit den Werkzeugen, den vielen Schränken und den Arbeitsmaterialien eignet sich sehr viel besser zum Verstecken von Drogen als eine Zelle. Außerdem können die Drogen, wenn sie hier entdeckt werden, niemandem konkret zugeordnet werden.

Timo lernt viele Handgriffe und Fertigkeiten, eignet sich viel neues Wissen an, doch das Gefühl, in einem Betrieb zu arbeiten, dessen Produkte auch irgendwie nachgefragt werden, hat er nicht. Der Meister sagt oft Dinge wie:»Draußen ist das eh alles anders.« Kundenkontakte gibt es nicht, deshalb auch kein Feedback über deren Zufriedenheit mit den Produkten, die die Gefangenen herstellen. Dazu gehören Büromöbel, Tische, Stühle, Schränke und Betten für die Haftäume.

Eines ist Timo sehr wohl bewusst: Draußen war er als Tischlerlehrling gescheitert. Seitdem hat er viele Jahre seines Lebens verschwendet. Nun muss er sich doppelt bewähren, muss die Ausbildung erfolgreich abschließen und nach der Entlassung härter arbeiten, um den Knastmakel vergessen zu machen.

Leben ohne Bargeld

Der Besitz von Bargeld ist in der Anstalt verboten – zu groß ist die Gefahr, dass es für den Handel mit Drogen oder für Schutzgelderpressung missbraucht wird.

Für Timo legt die Vollzugsgeschäftsstelle deshalb ein sogenanntes »Eigengeldkonto« an, über das alle Ein- und Auszahlungen laufen. Da Timo entsprechend dem Vollzugsplan eine Lehre in der Tischlerei absolviert, bekommt er eine monatliche Ausbildungsbeihilfe, die der Tarifstufe III des Grundlohns entspricht. Der Tagessatz beläuft sich derzeit auf 11,04 Euro, der Stundensatz beträgt 1,43 Euro. Diese Gleichstellung soll der Gefahr entgegenwirken, dass die Gefangenen aus materiellen Gründen eine Arbeitstätigkeit einer Ausbildung vorziehen. In der höchsten Tarifstufe V könnte Timo maximal einen Tagessatz von 13,80 Euro verdienen, plus bis zu 30 Prozent Leistungszulagen, aber diesen Anforderungen würde er derzeit nicht genügen.

Bei monatlich bis zu dreiundzwanzig Arbeitstagen werden somit seinem Konto rund zweihundertfünfzig Euro gutgeschrieben. Timo darf davon drei Siebtel (rund hundert Euro) als Hausgeld für den persönlichen Bedarf wie zum Beispiel den Einkauf verwenden. Dieses Hausgeld ist unpfändbar – so bleibt den Gefangenen ein Rest von selbstständiger Entscheidungsbefugnis, die allerdings weit entfernt ist von den realen Lebensumständen in der Welt draußen.

Die übrigen vier Siebtel verbleiben auf dem Eigengeldkonto. Aus ihnen wird das Überbrückungsgeld gebildet. Dieses soll den notwendigen Lebensunterhalt des Gefangenen und seiner Unterhaltsberechtigten für die ersten vier Wochen nach der Entlassung sichern. Es ist unpfändbar und wird bei der Entlassung grundsätzlich in bar ausgezahlt, kann aber auch mit Zustimmung des Gefangenen an den späteren Bewährungshelfer überwiesen werden.

Timo S. besitzt draußen kein eigenes Konto mehr. Die Inkassounternehmen müssen ihre Forderungen nun an die Haftanstalt richten. Vor einem Besuch des Gerichtsvollziehers ist Timo jetzt erst mal sicher.

Der Sozialarbeiter hat mit ihm die Möglichkeit eines Schuldenregulierungsplans besprochen, aber beide haben das als unrealistisch verworfen. Timo hat ungefähr zehntausend Euro Schulden bei verschiedenen Inkassounternehmen. Sie stammen überwiegend aus früheren Straftaten und aus Prozesskosten. Anja hat bisher keine Unterhaltsansprüche angemeldet, während der Inhaftierung macht das Jugendamt gegen Timo keine Forderungen geltend. Über das Überbrückungsgeld hinaus wird Timo nur wenig ansparen können – da bleibt nichts übrig, um mit den Gläubigern vernünftige Rückzahlungsraten vereinbaren zu können. So verschieben der Sozialarbeiter und Timo das Thema auf die Zeit nach der Entlassung. Schon jetzt ist klar, dass die Schulden eine schwierige Hypothek bleiben werden.

Pro Monat kann Timo also rund hundert Euro zur Steigerung seiner Lebensqualität im Regelvollzug verwenden. Sechzehn Euro pro Monat kostet der Fernseher in seinem Haftraum. Ohne den hält er die Abende und die Wochenenden nicht aus. Hinzu kommt Tabak für die selbst gedrehten Zigaretten. Hier im Knast braucht er den Tabak dringender denn je zuvor. Der Rest bleibt für den Einkauf im Supermarkt.

Der Knast-Supermarkt

Die Anstalt verfügt über einen großen, supermarktähnlichen Verkaufsraum, den eine private Firma von »draußen« betreibt. Für jede Station gibt es feste Zeiten, in denen die Gefangenen einmal pro Woche einkaufen können. Timo bezahlt über seine Knast-Geldkarte, die den Betrag automatisch von seinem Konto abzieht.

Im Angebot sind zahlreiche einfache Produkte. Kartoffeln, festkochend, Cola in 1,5-Liter-PET-Flaschen, H-Milch, junger Gouda, Spiralnudeln, Tomaten stückig in Dosen, Erbsen- und Gulaschsuppe in Dosen, Tiefkühl-Hähnchenschenkel, außerdem Vollmilch- und Nussschokolade, hundert Gramm für vierzig Cent. Der Verkaufsraum gleicht einer Mischung aus LIDL und leer gekauftem Tante-Emma-Laden.

Auf Nachfrage kann Timo aus einer Liste weitere Produkte auswählen, welche ihm eine Woche später ausgehändigt werden. Dazu gehören spezielle Marmeladen, Honig, Konfekt, Hautcreme und Rasierschaum. Er könnte auch Zeitschriften und Magazine bestellen.

Die Preise sind moderat, allerdings nicht vergleichbar mit denen in den Anzeigen von ALDI oder LIDL, die die Gefangenen täglich in den Zeitungen oder im Fernsehen sehen. Der private Kaufmann will natürlich Profit machen, er braucht keine Konkurrenz zu fürchten. Timo kauft bei seinem ersten Einkauf zehn Eier aus Käfighaltung. Daraus will er sich Spiegeleier braten, dazu tiefgekühlte Pommes. Er freut sich schon jetzt auf das gemeinsame Kochen am Wochenende im Gruppenraum.

Gefängnisarbeit

Es gibt im Gefängnis zwei Arten von Arbeitsmöglichkeiten: die anstaltseigenen Betriebe und die Unternehmerbetriebe.

Zu Ersteren zählen zunächst alle in der Anstalt selbst anfallenden Tätigkeiten wie Küche, Essenausgabe, Gebäude- und Hofreinigung, Wäscherei, Kleidungsausgabe, Grundstückspflege oder Reparaturarbeiten. Diese Arbeiten sind nicht zuletzt deshalb bei Gefangenen sehr beliebt, weil man dadurch innerhalb der Hierarchie der Subkultur oft einen wertvollen Platz einnehmen kann. Wer bei der Essenausgabe hinter dem Fleischtopf steht, kann entscheiden, wer einen größeren Nachschlag bekommt und wer nahezu leer ausgeht. Zudem bekommt er so Kontakt zu fast allen Gefangenen und kann Informationen weitergeben. Gleiches gilt für die, die in der Gebäude- und Hofreinigung beschäftigt sind: Sie haben Zugang zu Informationen, weil sie ständig im Hafthaus unterwegs sind, und können diese weitergeben oder sogar weiterverkaufen. Dies gilt natürlich auch für Drogen. Wer in der Hofreinigung und der Grundstückspflege untergekommen ist, kann zudem durch die Zellenfenster mit nahezu allen Gefangenen kommunizieren.

In den sogenannten Eigenbetrieben stellen Gefangene Produkte her, die nach draußen verkauft oder häufig auch an Behörden vertrieben werden. So kann es sein, dass nahezu sämtliche Schreibtische und Büroschränke für die Verwaltung des jeweiligen Bundeslandes in einem Gefängnis gefertigt werden. Manche Anstalten stellen auch Knast-Klamotten her, die einem modischen Trend draußen entsprechen. Eine Berliner Haftanstalt geriet vor einigen Jahren in die Schlagzeilen, weil der knasteigene T-Shirt-Verkauf besonders gut lief, die Gefangenen jedoch keinen höheren Lohn erhielten.

Viele Gefangene finden aber auch Arbeitsmöglichkeiten in den sogenannten Unternehmerbetrieben: Darunter versteht man externe Betriebe, die – meist aus Kostengründen und unter günstigen Bedingungen – ihre Werkstätten in ein Gefängnis verlagern. Ein gar nicht so kleiner Teil von dem, was heute auf dem freien Markt erhältlich ist, wurde tatsächlich in deutschen Gefängnissen hergestellt, beispielsweise Kleinmöbel, Ersatzteile für Autos, Bauteile für Telefone oder Handys. Schließlich sind die Lohnkosten im Knast relativ gering. Allerdings fürchten viele Unternehmen um das Image ihrer Produkte und bestehen deshalb auf Geheimhaltung bezüglich deren Herkunft.

Im Rahmen der Diskussion um ein neues Strafvollzugsgesetz war in den Siebzigerjahren eine der zentralen Forderungen der Experten und der Praktiker, dass die Löhne der Gefangenen auf das tarifliche Niveau außerhalb der Gefängnisse angeglichen werden sollten. Bis heute ließ sich diese Forderung nicht einmal ansatzweise durchsetzen. Es gibt derzeit in deutschen Gefängnissen drei bis fünf Lohnstufen, je nach handwerklichem Anspruch der Tätigkeit. Einfache Putzarbeiten liegen in der untersten, Arbeiten in der Polsterei in der obersten Lohnstufe. Die Löhne reichen von ungefähr acht Euro bis maximal vierzehn Euro. Wohlgemerkt: pro Tag.

Da die meisten Gefangenen beim Antritt ihrer Haftstrafe völlig überschuldet sind, ist es bei diesem Lohnniveau unmöglich, bis zur Entlassung wesentliche Beiträge zur Schuldenregulierung aufzubringen. Die Bereitschaft der Gefangenen, auch nur minimale Summen anzusparen, ist dementsprechend gering. Fehlende Anreize führen außerdem dazu, dass die Produktivität in den Anstaltsbetrieben oft nicht einmal die Hälfte des Niveaus draußen erreicht.

Nehmen wir als Beispiel eine anstaltseigene Polsterei. Solche Werkstätten finden sich in vielen deutschen Gefängnissen. Oft besitzt die Polsterei einen für Besucher von draußen zugänglichen Verkaufsraum, wo jeder seine verschlissenen Sessel, Sofas oder Stühle hinbringen kann. Die Wartezeit für die Fertigung oder die Reparatur beträgt meistens mehrere Monate, dann aber darf sich der Kunde über eine professionelle Reparatur zu einem relativ günstigen Preis freuen.

Das Problem: Die Gefangenen arbeiten ohne jeden Kundenkontakt, es fehlt ihnen an Interesse und Motivation, die Reparatur besonders gründlich oder besonders schnell auszuführen. Ist der Kunde zufrieden, bekommen sie nur selten etwas davon mit, Ansporn und Ehrgeiz entstehen dadurch nur selten. Vom Termindruck, wie er in normalen Polstereibetrieben draußen herrscht, ist in der Anstaltswerkstatt nichts zu spüren. Manch einer werkelt tagelang an einem einzigen Stuhlbezug herum, ohne Folgen: Für die Anstalt ist ein hohes Beschäftigungsniveau ein guter Erfolgsnachweis, da kommt es auf das Tempo der Arbeit und damit auf die Produktivität nicht so sehr an. Ein Gefangener, der sich nach seiner Entlassung um eine Arbeit in einem normalen Polstereibetrieb bewirbt, muss sich deshalb, falls er überhaupt genommen wird, völlig umstellen. Er ist auf die Arbeitsabläufe und die Anforderungen draußen nur mangelhaft vorbereitet.

Der »Heiße Stuhl«

Timo schließt die Augen.

»Du hast doch nichts drauf!«, hört er eine laute Stimme von links.

»Guck dich doch mal an!«, tönt es von rechts.

»Loser!«, beschimpft ihn der Nächste, und so geht es munter weiter.

»Wichser!«

»Abschaum! Hartzer!«

»Opfer!«

»Du kriegst eh von niemandem 'nen Job!«

Timo wird von Mitgefangenen beschimpft. Aber er weiß: Sie meinen es nicht ernst. Er sitzt in der Mitte auf dem sogenannten »Heißen Stuhl«. Die anderen sitzen in einem Stuhlkreis um ihn herum, versuchen, ihn zu provozieren. Einige kichern. Timo kann sich nur mit Mühe beherrschen. Am liebsten würde er um sich schlagen. Aber hier soll er lernen, gegen solche Angriffe immun zu werden, sich selbstbewusst und auf gewaltfreie Weise dagegen zu behaupten.

Angeleitet von einem Trainer, proben die Gefangenen Antiaggressionsverhalten. Einmal jede Woche am Nachmittag, insgesamt zwölf Sitzungen. Das Training ist Teil von Timos verbindlichem Vollzugsplan.

Mit verteilten Rollen üben sie typische Situationen: Timo bei einem Bewerbungsgespräch, Timo mit Kumpels in einem Klub, Timo mit einem früheren Bekannten, der ihn als Exknacki und Sozialschmarotzer beschimpft.

Anfangs hat sich Timo gegen das Training gesträubt, wollte seine Teilnahme immer wieder verschieben. Er ist nicht daran gewöhnt, sein eigenes Verhalten aus einer reflexiven Distanz zu betrachten. Irgendwann gab er klein bei, denn er wusste: Wenn er das Training verweigerte, würde er seine vorzeitige Entlassung gefährden.

Erstaunt stellt Timo fest, dass ihm das Training Spaß macht – solange er selbst nicht an der Reihe ist. Dann kann er kräftig schimpfen und es geradezu genießen, wie die anderen Gefangenen um Beherrschung ringen.

Die Konfrontation mit den eigenen Aggressionen ist für ihn anstrengender als vieles andere, das er im Knast erlebt, obwohl er es vor den anderen Gefangenen gerne als »Kinderkram« oder »Sozialarbeitsromantik« bezeichnet. Nach jeder Sitzung fühlt er sich erschöpft, als hätte er einen Jogginglauf absolviert.

Beim ersten Termin ist Timo kurz davor, im Rollenspiel auszuflippen. Drohend geht er auf einen Mitgefangenen zu, der ihn als »totales Weichei« und »Schwuchtel« beleidigt hat. Timo kennt dieses Gefühl auch von draußen sehr gut: dieses Kribbeln unterhalb der Schläfe, die kaum noch kontrollierbare Wut, das Gefühl, den anderen nur mit Gewalt stoppen zu können, das Bedürfnis, sich mit ein paar kräftigen Schlägen abzureagieren.

»Stopp!«, ruft der Trainer, und ein Mitgefangener hält Timo von hinten fest. Der Trainer beendet das Rollenspiel, und alle Beteiligten äußern sich zu ihren jeweiligen Beobachtungen und Gefühlen. Timo keucht. Als der Trainer ihn mehrfach fragt, wie er sich in dieser Situation fühle, empfindet er die Fragen wie Schläge. Er kann über seine Gefühle nicht reden, ist völlig hilflos und verstummt. Es dauert eine ganze Weile, bis er sich wieder beruhigt hat und sich an der Gruppendiskussion beteiligt.

Er solle in solchen Situationen einen Schritt zurücktreten, sagt der Trainer, und sich klarmachen, dass Gewalt keine Lösung sei. Nur dann werde er seine Aggressionen in den Griff kriegen. Einen anderen Weg gebe es nicht.

Er müsse die Knöpfe erkennen, die bei ihm den Verlust der Selbstbeherrschung »triggern«. Dann könne er lernen, andere Knöpfe zu betätigen, die nicht immer wieder in dieselbe Sackgasse führten.

»Du kannst nicht jedem, der dich beleidigt, eine reinhauen«, sagt der Trainer

Timo antwortet nicht.

Oben und unten in der Knasthierarchie

Was während des »Aufschlusses« auf Timos Flur passiert, können die Abteilungsbeamten im Schichtdienst nur oberflächlich überwachen. Alle Türen der Hafträume sind offen, die achtzehn Gefangenen können sich frei bewegen, können im Gruppenraum gemeinsam ihre Freizeit verbringen.

Jeder Gefangene auf Timos Flur kann nun in Timos Zelle kommen, sich auf einen Stuhl setzen, die Kritzeleien an den Wänden betrachten und sie laut vorlesen. Oder einfach nur drohend in der Tür stehen bleiben. Er könnte auch in aller Seelenruhe nach vorne zum Tisch treten, langsam die Packung Tabak aufnehmen, die Timo dort liegen hat, und sich mit den daneben liegenden Blättchen eine Zigarette drehen, sie anzünden und Timo den Rauch ins Gesicht blasen. Timo bliebe kaum etwas anderes übrig, als tatenlos zuzusehen. Und es könnten auch mehrere Gefangene kommen und ihn körperlich bedrohen.

Als 2006 in der JVA Siegburg drei jugendliche Gefangene

einen Zellengenossen am Wochenende mit verschiedenen Gegenständen, unter anderem einer Klobürste, auf grausamste Weise zu Tode folterten, gab es in der Zelle, in der all dies geschah, einen Notfallknopf, um Verbindung zum Beamtenzimmer aufnehmen zu können. Das Opfer hatte einmal den Knopf gedrückt, die Beamten ließen sich aber von fadenscheinigen Erklärungen der Mitgefangenen täuschen.

Der Fall zeigt exemplarisch, wie schwierig es ist, einen Gefangenen vor den Mitgefangenen zu schützen, obwohl alle Beteiligten scheinbar permanent unter Kontrolle stehen.

Timo ist immer auf der Hut: Er muss herausfinden, wer ihm gefährlich werden kann, vor wem er sich schützen muss und von wem er vielleicht etwas kriegen kann. Echte Freunde gibt es hier nicht. Jeder Mitgefangene ist ein potenzieller Verräter, jeder schaut nur auf seinen eigenen Vorteil. Vertrauen ist eine Kategorie, die im Knast nicht belohnt, sondern durch Missbrauch bestraft wird. Dabei ist doch fehlendes Urvertrauen zu wichtigen Bezugspersonen ein zentraler Faktor in der Biografie fast jedes Gefangenen, der auch zu seiner späteren Kriminalität beigetragen hat.

Timo hat schnell gemerkt: Wenn er sich mit dem Hausarbeiter, der ihm Mittagessen, Frühstück und Abendbrot ausgibt, gut stellt, bekommt er vielleicht einen Nachschlag vom Gulasch, ein weiteres Stück Salami oder statt der billigen Wurst vom Schwein die bessere Putenwurst, die eigentlich für die Moslems reserviert ist.

Auch die Freistunden dienen dazu, die Herrschaftsverhältnisse unter den Gefangenen zu klären: Timo sitzt mit anderen Häftlingen im Freistundenhof des B-Hauses. Die Albaner spielen Tischtennis. Timo hat gehört, es seien gar keine Albaner, sondern Kasachen, ihm ist das egal. Timo könnte nicht mal Italienisch von Russisch unterscheiden und wüsste wahrscheinlich auch nicht, ob Kasachstan näher an Russland oder an Bulgarien liegt. Er kann nur ein paar Worte Englisch, ohne dass er weiß, wie die Worte überhaupt geschrieben werden.

Timo hat seine Mitgefangenen sofort in zwei Kategorien eingeteilt. Einmal anhand der Nationalitäten beziehungsweise der Muttersprache. Timo hat in seinem Leben nur wenig Kontakt zu Menschen gehabt, die zwei Sprachen sprechen. Ein Albaner, Kasache, Russe oder Mongole, der neben seiner Muttersprache auch Deutsch beherrscht, kann mit anderen Häftlingen, die ebenfalls seine Muttersprache sprechen, so kommunizieren, dass weder die übrigen Häftlinge noch die Vollzugsbeamten sie verstehen. Im Knast ist das natürlich eine Art Geheimsprache, die sofort Zugehörigkeiten und Abgrenzungen erzeugt. Timo schätzt den Ausländeranteil in diesem Gefängnis auf etwa 40 Prozent. Er traut den Ausländern alles zu und hält möglichst Distanz zu ihnen.

Timos zweites Unterscheidungskriterium bezieht sich darauf, wie oft, wie lange und wegen welcher Delikte jemand im Knast gewesen ist. Er schätzt den Altersdurchschnitt in seiner Abteilung auf etwa dreißig Jahre. Fast alle haben schon mehrfach, zum Teil viele Jahre, im Jugendarrest, im Jugendstrafvollzug oder im Erwachsenenvollzug gesessen. Nun verbüßen sie in dieser Anstalt Strafen von zwischen sechs Monaten und bis zu fünf Jahren. Die Kurzstrafer mit Freiheitsstrafen unter sechs Monaten, die Erstverbüßer (zum ersten Mal im Gefängnis) und die Langstrafer (über fünf Jahre bis lebenslang) sind in anderen Anstalten des Landes untergebracht, die meisten Sexual- und Gewalttäter befinden sich in der Sozialtherapeutischen Anstalt. An Delikten ist fast das gesamte Strafgesetzbuch vertreten, zumeist Diebstahl, Einbruch, Raub, Körperverletzung, Drogenhandel, Betrug, Erpressung, Hehlerei.

Ganz oben in der Knasthierarchie stehen die Bosse, die Abgebrühten, die ihre Zeit hier »mit der linken Backe« absitzen oder zumindest so tun. Timo sieht sich selbst zwar als einigermaßen »harten Typen«, doch er weiß genau: Hier drinnen sind die meisten sehr viel härter als er selbst. Gewalttätiger, abgebrühter, erfahrener. Mit ihnen muss er zurechtkommen, muss lernen, im Knast ohne große Schäden zu überleben. Seine permanente Angst versucht er zu überspielen, indem er ebenfalls potenzielle Gewalttätigkeit ausstrahlt. Und er geht zweimal in der Woche in den Sportstunden zum Bodybuilding, um seinen bisher eher schmächtigen Körper entsprechend zu stählen.

Auf der untersten Stufe der Subkultur stehen die Schwachen, die zum Beispiel Delikte wie Kindesmissbrauch begangen haben, die Jüngeren mit wenig Knasterfahrung und die Nichtgruppenfähigen, die die Knastsprache der Gefangenen untereinander nicht sprechen, keine Gewaltbereitschaft ausstrahlen, vielleicht sogar echt schwul sind. Ihnen will Timo auf keinen Fall zugerechnet werden – das sind die Loser, die Opfer, die am stärksten unter der Gefangenenhierarchie zu leiden haben. Deshalb hält er zu ihnen große Distanz.

Einer der Bosse ist offenbar ein stämmiger, tätowierter Kerl mit Halbglatze und Schirmmütze, der auf dem Hof meistens schnell im Kreis läuft, zwei weitere Häftlinge im Schlepptau. Bereits bei Timos zweitem Hofgang stellt er sich neben Timo, wartet ein paar Sekunden ab. Seine körperliche Präsenz hat etwas Angsteinflößendes. Er wartet und baut eine Drohkulisse auf. »Bist du neu?« Timo nickt. »Genau.« Ohne einen weiteren Kommentar geht der Häftling weiter, dreht weitere Runden und strahlt schon durch seine Haltung im Gehen aus, dass er Gewalt kennt und jederzeit bereit ist, Gewalt einzusetzen. Später erfährt Timo, dass der Mann Werner heißt.

Timo hat Glück, dass er nicht wirklich schwer drogenabhängig war. Er war nur Gelegenheitskonsument, nicht heroinabhängig. Es dauert nicht lange, bis man ihn anspricht, ihn als Konsumenten gewinnen will. Es passiert im Treppenhaus, auf dem Weg zum Hofgang. Einer der Hausarbeiter, der gerade damit beschäftigt ist, den Boden zu wischen, hebt den Kopf, als er vorbeigeht. »Brauchst du etwas?«, fragt er. Timo schüttelt den Kopf, geht weiter, weiß aber sofort, worum es geht.

Ein paar Tage später begegnen sie sich wieder. Dieses Mal raunt der Mann: »Kostenlos. Alles kein Problem.« Timo schüttelt wieder den Kopf. Aber beim übernächsten Mal nickt er, zu reizvoll ist das Angebot. Der Mann verhält sich nicht anders als bei den beiden anderen Malen. Aber am Abend kommt ein für Timo bisher unauffälliger Mitgefangener auf der Station in seine Zelle und übergibt ihm ein winziges Kügelchen aus Plastikfolie. Es ist nur ein bisschen »Peace«, ein festes, braunes Stückchen Cannabis. Draußen hätte Timo über jeden gelacht, der ihm damit einen Gefallen hätte tun wollen, und das Kügelchen wahrscheinlich mit den Fingern auf den Boden geschnippt.

Hier drin kommt er sich vor wie ein Jugendlicher, der noch nie einen Joint probiert hat. Aufgeregt wartet er den Einschluss ab und dreht sich schließlich einen Joint. Er pustet den Rauch extra weit und ein bisschen schräg durch das Gitter aus dem Fenster, damit niemand in den Zellen über ihm mitbekommt, was er raucht. Er weiß nicht, ob man es nachher trotzdem riecht. Den letzten Stummel des Joints wirft er ins Klo und spült ihn runter.

Sein Rausch ist mäßig, doch im Gefängnis bekommt alles eine besondere Bedeutung. Er zappt wie irre durch alle Fernsehprogramme, schaut sich zum x-ten Mal seine Softpornos an und hat das Gefühl, dass es sich im Knast vielleicht doch ganz gut leben lässt.

Zwei Wochen später bekommt er das nächste Kügelchen, es ist wie ein Drogenabonnement. Die Rechnung kommt vier Wochen später neben den Tischtennisplatten: Plötzlich steht Werner hinter ihm. Er schulde ihm mittlerweile hundert Euro, raunt er Timo zu, müsse es aber erst später bezahlen.

Timo nickt und bekommt nun alle zwei Wochen seine Ration.

Je länger Timo inhaftiert ist, umso mehr steht allein sein Eigeninteresse im Vordergrund. Zu Beginn war er noch großzügig im Teilen mit anderen Mitgefangenen. Bald gibt er aber zum Beispiel keinen Tabak mehr ab. Jedenfalls nicht an Chris, den schmächtigen jungen Mann aus dem Haftraum gegenüber. Nicht weil er Chris nicht sympathisch fände, sondern weil er begriffen hat: Von Chris bekommt er nichts zurück, und indem er Chris hilft, macht er sich bei den anderen unbeliebt. Denn Chris gehört zu den Losern, den Wehrlosen, die einem nur Vorteile bringen, indem man sich über sie lustig macht und sie unterdrückt. Chris ist kein Kumpel, von dem man Vorteile hat. Chris ist einfach nur ein Mensch ohne Verbindungen und ohne Macht.

Zynisch könnte man sagen: Schon nach ein paar Wochen hat Timo im Knast etwas gelernt, das er auch draußen gut hätte gebrauchen können und das möglicherweise sogar seine Straffälligkeit verhindert hätte: Man muss sich unterordnen und anpassen, wenn man es zu etwas bringen will. Man muss wissen, wo oben und wo unten ist. Und man darf nicht zu den Losern gehören.

Anpassung und Infantilisierung

Wer ins Gefängnis geht, heißt es, der soll »Verantwortung« für seine begangenen Straftaten übernehmen. Er soll lernen, sich nach der Entlassung jeweils für das »gesetzeskonforme Alternativverhalten«, wie es Staatsanwälte gern ausdrücken, zu entscheiden.

Diesem gut gemeinten Ansatz steht jedoch ein grundlegendes Problem entgegen: Es gibt kaum einen Ort, an dem Menschen so sehr jeglicher Verantwortung für ihr eigenes Leben enthoben sind wie das Gefängnis. Statt Eigenverantwortung und Selbstbestimmung des Einzelnen dominiert die Reglementierung, das Gefängnissystem nimmt den Gefangenen systematisch alle Entscheidungen ab. Es macht somit aus einem Straffälligen jemanden, der über nichts mehr frei bestimmen kann. Nicht über das Essen, nicht über die Kleidung, nicht über den Aufschluss seiner Zelle, nicht über Ort und Zeit für Besuche, nicht über die Struktur seiner Tage. Das Gefängnis beraubt die Insassen der Verantwortung für ihr eigenes Leben.

Das ist besonders deshalb problematisch, weil oft gerade jene in den Knast kommen, die es draußen nicht geschafft haben, ihrem Leben eine sinnvolle, befriedigende und *befriedende* Struktur zu geben. Im Knast ist diese Struktur dann plötzlich da (wenn auch weder befriedigend noch befriedend). Sie ergibt sich aus den Erfordernissen einer funktionierenden Anstalt. Mit dem Tag der Entlassung löst sich diese Ordnung schnell in Luft auf, für das Leben in der zweiten Halbzeit der Resozialisierung – für das Leben in Freiheit – ist sie nicht zu gebrauchen. Nicht dass Timo im Gefängnis glücklich wäre. Aber besonders an den leeren, personell unterbesetzten Wochenenden, an denen es für die Häftlinge kaum eine andere Beschäftigung gibt als Fernsehen, freut er sich auf Montagmorgen, wenn die neue Woche beginnt und endlich wieder etwas los ist.

An den Wochentagen hat sein Leben eine feste Struktur. Um 6 Uhr morgens findet die »Lebendkontrolle« statt, Frühstück, anziehen, dann geht es zur Lehre. Wenn er ab 16 Uhr wieder »zu Hause«, das heißt zurück auf seinem Flur und in seiner Zelle ist, hat er das angenehme Gefühl, etwas geleistet zu haben. Schlimm sind eigentlich nur die einsamen Abende, aber so schlecht findet er das Fernsehprogramm dann auch wieder nicht.

Er stört sich zwar manchmal an der dominanten Art der Vollzugsbeamten und würde es vielleicht auch nicht offen zugeben, aber er fühlt sich im Gefängnis aufgehoben und geborgen. Hier wird alles für ihn entschieden. Es ist, als wäre er ein Kind, das mit Mumps im Bett liegt und sich um nichts weiter kümmern muss.

Vieles von dem, was ihm das Leben draußen so schwer gemacht hat, ist im Knast einfach verschwunden. Die unendliche Vielfalt der Konsumartikel, die permanenten Anreize der Möglichkeiten, sich über Statussymbole zu profilieren, Kontakte zu Kumpeln, Ablenkungen – das alles fehlt hier drin. Im Knast gibt es nur zwei klar definierte Wege, um Vorteile zu erlangen und Nachteile abzuwenden: den offiziellen mit den Beamten und den inoffiziellen mit den Mitgefangenen.

Draußen ist Timo oft morgens aufgestanden und wusste nicht, wohin mit sich und seiner Zeit. Er wusste nicht, woher er etwas zu essen bekommen, wo er die Zutaten dafür einkaufen sollte, ja oft nicht einmal, welche Klamotten er am besten anziehen sollte. Jetzt hat er nur die Wahl zwischen drei blauen Hemden. Alle sehen gleich aus und sind gleich abgenutzt. Im Knast muss Timo zu allem nur »Ja« sagen. Er hat »Ja« zum Vollzugsplan gesagt, »Ja« zur Tischlerlehre, »Ja« zum Antiaggressionstraining. Hatte er draußen die Qual der Wahl, so ist das im Knast ganz einfach: Er hat gar keine Wahl.

Timo denkt in seiner Zelle viel an sein altes Leben. Er denkt an Anja und an Chantal, denkt an Supermärkte, Sex und Urlaub. Nur an die Probleme, die draußen sein Leben bestimmten, denkt er immer weniger. Er kann sie sich im Knast gar nicht mehr vorstellen.

Auch seine Existenzängste sind verschwunden. Zu lang ist es noch hin bis zum Zeitpunkt seiner Entlassung. Er weiß, dass er an all seinen Problemen hier erst einmal nichts ändern kann. Auch seine Schulden beschäftigen ihn immer weniger: Sie werden durch den Knast immerhin nicht größer, kleiner aber auch nicht. Kümmern will er sich darum, wenn er wieder draußen ist.

Alles, was für ihn so schwierig war – Bewerbungen schreiben, sein Leben in Ordnung kriegen –, hat im Knast für Timo den Schrecken verloren. Es geht ihn in seiner Zelle erst mal nichts an. Er kann und muss hier nur das Geforderte tun. Im Knast hat ein neues Leben für ihn begonnen, mit neuen Sorgen, neuen Ängsten.

Timos Probleme im Gefängnis betreffen vor allem seinen Alltag. Wie viele Tage es noch sind bis zum nächsten Besuch – von Anja und Chantal, von seiner Mutter, von Sascha? Er fragt sich, ob und wann eine Durchsuchung seiner Zelle bevorsteht. Ob Werner mit ihm zufrieden ist. Wann und wie er eigentlich seine Schulden bei ihm bezahlen soll. Wie lange sein Tabak noch reicht. Was die blauen Flecken zu bedeuten haben, die er beim Duschen bei Chris gesehen hat. Ob er genug tut, um nach zwei Dritteln entlassen zu werden.

Im Knast ist all das geregelt, womit Timo draußen nicht zurechtgekommen ist. Eine »Wohnung« bekommt er automatisch, sein Essen auch, sein Einkommen steht fest, seine Lehrstelle auch. Und Respekt kann er sich in der Subkultur im Knast gerade auf jene gewalttätige Weise verschaffen, die ihn draußen überhaupt nicht weiterbringt. Mit anderen Worten: Im Knast lernt und gewöhnt sich Timo an viele Dinge, die ihm im richtigen Leben draußen nichts bringen. Und von dem, was er eigentlich lernen müsste, bekommt er viel zu wenig mit – selbstbewusster Umgang mit seinen Stärken und Schwächen, Durchsetzungsvermögen, Empathie, Solidarität.

In vielen, oft entscheidenden Situationen lernt Timo dagegen Verhaltensweisen, die nur für das Überleben im Knast erfolgversprechend, für das spätere Leben in der freien Wildbahn dagegen völlig kontraproduktiv sind: das Ausstrahlen von Gewaltbereitschaft, Misstrauen gegen Mitbewohner, Tarnen und Täuschen, letztlich illegales und asoziales Verhalten.

Für seinen straffreien Weg nach der Entlassung ist es entscheidend, dass Timo echte, sogenannte »intrinsische« Motivationen entwickelt, dass er also Dinge aus Eigeninteresse und Überzeugung tut und nicht nur deshalb, weil andere es von ihm fordern. Im Knast mit der dort herrschenden extremen Fremdbestimmung hat er dazu jedoch keine Gelegenheit.

Sicherheit und Ordnung

Wie alle frisch Inhaftierten hat auch Timo bei seiner Aufnahme die neueste Fassung des in diesem Bundesland geltenden Strafvollzugsgesetzes erhalten. Auch bei dem Gespräch über den Vollzugsplan hat der Sozialarbeiter immer wieder auf den Gesetzestext Bezug genommen. Tatsächlich sind die Bundes- oder Länder-Strafvollzugsgesetze so etwas wie die Magna Charta für Gefangene, aber auch für alle in den Anstalten arbeitenden Fach- und Führungskräfte geworden. Allerdings legen die Gesetze nicht nur Rechte, sondern vor allem Pflichten fest. Timo hat in das Gesetz nicht hineingeschaut, es ist im typischen Juristendeutsch geschrieben und für Gefangene wie Timo weitgehend unverständlich.

In allen Vollzugsgesetzen findet sich das Begriffspaar »Sicherheit und Ordnung« wieder, es spielt in der Vollzugspraxis eine dominante Rolle. Im Kern geht es darum, das Funktionieren aller Abläufe in den Anstalten so zu garantieren, dass nach innen wie nach außen keine Sicherheitsprobleme entstehen, dass aber zugleich auch die Aufgaben des Behandlungsvollzugs in geordneten Abläufen erfüllt werden können – wobei der Gesetzgeber zwischen »Sicherheit« und »Behandlung« keinen Gegensatz sieht. Nur wenn Gefangene sicher untergebracht sind und nicht ausbrechen oder entweichen können, sind sie erreichbar beziehungsweise stehen sie für die Behandlungsprogramme zur Verfügung.

Für die Gefangenen ist in erster Linie von Bedeutung, was die Regelungen über Sicherheit und Ordnung für ihre Lebensqualität im Alltag des Vollzugs bedeuten. Ihr Verhalten wird detailliert und absolut verbindlich festgeschrieben. Diese Regelungen betreffen zum Beispiel die Tageseinteilung in Arbeitszeit, Freizeit und Ruhezeit; die Verpflichtung, den Anordnungen der Vollzugsbediensteten Folge zu leisten; die ordnungsgemäße Pflege des Haftraums; die Meldepflicht bei Gefahr für Leib oder Leben einer Person.

Im Gesetz ist außerdem klar geregelt, welche Dinge sie in ihrem Haftraum in »persönlichem Gewahrsam« haben dürfen und dass sowohl die Gefangenen selbst wie auch ihre Sachen und die Hafträume je nach Ermessen der Anstalt durchsucht werden dürfen – routinemäßig oder anlassbezogen.

Das Gesetz konkretisiert dadurch das »besondere Gewaltverhältnis« zwischen dem Staat und den Gefangenen. Die Machtverhältnisse sind klar, alles ist gerichtlich nachprüfbar, nichts darf willkürlich angeordnet werden, und jede Maßnahme muss dem Grundsatz der Verhältnismäßigkeit entsprechen.

Besondere Sicherungsmaßnahmen verschärfen für Timo und seine Mitgefangenen die Lage. Bei Fluchtgefahr, bei der Gefahr von Gewalttätigkeiten, drohendem Selbstmord oder möglicher Selbstverletzung können die Vollzugsbeamten bestimmte Gegenstände entziehen. Die Anstaltsleitung kann die Beobachtung bei Nacht anordnen, die Absonderung von anderen Gefangenen, Entzug oder Beschränkung des Aufenthalts im Freien oder womöglich die Unterbringung in einem »besonders gesicherten Haftraum« (bgH), in dem es keine Gegenstände gibt, mit denen der Gefangene sich selbst gefährden könnte. Im »bgH« kann man ihn unter bestimmten Voraussetzungen sogar fesseln. Die »Absonderung« kann bis zu drei Monate dauern, ohne dass die Gefängnisaufsichtsbehörde zustimmen muss. Die Entscheidung darüber, wer wie lange in den »bgH« kommt, liegt allein beim Anstaltsleiter, eine ärztliche Überwachung ist laut Gesetz sicherzustellen.

Die Möglichkeit der Unterbringung im »bgH«, der »Beruhigungszelle« beziehungsweise »Gummizelle«, wie sie im Knastjargon heißt, beunruhigt Timo besonders.

Er hat sich genau erkundigt, hat sich von Mitgefangenen berichten lassen: Der Raum befindet sich im Keller, hat keine Fenster und ist schallisoliert. Er lässt sich, im Gegensatz zu den normalen Haftäumen, durch zwei verschiedene Türen betreten. Das soll verhindern, dass sich der Gefangene hinter einer Tür verschanzt. Die Beamten können also immer durch die andere Tür von hinten an ihn herantreten.

Der Raum ist weitgehend leer. In der Mitte liegt lediglich eine Matratze mit einer Decke drauf, in der Ecke sind ein Stahlwaschbecken und eine Toilettenschüssel fest an der Wand verschraubt, der Boden und die Wände bestehen aus dunkelgrauem, abwischbarem Beton. Neben der Matratze sind vier Stahlösen in den Boden eingelassen, an denen man Gurte befestigen kann, um den Gefangenen im Notfall zu »fixieren«. Alle gefährdenden Gegenstände wie Gürtel oder Schnürsenkel werden ihm weggenommen, um einen Selbstmord oder eine Selbstverletzung zu verhindern. Es kann auch notwendig sein, dass der Gefangene völlig entkleidet und fixiert wird, er wird dann lediglich mit einer Decke zugedeckt. Mehrere Kameras erlauben eine permanente Videoüberwachung – auch des Toilettenbereichs.

Timo weiß, dass der »bgH« äußerst selten benutzt wird, meistens nur für wenige Tage und auch nur, um einen Gefangenen, der durchgedreht hat, vor sich selbst zu schützen. Auf dem Flur von Timo zum Beispiel gab es einen Mitgefangenen, der unter Wahnvorstellungen litt und Decke und Wände seines Haftraums mit Kot beschmierte.

Timo ist sich sicher: So weit wird es mit ihm nicht kommen. Aber allein die Vorstellung, dass im Keller »seines« Hafthauses eine solche Zelle vorhanden ist und ihr Einsatz zu den Handlungsmöglichkeiten »seiner« Vollzugsbediensteten gehört, macht ihm Angst und lässt ihn in schlaflosen Nächten immer wieder hochschrecken.

Es ist wie mit der Gewalt zwischen den Gefangenen: Mehr als die tatsächliche Anwendung von Gewalt entfaltet die *Möglichkeit* zur Gewalt bei den Gefängnisinsassen eine große Wirkung. Real finden besondere Sicherungsmaßnahmen wie die Unterbringung im besonders gesicherten Haftraum sehr selten statt, aber wenn sie praktiziert werden, haben solche Maßnahmen auch immer eine exemplarische und symbolische Funktion.

Mitbestraft – die Angehörigen

Timos Haftstrafe hat natürlich nicht nur Folgen für ihn selbst, sondern auch für seine Angehörigen. Seine Freundin Anja ist plötzlich mit dem Thema Knast konfrontiert. Obwohl sie und Timo oft genug eigene Probleme hatten und obwohl sie sich nicht mehr sicher ist, wieso sie eigentlich noch mit ihm, der ihr fast nichts als Ärger bereitet hat, zusammen ist, sieht sie abends immer wieder das Bild von Timo vor sich, wie er allein in seiner Zelle sitzt. Sie stellt sich vor, wie er auf dem Bett hockt, und dann fällt die schwere Eisentür zu. Sie weiß, wie schlecht Timo mit Langeweile und Einsamkeit zurechtkommt. Er ist kein Intellektueller, der sich darauf freut, dass er jetzt endlich wieder mal in aller Ruhe die Gesamtausgabe von *Krieg und Frieden* durcharbeiten kann. Er ist niemand, der sich in seiner Freizeit gern ungestört mit Fragen über gesellschaftliche Probleme auseinandersetzt, er ist keiner, dem die eigenen Gedanken genüsslich im Kopf zergehen.

Anja schläft schlechter, seitdem Timo im Knast ist. Sie denkt häufiger an ihn, fühlt sich verantwortlich für ihn und sieht gleichzeitig keine Perspektive für sich selbst. Als alleinerziehende Mutter lebt Anja von Hartz IV, bekommt deswegen auch keinen Kita-Platz. Oft ist sie auf die Hilfe ihrer Mutter oder Schwester angewiesen, wenn sie Chantal mal für ein paar Stunden weggeben will.

Der eine oder andere wird einwenden, dass auch Anja für Timos Tat mitverantwortlich sei. Schließlich hätte sie ruhig mal genauer nachhaken können, woher er eigentlich das Geld für seine neuen Handys oder Jacken hatte, und schließlich hat sie immer wieder von ihm Geschenke angenommen, mit denen er sich meistens für irgendetwas entschuldigen wollte.

Nur ein Mensch ist ganz sicher nicht mit für das verantwortlich, was Timo getan hat: seine Tochter Chantal. Dennoch wird sie unweigerlich mitbestraft. Anjas Stress überträgt sich im Alltag auch auf die Kleine. Ihr fehlt der Vater, eine emotionale Beziehung hat sie bisher zu ihm nicht aufbauen können. Wie auch? Die Besuchszeiten sind im Knast klar geregelt: Alle zwei Wochen darf Timo die beiden eine Stunde lang sehen. Der Besucherraum erinnert ein wenig an eine Betriebskantine: Dort stehen mehrere Tische mit jeweils vier Stühlen, daneben ein Pult, an dem ein Vollzugsbeamter sitzt und die Vorgänge im Raum überwacht. Von Privatsphäre kann hier keine Rede sein.

In einer Ecke ist auf zwei Quadratmetern ein bunter Teppich ausgelegt, darauf liegen ein paar Bauklötze, ein *Petterson und Findus*-Bilderbuch und ein großer Stofftiger aus gelb-schwarz gestreiftem Plüsch. Die Kinderspielecke. Sie soll dazu beitragen, dass Gefangene die Beziehung zu ihren kleinen Kindern im gemeinsamen Spiel festigen können, wenn dies überhaupt geht.

Anja hat Chantal erzählt, Timo arbeite im Knast auf Montage. Sie weiß, dass Chantal irgendwann, wenn sie etwas größer ist, fragen wird, wieso Timo eigentlich abends oder am Wochenende nicht nach Hause kommt und wieso dort immer so viele Türen abgeschlossen werden. Was sie dann antworten wird, weiß Anja noch nicht.

Bei den Besuchen sitzen Anja und Timo sich oft wie Fremde gegenüber. Anja schwankt zwischen Vorwürfen und dem Versprechen, auf Timo zu warten. »Wenn du wieder draußen bist«, sagt sie immer wieder, »dann...« Aber ihr fällt nicht ein, was dann eigentlich passieren oder anders sein soll. Sie kennt Timos Unzuverlässigkeit, seine Abhängigkeit von seinen Kumpeln. Sie glaubt nicht, dass der Knast dies wirklich ändern wird.

Auch seine Beziehung zu Chantal leidet: Die paar Male, die Timo draußen allein mit seiner Tochter verbracht hat, war sie immer im Kinderwagen, auf dem Spielplatz oder irgendwie in Bewegung gewesen. Er kennt eigentlich nur eine Beschäftigung mit dem Kind: toben. Aber toben ist im Besucherraum nicht erlaubt. Als er aufsteht und die Kleine zu dem Stofftiger trägt, fängt sie an zu schreien, wendet sich Anja zu. Auf dem Teppich bleibt sie ungefähr eine halbe Minute sitzen, dann krabbelt sie zu den anderen Besuchern hinüber, die Timos unbeholfene Gesten unweigerlich mitkriegen, bis Anja die Kleine schließlich wieder auf den Arm nimmt.

Man muss kein Kinderpsychologe sein, um zu begreifen: Egal, wie groß oder plüschig die Tiere in so einem Besucherraum sind, der Vollzug kann ein auch nur annähernd gesundes Verhältnis zwischen Vater und Kind nicht fördern, im Gegenteil, er gefährdet es. Gerade kleine Kinder brauchen in den ersten Jahren Kontinuität und behutsame Gewöhnung an eine Bezugsperson. Zweimal monatlich eine Stunde in einer extrem angespannten Umgebung können dies natürlich nicht leisten. Spätfolgen solcher durch den Knast mit verursachter gestörter Vater-Kind-Beziehungen sind kaum abzusehen, es gibt auch keine systematischen Untersuchungen darüber.

Die Mitbestrafung der Kinder und der Bezugspersonen

eines Straftäters nehmen Staat und Gesellschaft stillschweigend in Kauf. Es gehe nicht anders, lautet oft die einzige Begründung, der Täter sei schließlich selber schuld.

Es ist seltsam: Wenn es um Kindesmisshandlung geht, ist die öffentliche Empörung schlagartig da, doch die schädlichen Folgen der Freiheitsentziehung für die Kinder beunruhigen nur wenige.

Trennung statt Sex

In der JVA Märkelheim gibt es einen sogenannten »Haftraum für Langzeitbesuche«, eine Einrichtung, über die nur sehr wenige Gefängnisse verfügen und die es auch nicht in allen Bundesländern gibt. Was dort passiert, thematisieren Timos Mitgefangene gerne und häufig. Bei ihnen heißt der Haftraum allerdings »Bumsraum« oder »Fickzelle«, und sie grinsen, wenn sie darüber reden – allerdings mehr verlegen als überlegen. Diese »Langzeitbesuche« sollen im Gegensatz zu den sonstigen Besuchsregelungen ungestört und über mehrere Stunden seelische und körperliche Nähe und Intimität der Partner ermöglichen.

Es kommen nur diejenigen Gefangenen für diese Möglichkeit infrage, die eine feste Beziehung haben. Diese muss bereits vor der Inhaftierung bestanden haben. Einerseits will man dadurch das Risiko von Zwischenfällen minimieren, was trotzdem nicht immer gelingt. Im Jahr 2010 beispielsweise tötete ein fünfzigjähriger Gefangener seine Freundin in einer Liebeszelle. Andererseits fürchtet man sonst Schlagzeilen, über die Liebeszelle würden Prostituierte in den Knast geschmuggelt. Unmöglich ist das jedenfalls nicht, man kann eine Prostituierte schließlich nicht immer an ihrem Äußeren erkennen. Eine schüchterne junge Frau in Jeans kann eine Prostituierte sein, und Ehefrauen können mit High Heels und tief ausgeschnittenen Dekolleté zu Besuch kommen.

Timo erfüllt durch seine Beziehung zu Anja die Voraussetzungen, um die Erlaubnis für die Benutzung der Liebeszelle zu erhalten. Dafür muss er einen schriftlichen Antrag stellen. Er schreibt:»Bitte um Langzeitbesuch meiner Frau, mit der ich eine Tochter habe.« Ein Zellennachbar sagt ihm, er hätte lieber »Bitte höflich um drei Stunden Beischlaf mit meiner Frau« schreiben müssen.

Es dauert viele Monate, bis Timo der erste Besuch bewilligt wird. »Nächste Woche kann Ihre Frau kommen«, teilt ihm der Sozialarbeiter plötzlich mit.

Timo ist überrascht. Die Aussicht auf einen Hauch von ungestörter Freiheit macht ihn gleichzeitig euphorisch und unsicher, nur will er das seinen Mitgefangenen gegenüber natürlich nicht zeigen. »Kommt deine Alte endlich?«, fragen ihn nahezu alle, manche hauen in einer unmissverständlichen Geste mit der Faust gegen die Handfläche. »Hoffentlich reichen drei Stunden«, versucht Timo lässig zu entgegnen.

Als es schließlich so weit ist, fühlt er sich schlecht vorbereitet. Ein Vollzugsbeamter führt ihn von der Zelle zum Besuchsraum. Seine Nachbarn rufen ihm anzügliche Sprüche nach: »Hau rein, pass auf, besorg's der Alten!« Der Weg führt am Eingangsbereich vorbei, dort, wo Timo das letzte Mal vor einem Jahr gewesen ist.

Er betritt einen Raum mit großem Fenster und Balkon. Der Blick geht auf die Rückwände der anderen Teilanstalten, von außen kann man den Raum nicht einsehen. Neben dem ausklappbaren Sofa gibt es eine kleine Kochecke, ein großer Fernseher steht an einer Wand, eine Spielecke ist auch vorhanden, ebenso ein kleines Bad mit WC und Dusche.

»Ihre Frau kommt gleich«, sagt der Beamte, der ihn hergebracht hat. Timo lässt sich auf dem Sofa nieder. Es ist lange her, dass er auf so einem bequemen Sofa gesessen hat, aber er ist zu aufgeregt, um diese Tatsache angemessen zu würdigen.

Als Anja schließlich mit der inzwischen dreijährigen

Chantal erscheint, weiß er schon, dass etwas nicht stimmt. Er hatte eigentlich mit ihr vereinbart, dass sie die Kleine bei ihrer Schwester lässt, damit Anja und er sich ungestört ein paar schöne Stunden machen können. Der Beamte weist Anja auf die Notfallknöpfe hin und schließt die Tür.

Es ist seit über einem Jahr das erste Mal, dass die beiden allein sind, ohne dass ein Justizbeamter sie beobachtet. Anja fühlt sich sichtlich unwohl. Timo hat sich in mehreren Nächten zuvor immer wieder vorgestellt, dass er ihr sofort die Kleider vom Leib reißen würde, hat sich der Illusion hingegeben, auch für sie gebe es nichts anderes, woran sie denken könne. Vor seiner Inhaftierung hätte er nie gedacht, dass er sich so abhängig von Anja fühlen könnte. Damals hatte sie ihn mit Kurznachrichten genervt, und er hatte nicht zurückgerufen. Timo hasst Abhängigkeit, vor allem von Frauen.

Die beiden umarmen sich, stehen eine Zeit lang unschlüssig da, Chantal fängt an zu weinen. Anja schlägt vor, etwas zu kochen, sie hat Spaghetti bolognese aus dem Supermarkt mitgebracht, Timo schaltet den Fernseher ein.

Während sie kocht, sieht er fern. Er weiß nicht, was er sagen soll. Bald ist die erste Stunde vorbei. Er hat nicht mal draußen mit Anja zusammengelebt, jetzt soll plötzlich ein ganzes Jahr in diese drei Stunden passen. Als er schließlich nach dem Essen versucht, sie zu küssen und ihren BH aufzuhaken, entwindet sie sich seinem Griff. »Es geht nicht mehr«, sagt sie. Es gebe jetzt jemand anderen in ihrem Leben, jemand, der sich besser um sie und Chantal kümmern könne. Timo werden die Knie weich. Sie habe es ihm früher sagen wollen, habe es aber in der Besuchszeit nicht gekonnt. »Da waren so viele Leute, weißt du?«

Timo zuckt die Achseln. Irgendetwas in der Richtung hat er erwartet. Er tut so, als gehe ihn das alles nichts an. »Okay«, sagt er, »okay.« Wenn er jetzt seine Schwäche und seine Bedürftigkeit nach ihrer Liebe zeigen würde, hätte er vielleicht noch eine Chance. Aber Schwäche und Gefühle zeigen ist nichts, was man in einem Knast zum Überleben gut brauchen kann.

Den Rest der Zeit schauen sie fern, schweigend, nur unterbrochen vom Quengeln Chantals, die sich von Timo überhaupt nicht beruhigen lässt. Sie will auch nicht auf seinen Arm. Sie kennt ihn eigentlich nicht.

Schließlich klopft es, und ein Beamter öffnet die Tür. Die Zeit sei um, sagt er. Timo umarmt Anja ein letztes Mal, dann wird er wieder zurück in seine Zelle geführt. Anja und Chantal werden zur Pforte gebracht.

Später erzählt Timo den anderen Häftlingen trotzdem, dass ihm vom vielen Vögeln der Schwanz wehtue. Ob sie ihm das glauben, weiß er nicht. Play the game.

Einige Tage später fragt ihn der Sozialarbeiter, wie der Besuch verlaufen sei, ob alles okay sei. Timo überlegt kurz, ob er ihn auch anlügen soll. Aber dann ist er doch ehrlich, seine Enttäuschung und Verletztheit brechen aus ihm heraus. Der Sozialarbeiter sagt, dass fast immer bei solchen langen Haftzeiten die Beziehungen zu den Angehörigen kaputtgehen. Vielleicht gebe es ja nach der Entlassung eine neue Chance, aber Timo solle sich realistischerweise darauf einstellen, dass er draußen zunächst allein mit seinem Leben zurechtkommen müsse.

Timo und sein Sozialarbeiter

Einmal alle drei Monate hat Timo einen festen Termin mit seinem Sozialarbeiter. Aber auch sonst kann er ihn jederzeit mit alltäglichen Problemen oder in persönlichen Krisen ansprechen. Sie reden meistens über Timos Stärken und Schwächen, seine Motivation und manchmal auch über die Zeit nach dem Gefängnis. Dann sagt Timo immer: »Darüber mach ich mir jetzt noch keine Gedanken.« Der Sozialarbeiter antwortet fast jedes Mal mit: »Das sollten Sie aber«, und lässt das Thema dann auf sich beruhen. »Noch«, denkt Timo, »ist es bis zur Entlassung ja lange hin.«

Was seine allgemeine Stimmung im Knast angeht, waren die ersten paar Wochen am schlimmsten. Nach gut einem Jahr hat er sich eingelebt. Die Hierarchie seiner Mitgefangenen ist einigermaßen stabil, das Geld reicht für Kleinigkeiten, auf die er sich jeden Tag ein bisschen freuen kann. Es ist nicht das Paradies, aber eben auch nicht die Hölle.

Immer wieder beklagt sich Timo trotzdem bei seinem Sozialarbeiter über die Belastungen der Knast-Situation. Er könne sich zu nichts aufraffen, es sei hier ja sowieso alles eine total künstliche Welt. »Das kann ich verstehen«, antwortet der Sozialarbeiter. Aber schließlich sei das Gefängnis ganz bewusst kein Ort, an dem es besonders schön oder angenehm zugehe, immerhin gehe es ja um Freiheitsstrafe.

Er lobt Timo, wie gut er bisher seine Lehre durchgehalten hat, ebenso das Antiaggressionstraining. Sein Haftraum ist sauber und ordentlich, Drogen wurden bei Kontrollen bei ihm nicht gefunden. In die Gruppe der Mitgefangenen füge er sich gut ein, durch Gewalttätigkeiten sei er nicht aufgefallen. »Aber Sie müssen auch lernen, Ihre negativen Gefühle nicht zu verdrängen, sie gehören nun mal zum Leben«, sagt er zu Timo. Er könne sich durch diese Gefühle vielleicht selbst motivieren: Dass es ihm im Gefängnis nicht gefalle, sei doch der beste Grund, sich nach der Entlassung anders, also gesetzeskonform zu verhalten. »Sie werden noch oft genug an die unangenehme Zeit im Gefängnis zurückdenken müssen. Und das hat auch einen Sinn. Sie sollen diese Zeit nie vergessen. Sie sollen erkennen, dass es besser ist, nicht wieder straffällig zu werden und nicht wieder ins Gefängnis zu müssen.«

Timo nickt wieder mal, ohne dass er damit ernsthaft zustimmen würde. Für ihn klingt das immerhin plausibel.

Draußen, denkt er, werde er schon nicht mehr straffällig werden. Gleichzeitig fühlt er sich ohnmächtig, und da ist immer wieder diese Härte tief in ihm drin, dieses Gefühl, dass er sich irgendwann vielleicht an denjenigen rächen wird, die ihn hierhergebracht, die ihm das alles eingebrockt haben. Wer das genau ist, kann er selbst nicht sagen. Aber auf keinen Fall will er an allem, was in seinem Leben schiefgelaufen ist, allein schuld sein. Am Knast-Dasein gefällt ihm, dass er keine Verantwortung übernehmen muss. Alles ist geregelt, er läuft so mit, ohne dass er auffällt. Aber er weiß: Draußen wird er so nicht weiterleben können.

Gegenüber seinem Sozialarbeiter fällt es Timo schwer, seine Gefühle zu beschreiben. Einmal soll er ein Bild von sich und seiner Familie zeichnen, was Timo zunächst ablehnt und auf das behutsame Beharren des Sozialarbeiters hin dann doch macht. Mit einem dicken Filzschreiber zeichnet er auf ein großes weißes Blatt Papier mehrere Figuren: seine Mutter und seinen Vater, Anja, Chantal, ein paar seiner Kumpels und sich selbst. Zwischen diesen Figuren zeichnet er Verbindungslinien – dicke und dünne, durchgehende und unterbrochene, neben einige malt er Blitze, die Konflikte anzeigen sollen.

Das Ergebnis: Er selbst befindet sich am unteren Rand des Bildes. Seine Mutter in der Mitte, der Vater von ihr getrennt, mit Blitzen neben ihr und ihm. Anja und Chantal sind am oberen Rand zu finden, weit entfernt von Timo. Zwischen ihm und ihnen gibt es eine dünne und vielfach unterbrochene Linie, daneben hat er mehrere Fragezeichen gesetzt. Am nächsten steht ihm sein Kumpel Sascha: dicke, durchgehende Linien, keine Blitze, keine Fragezeichen.

Als der Sozialarbeiter Timo bittet, das Bild zu beschreiben und zu analysieren, verstummt er und wirkt hilflos. Was soll er dazu sagen? Er spürt, wie der bekannte Ärger wieder in ihm aufsteigt. Er hat das Gefühl, der Sozialarbeiter habe ihn in eine Falle gelockt, dabei wollte er auf keinen Fall zu viel von sich verraten.

Der Sozialarbeiter versteht ihn, klopft ihm auf die Schulter und schickt ihn in seinen Haftraum zurück.

Skifahren auf Trockenschnee

Man mag nun glauben, dass Timo sich doch ganz gut in den Gefängnisalltag einordne und dass seine Entwicklung im Gefängnis relativ unproblematisch sei. An seinem Beispiel sind aber die grundsätzlichen Schwächen der vollzugsinternen Programme für Ausbildung, Arbeit und Therapie deutlich zu erkennen: Es handelt sich gewissermaßen um Übungen am Simulator, um Schwimmübungen am Beckenrand, um Skifahren auf Trockenschnee. Man kann im Gefängnis schlicht und einfach nicht lernen, wie es draußen wirklich zugeht. Die hehren Angleichungs-, Gegenwirkungs- und Integrationsgrundsätze der Vollzugsgesetze funktionieren nicht. Die Lebensverhältnisse innerhalb der Gefängnismauern sind elementar anders als die draußen. Im Gefängnis dominieren die schädlichen Folgen der Subkultur, die für die Resozialisierung in der freien Gesellschaft wichtigen Herausforderungen können dagegen hinter Mauern nur simuliert werden.

Jeder, der schon einmal in einem Krankenhaus war, hat wahrscheinlich ähnliche Erfahrungen gemacht: Im Moment der Aufnahme ins Krankenhaus wird man zum Patienten, der sich dem Betrieb anzupassen hat. Die Abläufe im Krankenhaus sind genau geplant und müssen unbedingt eingehalten werden, sonst funktioniert das System nicht. Im Gefängnis ist es nicht anders. Das, was draußen die wirklichen Herausforderungen im Alltag sind und was krisenhafte Situationen verursacht – Probleme im Job, mit Drogen, mit Schulden, in der Beziehung –, ist innerhalb der Mauern in dieser Form und in diesem Ausmaß nicht existent.

Egal, wie oft Timo mit seinen Mitgefangenen im Antiaggressionstraining Krisensituationen durchspielt – draußen wird die Situation trotzdem anders sein. Egal, wie oft er sich »vornimmt«, nicht mehr straffällig zu werden – wenn er Geld braucht, sieht es für ihn draußen ganz anders aus.

Auch beim Umgang mit Frauen wird dies deutlich: Gewalttäter können sich in Gesprächen mit ihren Therapeuten über die Rolle klar werden, die Frauen in ihrem bisherigen Leben spielten und was ihre Taten bei diesen Frauen bewirkt haben. Doch wenn sie draußen wieder eine reale Beziehung mit permanenter körperlicher Präsenz und Nähe eingehen wollen, ist dies trotzdem etwas ganz anderes.

Es ist für die Zeit der Freiheitsentziehung absolut sinnvoll, wenn jemand eine Lehre fertig macht und seine Gesellenprüfung nachholt, doch der Arbeitsmarkt und die Betriebe draußen funktionieren nach ganz anderen Gesetzmäßigkeiten als die Anstalt.

Dies ist ein grundsätzliches Problem unseres Strafvollzugssystems, und es lässt sich nicht dadurch beheben, dass man immer mehr Geld in das System pumpt oder immer neue Behandlungsprogramme anbietet. Wir müssen akzeptieren, dass die Zeit im Gefängnis nur die erste Halbzeit der Gesamtspielzeit darstellt. Die Welt der Gefängnisse wird immer eine künstliche sein, die zweite Halbzeit draußen ist entscheidend. Für eine erfolgreiche Resozialisierung kommt es in erster Linie darauf an, dass sich die Strafentlassenen in den Realitäten des Lebens ohne Straftaten bewähren.

Die hohen Rückfallquoten des Gefängnisses zeigen, dass es immer wieder neue Rückspiele mit weiteren Halbzeiten gibt. Für die meisten Täter dauert es sehr lange, bis sie diese Reso-Liga endgültig verlassen können und ein anderes Spiel des Lebens ihnen neue Chancen ohne erneute Rückfälle eröffnet.

Entlassung und Resozialisierung

Endspurt

Timo hat nun achtzehn Monate verbüßt, bis zum Zwei-Drittel-Termin sind es noch sechs Monate.

Mit seinem Sozialarbeiter hat er neben den regelmäßigen Gesprächen alle drei Monate Zwischenbilanz gezogen und seine Entwicklung mit dem Vollzugsplan abgeglichen. Alle sind mit ihm sehr zufrieden. Der Lehrmeister aus der Tischlerei berichtet über Timos Fortschritte, die Abschlussprüfung steht in vier Monaten an, alle rechnen damit, dass Timo die Lehre erfolgreich abschließen wird. Ein Nebenprodukt ist der Gabelstapler-Führerschein, den er in einem Kompaktkurs erwerben konnte. Das Antiaggressionstraining hat er ebenso erfolgreich absolviert; auf der Station, im Sport, beim Hofgang ist er nicht negativ durch irgendwelche Vorfälle aufgefallen. Bei mehreren Haftraumkontrollen wurden bei ihm keine Drogen gefunden.

Mehr könne der Vollzug nicht für ihn tun, sagt der Sozialarbeiter, deshalb würde er nun eine vorzeitige Entlassung auf Bewährung befürworten. »Ein Bewährungshelfer wird Sie in der schwierigen Phase der Eingliederung nach der Entlassung begleiten und auch kontrollieren, das ist genau das, was Sie in den nächsten Jahren brauchen«, sagt er.

Timo stellt wie besprochen den Antrag auf vorzeitige Entlassung, der Sozialarbeiter gibt eine positive Stellungnahme ab, die zuständige Strafvollstreckungskammer beim Landgericht fasst nach zwei Monaten einen zustimmenden Beschluss.

Timo wird nach seiner Entlassung der Bewährungshilfe an seinem Heimatort unterstellt werden. Dort muss er sich spätestens zwei Wochen nach der Entlassung persönlich vorstellen. Er muss einen festen Wohnsitz nachweisen und sich um eine Arbeitsstelle und die Regulierung seiner Schulden bemühen.

Schon einen Monat vor dem Entlassungstermin packt Timo die regelmäßig auftretende Entlassungseuphorie. Er ist permanent angespannt, zugleich unsicher und froh. Er weiß nicht, ob er Angst hat oder Lampenfieber. Nachts kann er nicht mehr ruhig schlafen.

Aber er weiß auch um die Probleme, die ihn unweigerlich erwarten. Vor allem eines hat Timo für die Zukunft gelernt: Man kann ganz gut über die Runden kommen, wenn man sich an die vorgegebenen Strukturen anpasst. In den letzten beiden Jahren war dies die sichtbare und vor allem die unsichtbare Knast-Hierarchie, er hatte keine andere Wahl. Ob er sich deshalb auch draußen besser anpassen wird, ist ungewiss. Wird er Strukturen und Gesetzmäßigkeiten für ein erfolgreiches Leben ohne Straftaten erkennen und sich im Dschungel des Alltags behaupten können?

Eines der Argumente für seine vorzeige Entlassung war, dass er als festen Wohnsitz nach der Entlassung die Adresse seiner Mutter angeben konnte. Sie waren sich in den letzten Jahren wieder nähergekommen, sie hatte ihn trotz der beschwerlichen An- und Abreise mit öffentlichen Verkehrsmitteln mehrfach im Gefängnis besucht, besonders nachdem Anja die Beziehung zu Timo beendet hatte. Für Timo hatte sie sich sowieso eine andere Frau gewünscht – selbstbewusster, reifer, durchaus dominierender. Sie wusste, was ihrem Timo guttat. Und zu Chantal hatte sie ohnehin keinerlei Omagefühle entwickelt.

Wieder bei seiner Mutter einzuziehen, kommt für Timo einerseits wie das Eingeständnis vor, in seinem Leben versagt zu haben. Andererseits glaubt er, dass er sich von dort aus schnell neu orientieren kann. Die Hauptsache ist für ihn, dass er jetzt nach draußen kommt und dass er seine Tochter wiedersieht. Er hat fest vor, für Chantal ein besserer Vater zu werden, als er es früher war.

Und er ist stolz auf seinen Gesellenbrief als Tischler. Die Feierstunde der Übergabe wird er nie vergessen. Der Anstaltsleiter ist anwesend, Timos Sozialarbeiter und einige weitere Vollzugsbeamte. Alle gratulieren ihm. Er hat alle Klausuren und mündlichen Prüfungen bestanden, sein Gesellenstück, ein Esstisch im altdeutschen Stil, wurde sehr gelobt. Er weiß, dass die feste und nicht verhandelbare Struktur der Anstalt diese Leistung ermöglicht hat. Er war immer pünktlich, hat keinen Tag gefehlt, war nie krank – das hat es vorher in seinem Leben noch nie gegeben.

Geradezu euphorisch wird Timo, wenn er an die ersten Tage nach der Entlassung denkt. Er wird relativ viel Geld cash auf der Hand haben. Als Erstes will er – nachdem Anja ja Schluss gemacht hat – in den nächsten Puff gehen. Dort kennt er sich aus, er war früher öfter dort. Auch Alkohol und Drogen will er genießen, in Maßen zwar, aber selbstbestimmt und nicht voller Angst, dabei erwischt zu werden. Und er freut sich auf seinen Kumpel Sascha, mit dem er schon wunderbare Erlebnisse vor seiner Knastzeit hatte.

Mehr im Unterbewusstsein weiß Timo, wie unsicher seine Zukunft ist. Da warten seine Gläubiger, er hat keine Zusage für eine Arbeitsstelle, und auf Dauer will er nicht bei seiner Mutter wohnen, sie wird nur wieder an ihm herumkritisieren und hysterische Anfälle kriegen. Zu Anja will er mittlerweile keine Beziehung mehr. Aber wie geht es mit Chantal weiter? Wird er eine neue Freundin finden, und wenn ja, was kann er ihr bieten?

Werner hat irgendwie von Timos bevorstehender Entlassung erfahren. Er nimmt ihn beim Hofgang zu Seite und fordert ihn auf, ihm nun die restlichen achthundert Euro auf das bekannte Konto überweisen zu lassen (so wie das vor einem Jahr schon mal durch eine Überweisung von Sascha geklappt hatte). Dann sei zwischen ihnen beiden alles geklärt. Timo sagt zu, Sascha wird das wieder für ihn erledigen.

Entlassungszeremonien

Als der große Moment endlich kommt, ist allerdings von feierlicher Stimmung in der Anstalt nichts zu spüren. Dass jemand entlassen wird, stellt nur für den Entlassenen selbst einen ungewöhnlichen Vorgang dar. Für das Vollzugssystem ist es dagegen absolute Normalität, die pro Jahr bundesweit ungefähr fünfzigtausend Mal passiert.

»Packen Sie ihre Sachen, Sie werden morgen entlassen!«, ruft am Nachmittag ein Vollzugsbeamter barsch, als habe der Knast Timo während der gesamten Haftzeit nur einen großzügigen Gefallen getan.

Der Sozialarbeiter lädt ihn zu einem letzten Gespräch, beglückwünscht ihn, wünscht ihm vor allem für die ersten Tage und Wochen alles Gute. Timo geht von Tür zu Tür und verabschiedet sich von seinen Mitbewohnern. Sie sind eher distanziert, gemeinsame Freude kommt nicht auf. Der Grund ist einfach: Alle wissen, dass Timo rauskommt, aber sie bleiben drin. Außerdem ist sich Timo nicht sicher, ob er von draußen zu seinen ehemaligen Mitgefangenen überhaupt noch Kontakt halten will. Beim letzten Hofgang gibt ihm Werner einen Zettel mit der Telefonnummer eines Kontaktmannes mit. »Ruf dort an«, sagt er, »der wird dir bei allem helfen.« Timo nickt, glaubt aber nicht, dass er wirklich auf das Angebot eingehen wird. Er weiß nicht, wie weit Werners Arme nach draußen reichen. Er hofft, nicht besonders weit.

Am nächsten Morgen, während die anderen zur Arbeit gehen, packt Timo alles zusammen und putzt ein letztes Mal seine Zelle, wenn auch nur oberflächlich. Sein Besitz ist in den zwei Jahren nur geringfügig größer geworden. Nahezu sein gesamtes Eigengeld hat er für Lebensmittel im Supermarkt ausgegeben. Der Fernseher bleibt in der Zelle, er war nur gemietet. Timos gesamte Sachen passen in eine große Einkaufstüte.

Sämtliche Dinge, die dem Knast gehören – Bettwäsche, Geschirr, Hemden, Hosen, Schuhe –, packt er in das große blaue Bettlaken und marschiert mit einem Beamten zur Kammer. Dort holt ein anderer Beamter von hinten die Kiste hervor, in die Timo bei seiner Aufnahme seine persönlichen Sachen gelegt hatte. Seine alte Hose, seine Basecap, seine Reisetasche. Er zieht die restlichen Anstaltsklamotten aus und seine alte Kleidung wieder an. Dabei stellt er fest, dass er zugenommen hat und muskulöser geworden ist. Außerdem gefallen ihm die alten Sachen nicht mehr, er freut sich schon auf den Einkauf draußen.

Timo erhält von der Vollzugsgeschäftsstelle seine Entlassungspapiere und sein Entlassungsgeld in Höhe von knapp 2800 Euro – in bar, weil er draußen kein Konto hat. Die Summe hat er mühsam angespart, um damit die erste Zeit zu überbrücken, bis er draußen sein erstes Gehalt bekommt. Da Timo jedoch sehr wahrscheinlich zunächst arbeitslos sein wird, soll er mit dem Entlassungsgeld die Zeit überbrücken, bis das erste Geld von der Agentur für Arbeit kommt.

Der Rest ist Routine. Timo wird zur Außenpforte geführt, sie öffnet sich, er geht hindurch. Dann steht er mit seiner alten Reisetasche allein vor der Gefängnismauer und blinzelt in die Sonne.

»Au revoir«

In der Anstalt hatte man Timo noch einen Gutschein für die Rückfahrt mit Bus und Bahn an seinen Heimatort mitgegeben. Die Bushaltestelle ist einen halben Kilometer vom Gefängnis entfernt, der nächste Bahnhof sechs Kilometer, von da aus hat er eine halbe Stunde Bahnfahrt zu seinem Heimatbahnhof. Und von dort sind es noch mal sechs Busstationen bis zu dem Stadtteil, in dem seine Mutter wohnt. Alles in allem würde Timo ungefähr drei Stunden brauchen, vorausgesetzt, dass er alle Anschlüsse bekommt.

Auf der anderen Straßenseite steht ein Taxi, der Fahrer winkt ihm einladend zu. »Wo soll's denn hingehn?«, fragt er. Timo nennt die Adresse seiner Mutter. »Okay, pauschal sechzig Euro«, sagt der Fahrer, und schon sitzt Timo im Taxi. Statt drei Stunden brauchen sie vierzig Minuten, alles ohne Umsteigen. Timo genießt seine Freiheit und das viele Geld, das er in der Tasche hat.

In den letzten Wochen vor seiner Entlassung hat er immer wieder den Song »Au revoir« von Mark Foster gehört, er ging ihm nicht mehr aus dem Kopf. Nun summt er während der Fahrt die Melodie und wiederholt immer wieder seine Lieblingszeilen: »Es gibt nichts, was mich hält, au revoir. Vergesst, wer ich war. Vergesst meinen Nam'n. Es wird nie mehr so sein, wie es war. Ich bin weg, au, au, au, au, au revoir, au revoir, au revoir. Ich brauch Freiheit, ich geh auf Reisen. Ich mach all das, was ich verpasst hab, au revoir, au revoir.«

Seine Mutter umarmt ihn und drückt ihn heftig an ihre Brust. Sie hat sein altes Kinderzimmer für ihn hergerichtet. Schnell hat er seine wenigen Sachen verstaut, das Entlassungsgeld versteckt er in seinem alten Kinder-Sparschwein. Sie kocht ihm sein Lieblingsessen, Steak mit Pommes, alles ist ein bisschen wie in guten alten Zeiten.

Doch schon beim gemeinsamen Essen und je mehr billigen Wein sie trinkt, beklagt sie sich darüber, mit »was für einem schweren Los« und mit »was für einem Sohn« sie gestraft sei und dass sie jetzt wieder Timos Wäsche waschen und für ihn den Haushalt machen müsse.

Sie ist jetzt achtundsechzig Jahre alt, seit fast zwanzig Jahren geschieden und lebt von einer viel zu kleinen Rente.

Die letzten Jahre, in denen Timo im Gefängnis war, waren für sie nicht schlecht. Sie musste keine Angst davor haben, dass er wieder Straftaten verüben und die Polizei an ihrer Wohnungstür klingeln würde.

Natürlich liebt sie ihn und wird ihn in Krisen immer wieder bei sich aufnehmen. Aber vor allem wünscht sie ihm, dass sich sein Leben nun auch ohne sie stabilisieren wird, dass er eine energische Frau findet, mit der er seine eigene kleine heile Welt aufbauen kann.

Während er seiner Mutter beim Trinken zusieht, bemerkt er, wie aus ihren Reden ein immer weinerlicheres Lallen wird, irgendwann beginnt sie, sich selbst die Schuld an allem zu geben. Timo kennt das von früher und kann es kaum ertragen. Als sie endlich auf dem Sofa bei laufendem Fernseher eingeschlafen ist, beschließt er, Sascha anzurufen.

Sascha und er sind im selben Stadtteil aufgewachsen. Sie kennen sich seit über zwanzig Jahren, haben die ersten Diebstähle zusammen begangen, waren beide als Wiederholungstäter eingestuft. Bei Sascha hat er insgesamt zweitausend Euro gebunkert, tausendsechshundert davon hat Sascha während Timos Haftzeit auf das von Werner angegebene Konto überwiesen.

Sascha ist tatsächlich zu Hause. »Hier ist Timo, ich bin wieder draußen! Hast du Zeit und Lust, wollen wir um die Häuser ziehen? Achthundert Euro sind im Topf«, lautet Timos Angebot. »Alles klar, Kumpel!« Sascha freut sich echt, Timo gegenüber hat er brüderliche Gefühle. Was haben sie nicht schon alles zusammen an Highlights erlebt, allerdings auch an tiefen Krisen.

Zehn Minuten später fährt Sascha mit einem alten Opel Kapitän vor, Baujahr 1974, zwar klapprig, aber echt cool.

Zunächst geht es tatsächlich ins Bordell. Damit hatten sie sich auch schon früher öfter belohnt, wenn die Beute aus einem Diebstahl genug hergab. Timo hat vierundzwanzig

Monate fast jede Nacht davon geträumt, wieder Sex mit einer oder mehreren Frauen zu haben. Nun zahlen beide eine Flatrate all inclusive und haben freie Auswahl.

Auch Drogen sind im Angebot. Timo will endlich mal Ecstasy ausprobieren, Haschisch hatte er mehr als genug im Knast.

Die achthundert Euro sind schnell verbraten – von einer solchen Hochstimmung hatte Timo lange geträumt. Und er darf und soll wiederkommen, flüstert ihm Rosita in den benebelten Kopf, auch für sie seien die letzten Stunden wunderschön gewesen ...

Sascha nimmt ihn mit in die Wohnung, die Timo noch von früher kennt. Beide wollen erst mal ausschlafen. Am späten Nachmittag gibt's dann Frühstück mit zwei großen Kannen Kaffee. Die Ecstasy-Pillen sind Timo nicht gut bekommen, sein Kopf dröhnt. Zwar will er sich nicht nur mit Hasch wie im Knast zufriedengeben, aber beim nächsten Mal will er besser aufpassen, was er da eigentlich schluckt.

Timo erzählt Sascha, wie verkorkst die ersten Stunden bei seiner Mutter waren. Er will aus ihrem Dunstkreis weg, das ist für sie und für ihn besser. »Zieh doch wieder hier ein«, bietet Sascha ihm an. Er hat einen Halbtagsjob in der Küche einer Pizzeria, und wenn die Gelegenheiten gut sind, begeht er hin und wieder kleinere Diebstähle. Dabei ist aber absolut wichtig, dass er sich nicht erwischen lässt, er will nie wieder einen Bewährungshelfer haben und schon gar nicht so wie Timo in den Knast.

Mit diesem Lebensmodell kann auch Timo sich anfreunden. Sascha ist der einzige verlässliche Partner, den er hat, von ihm ist er noch nie enttäuscht worden. Er ist froh, wieder bei ihm sein zu dürfen.

Timo ruft am selben Tag auch Anja an, sagt ihr, dass er nun wieder draußen sei und gern Chantal besuchen würde. Anja ist abweisend und distanziert, sie wohnt mit ihrem neuen Freund zusammen, die beiden wollen heiraten. »Chantal vermisst dich überhaupt nicht, lass uns beide lieber völlig in Ruhe!«, erklärt sie ihm rundheraus. Außerdem wolle sich das Jugendamt wegen Unterhaltszahlungen an ihn wenden.

Das Gespräch ist schnell beendet, Timo ist geschockt. Er wäre noch immer bereit gewesen, Chantal ein guter Vater zu werden und vielleicht doch mit Anja zusammenzuleben. Aber ihm ist klar, dass sie einen komplett sicheren Weg geht, den er ihr nun mal nicht bieten kann.

Am Abend schafft Timo auch Klarheit mit seiner Mutter. Er holt seine Klamotten ab, vergisst auch das Sparschwein nicht. Er sagt ihr, dass er nun wieder bei Sascha wohnen werde, das sei auch für sie besser. Er will sie regelmäßig besuchen, dann solle sie wieder sein Lieblingsessen kochen.

Seine Mutter zeigt überraschenderweise volles Verständnis. Sie heult und jammert nicht… »Jeder muss seinen eigenen Weg gehen«, sagt sie.» Ich kann dir nicht mehr helfen, ich hab genug mit mir und meinen Problemen zu tun.«

Gemeinsam mit Sascha zieht Timo eine kleine Zwischenbilanz. Er ist nach wie vor hoch verschuldet, hinzu kommen nun Forderungen der Krankenversicherung des Rentners, den Timo überfallen hat, die Gerichts- und Anwaltskosten und die Unterhaltsschulden beim Jugendamt. Beruflich kann er immerhin den Gesellenbrief als Tischler vorweisen. Mal sehen, was die Agentur für Arbeit und der Bewährungshelfer dazu sagen. Straftaten will Timo keine mehr begehen, auch wenn er bezüglich der Verfeinerung der Einbruchstechnik im Knast viel gelernt hat. Zu sehr haben ihn die verlorenen Jahre im Gefängnis geschockt. Dennoch, Alkohol und Drogen müssen schon ab und zu mal sein, auch Frauen. Und warum nicht im Bordell? Mit dem Arbeitslosengeld und dem Überbrückungsgeld wird Timo zunächst genug Geld für seinen Lebensunterhalt haben.

Aber was ist mit Sex, Alkohol, Drogen, Autos – alles Dinge,

die schon seit ihrer Pubertät für Timo und Sascha eine besondere Faszination hatten, ja, das Leben erst lebenswert machten? Sie gestehen es sich nicht ein, aber legal, das heißt ohne Straftaten, können sie sich das weitgehend abschminken.

Der Bewährungshelfer als Reso-Manager

Timos Bewährungshelfer trägt eine Lederjacke. Er ist ungefähr zehn Jahre älter als Timo, hat einen festen Händedruck und macht ein freundliches Gesicht. Seine Aufgabe ist es, Timo in den nächsten Jahren zu beraten, in Krisen zu begleiten und auch zu kontrollieren, damit er keine neuen Straftaten begeht. Timo hatte den Termin telefonisch vereinbart und trifft den Bewährungshelfer bereits fünf Tage nach der Entlassung zum ersten Mal.

Der Termin findet in einem unscheinbaren Bürokomplex statt. Hier sind verschiedene Ämter untergebracht. Von außen sieht man dem Gebäude nicht an, dass hier ständig Menschen ein und aus gehen, vor denen die Gesellschaft eben noch mit Stahltüren, Mauern und Stacheldraht geschützt wurde. Vielen der Passanten, die hier an der Bushaltestelle stehen, würde wahrscheinlich schon der Anblick eines Gefängnisses ungute Gefühle bereiten. Dass neben ihnen Exhäftlinge stehen und auf den Bus warten, fällt ihnen nicht auf.

Der Bewährungshelfer stellt sich vor. »Ich weiß, wie schwierig die nächste Zeit für Sie sein wird. Wir werden uns zunächst alle vier Wochen zusammensetzen und beraten, wie es weitergeht, insgesamt haben wir drei Jahre Zeit«, sagt er. Er hat eine dicke Akte auf dem Tisch – aus der Zeit, in der Timo schon mal Bewährung hatte. Auch das letzte Urteil ist darin enthalten, zusammen mit dem aktuellen Zwei-Drittel-Beschluss der Strafvollstreckungskammer. Über jedes Gespräch mit Timo erstellt der Bewährungshelfer nun einen detaillierten Vermerk. Timo fühlt sich kontrolliert und begreift, dass das offensichtlich auch so sein soll.

Der Bewährungshelfer redet von Vertrauen, das sich jetzt aufbauen müsse, von Gesprächsangeboten, die er machen könne, vor allem, wenn Timo in kritische Situationen komme. Er habe insgesamt achtzig bis fünfundachtzig Klienten, müsse sich deshalb seine Zeit für jeden gut einteilen. »Ich muss regelmäßig dem Gericht berichten, ob alles gut läuft, also bitte keine neuen Straftaten, fester Wohnsitz und möglichst eine feste Arbeitsstelle, dann wird es von der Justiz keine Schwierigkeiten geben«, macht er deutlich.

Timos neuer Wohnsitz bei Sascha wird notiert. Timo hat sich mittlerweile dort auch mit erstem Wohnsitz angemeldet. Das gemeinsame Wohnen mit Sascha sieht der Bewährungshelfer eher kritisch, auf Dauer müsse Timo in der Lage sein, sich allein eine Wohnung zu finanzieren.

Die Ausbildung zum Tischler findet er klasse, aber eine feste Stelle könne er ihm leider nicht vermitteln, deshalb müsse Timos Termin bei der Agentur für Arbeit schnellstmöglich stattfinden. Dann würde sich auch seine weitere finanzielle Situation klären.

Die Rückzahlung seiner Schulden müsse er nun auch angehen. Hier sieht der Bewährungshelfer gute Möglichkeiten, dass Vergleiche und Ratenzahlungen möglich sind. Allerdings müsse Timo zu einer spezialisierten Schuldnerberatungsstelle gehen, die würden dann mit ihm einen Schuldenregulierungsplan aufstellen. Er gibt Timo Adresse und Telefonnummer des Arbeiterwohlfahrt-Kreisverbandes. Er soll dort rasch einen Termin vereinbaren und alle Unterlagen mitbringen.

Die Arbeiterwohlfahrt ist auch Träger einer Anlaufstelle für Strafentlassene und ihre Angehörigen. Timo solle dort mal vorbeischauen, meint der Bewährungshelfer, da gebe es Freizeitprogramme, ehrenamtliche Helfer und auch am Wochenende Kriseninterventionen.

Über Timos Verhältnis zu Anja, zu Chantal und zu seiner Mutter sprechen sie ebenfalls ausführlich. Der Bewährungshelfer macht sich auch dazu in seiner Akte ausführliche Notizen. Das Gespräch dauert schon über eine Stunde, manchmal kommt es Timo wie ein Verhör vor. Über persönliche Dinge will er möglichst nach wie vor nicht reden, am ehesten noch mit Sascha.

»Haben Sie noch weitere Probleme oder Fragen?«, fragt der Bewährungshelfer abschließend. Timo ist ganz erschöpft und verneint.

Sie geben sich die Hand, es ist ein bisschen so, als ob sie ein Arbeitsbündnis geschlossen hätten.

Als Timo das Gebäude verlässt, hat er nicht das Gefühl, einen neuen Freund gewonnen zu haben. Der Bewährungshelfer gehört zum Justizsystem, er wird regelmäßig das Gericht informieren. Von dem Bewährungshelfer wird es weitgehend abhängen, ob Timo wieder ins Gefängnis kommt – sei es, weil er gegen Auflagen und Weisungen verstößt, sei es, weil er wieder eine Straftat begeht. Auch bei seiner letzten Verhandlung hatte der frühere Bewährungshelfer eine ungünstige Prognose abgegeben und so dazu beigetragen, dass er ins Gefängnis musste.

Ihm ist bewusst: Er kann die kommenden vier Wochen tun und lassen, was er will, aber beim nächsten Termin wird er darüber Bericht erstatten müssen. Im Gefängnis stand er ständig unter Beobachtung, ständig unter Verschluss. Nach wenigen Tagen kannte er alle zuständigen Vollzugsbeamten, und bei denen hatte er immer das Gefühl, dass sie ohnehin schon eine fertige Meinung über ihn hatten. Auch im Gefängnis gab es immer wieder Gespräche über seine »Entwicklung«, doch dort hatte er nicht das Gefühl, dass diese Entwicklung in seinen eigenen Händen lag. Er brauchte keine Eigeninitiative zu entfalten.

Jetzt ist alles anders. Er ist völlig frei und selbstbestimmt, er ist seines eigenen Glückes Schmied. Dem Bewährungshelfer würde er gern zeigen, dass er kein Loser ist, dass dieses Mal alles gut geht. Er ist nach dem Gespräch eher optimistisch und motiviert, aber vielleicht liegt das auch nur an der Sonne, die ihm in diesem Moment ins Gesicht scheint.

Timo bei der Agentur für Arbeit

Aus dem Gefängnis heraus war es für Timo nicht möglich, einen Job auf dem regulären Arbeitsmarkt draußen zu finden. Dagegen hätte er ohne Probleme mehrere Angebote von Werner für ein paar kriminelle »Jobs« nach der Entlassung annehmen können.

Draußen bleibt ihm deshalb momentan nur der Gang zur Agentur für Arbeit. Er war vor Jahren schon einmal dort gewesen. Damals hatte man ihm vor allem Arbeitsmaßnahmen vermittelt, bei denen es weitgehend darum ging, die Zeit mehr oder weniger sinnvoll zu nutzen, wie zum Beispiel mit Bewerbungstraining. Timo glaubt nicht wirklich daran, dass er dieses Mal eine sichere Perspektive für die nächsten Jahre bekommen kann. Trotzdem will er es versuchen, außerdem wird der Bewährungshelfer ihn kontrollieren.

Er muss erst eine Nummer ziehen, dann eine Stunde lang warten. Schließlich sitzt er vor einem Sachbearbeiter, der ihn eindringlich und prüfend mustert. Jetzt ist Timo sehr erleichtert, dass er den detaillierten Antrag auf Arbeitslosengeld schon zusammen mit seinem Bewährungshelfer ausgefüllt hat. Alleine, denkt er, hätte er das wahrscheinlich nicht geschafft.

»Aha, Sie haben also Tischler gelernt«, sagt der Sachbearbeiter, ohne aufzuschauen. Timo nickt. Dann fällt ihm der Gabelstapler-Führerschein ein, den habe er auch noch gemacht.

»Das ist schon mal gar nicht schlecht«, entgegnet der

Sachbearbeiter, »das kann Ihnen vielleicht helfen. Aber mit Tischler sieht es derzeit schlecht aus.«

»Hauptsache, ich komme erst mal irgendwo rein«, meint Timo.

»Genau darin besteht ja das Problem«, erklärt ihm der Sachbearbeiter. »Rein kommt man nirgendwo besonders leicht. Es gibt leider nicht viele Branchen, in denen man als Entlassener leicht etwas findet. Ein Eintrag im Bundeszentralregister ist für viele Arbeitgeber ein No-Go. Ein Ausschlusskriterium.« Timo schluckt schwer, seine Vergangenheit holt ihn ein.

Der Sachbearbeiter blättert noch eine Zeit lang in Timos Unterlagen. »Ich kann Ihnen leider nicht viel Hoffnung machen«, sagt er schließlich und streckt Timo auch schon die Hand zum Abschied hin. Er werde sich aber auf jeden Fall melden, wenn was hereinkomme. Gabelstaplerfahrer würden schon öfter mal gebraucht, und das sei dann meistens so dringend, dass man eventuell auch mal ein Auge zudrücke, was die Vergangenheit angehe. Den nächsten Termin vereinbaren sie in sechs Wochen.

Dass der Sachbearbeiter ihm nicht sofort eine Arbeitsstelle anbieten konnte, überrascht Timo nicht, er hat nichts anderes erwartet. Hauptsache, er bekommt erst mal Arbeitslosengeld. Er ist dadurch auch in der gesetzlichen Krankenversicherung, der Sozialstaat lässt ihn nicht hängen.

Ohne Schuldenregulierung scheitert die Resozialisierung

Eine besondere Belastung für Timo sind seine hohen Schulden. Schon vor der Inhaftierung beliefen sie sich auf ungefähr zehntausend Euro, nun kommen die Prozess- und Anwaltskosten des letzten Verfahrens hinzu, Regressforderungen der Krankenkasse des Rentners, vielleicht wird dieser auch noch Schmerzensgeld einfordern. Und das Jugendamt vertritt die

Interessen von Chantal, für sie hat er bisher noch keinen Euro Unterhalt bezahlt. Timo schätzt, dass er insgesamt rund zwanzigtausend Euro Schulden hat.

Er hat bei der Schuldnerberatungsstelle des AWO-Kreisverbands telefonisch einen Termin vereinbart. Das Büro ist in einer alten Villa mit Garten mitten in der Stadt untergebracht, auf dem Türschild steht *Anlaufstelle für Straffällige und ihre Angehörigen.* Timo sieht im Erdgeschoss Freizeiträume mit Klubatmosphäre, eine Teeküche und Tischfußballgeräte. Draußen gibt es Gartenmöbel, einen Sandkasten, Kinderschaukeln und einen gemauerten Außengrill. Offensichtlich finden hier Freizeitveranstaltungen und Kinderspielnachmittage statt.

Im ersten Stock liegen die Räume für die Beratungsgespräche. Timo liest auf den Türschildern *Suchtberatung, Gemeinnützige Arbeit, Täter-Opfer-Ausgleich, Migrantenberatung* und schließlich auch *Schuldnerberatung.* Timo klopft, jemand ruft »Herein!«.

Der Sozialarbeiter, der ihn begrüßt, legt zunächst eine elektronische Akte an und erklärt Timo die Rahmenbedingungen für ihre zukünftige Zusammenarbeit: Seine Beratung ist kostenlos, finanziert wird seine Tätigkeit vom Sozialministerium des Landes. Die Schuldenregulierung sei zwar wichtig als Teil der laufenden Bewährung für Timo, seine Mitwirkung sei aber absolut freiwillig. Als freier Träger habe die AWO im Gegensatz zur Bewährungshilfe keine Berichtspflichten an das Gericht, andererseits würde natürlich eine erfolgreich verlaufende Schuldenregulierung seine Position im laufenden Verfahren wesentlich verbessern.

Dann will er die von Timo gesammelten Unterlagen zu seinen Schulden einsehen, um sich einen ersten Eindruck zu verschaffen. Als Timo gesteht, dass er nichts gesammelt, sondern immer alles weggeworfen habe, scheint der Sozialarbeiter nicht besonders erschüttert. Das kommt bei seiner

Klientel offensichtlich öfter vor. Nur sein Tonfall wird etwas strenger: »Ohne eine umfassende Bestandsaufnahme brauchen wir gar nicht erst anzufangen«, sagt er und legt mehrere Tabellen vor Timo auf den Tisch, die er nun mit ihm zusammen nach bestem Wissen und Gewissen ausfüllen muss: zunächst seine aktuelle materielle Existenzsicherung (Übergangsgeld, Lohn, Sozialleistungen, Miete, Nebenkosten), das Einrichten eines Bankkontos, aber auch Pfändungsschutz, Verhindern von Erzwingungshaft, Gewährleisten von Unterhaltszahlungen. Timo brummt der Schädel.

Dann kommt die zweite Tabelle zur vollständigen Schuldenerfassung. Hier muss Timo alle Zahlungsverpflichtungen zusammenstellen, soweit er sich erinnern kann, und alle Gläubiger (auch private), alle früheren Drittschuldner wie Arbeitgeber, Justizvollzugsanstalten oder Sozialleistungsträger (zum Beispiel die Unterhaltsvorschusskassen) auflisten. Der Berater steigt im Lauf der gemeinsamen Arbeit tief in Timos Lebensgeschichte ein und erkennt dadurch zugleich die stabilisierenden und die gefährdenden Faktoren in Timos bisheriger wirtschaftlicher Lebensführung. Dabei geht es auch um Timos Beziehungsfähigkeit, seine Frustrationstoleranz, seine Suchtgefährdung, sein soziales Umfeld. So ein Gespräch hatte Timo nicht erwartet. Er merkt, er kann nicht mehr verdrängen, er erkennt die Zusammenhänge seiner wirtschaftlichen und seiner sozialen Existenz.

Nach zwei Stunden merken beide, dass Timo vollständig erschöpft ist, aber auch, dass er das gemeinsam Geleistete gut findet. Der AWO-Mann hat den richtigen Ton und den richtigen Nerv getroffen. Zu ihm fasst Timo echtes Vertrauen. Er kommt ihm vor wie ein Lotse, der ihn durch schwieriges Fahrwasser bringen wird.

Sie verabreden in den nächsten Wochen mehrere weitere Termine. Bis dahin muss Timo alle noch vorhandenen Lücken in den Tabellen füllen, der Berater wird für ihn alle

Gläubiger anschreiben, um die Höhe der aktuellen Forderungen zu erfragen und entsprechende Unterlagen anzufordern. Der Berater will dann alle Forderungen auf ihre Rechtmäßigkeit überprüfen (zum Beispiel, ob sie vielleicht verjährt sind) und mit Timo eine Sanierungsstrategie entwickeln. Diese reicht von der Feststellung: »Sanierung derzeit nicht möglich« über eine Teil- oder Gesamtsanierung mit entsprechenden Vergleichen und Ratenzahlungsvereinbarungen bis hin zum Verbraucherinsolvenzverfahren (Privatinsolvenz) mit Restschuldbefreiung. Das Ziel ist, möglichst mit allen Gläubigern eine realistische Sanierungsvereinbarung zu treffen, die Timo in seiner Leistungsfähigkeit nicht überfordert. Der Berater ist optimistisch, dass das klappen wird. Die meisten Gläubiger wissen, dass bei Strafentlassenen nichts oder nur wenig zu holen ist, sie lassen sich meist auf niedrige Rückzahlungsquoten und entsprechende Ratenzahlungen ein.

Und Timo muss sich vor allem anstrengen, seine aktuelle Ausgaben- und Einnahmensituation zu verbessern. Auch in Bezug darauf wird ihm der Berater konkrete Vorschläge machen und die Umsetzung kontrollieren.

Zum Abschluss gibt er Timo einen Flyer mit, in dem die Freizeitprogramme der AWO-Anlaufstelle aufgelistet sind. »Alles sehr zwanglos, viele Ehemalige, die es geschafft haben, und engagierte ehrenamtliche Helfer«, macht er Timo das Angebot schmackhaft. »Das ist gut gegen Einsamkeit und das Absacken allein in der Wohnung.«

Timo hat weiche Knie, als er geht. Erstmals hat er zusammen mit einem Berater völlig offen sein Leben, seine Stärken und Schwächen analysiert. Er hatte auch keine andere Möglichkeit: Der Typ wusste genau Bescheid, stellte genau die richtigen Fragen, ließ ein Ausweichen nicht zu. Er hat nun einen »Coach«, das gefällt ihm. Aber er ahnt, dass das, was da auf ihn zukommt, kein Spaziergang werden wird, und ist sich nicht sicher, ob er das wirklich aushalten will und kann.

Timos Perspektiven

Timo hat nun alle Pflichttermine absolviert, alle für ihn zuständigen Ämter und Organisationen haben ihn registriert, bemühen sich um seine Resozialisierung. Er befindet sich jetzt im Wartestand und ist gespannt, was da wohl auf ihn zukommen wird. Von der Entlassungseuphorie ist nichts mehr zu spüren.

Vor allem an den Wochenenden packt Timo der Frust. Vielleicht ist er sogar depressiv – er weiß es nicht. Es interessiert ihn auch nicht besonders, und zu einem Psychologen würde er sowieso nicht gehen. Besonders gut geht es ihm jedenfalls nicht, zumindest nicht von außen betrachtet. Freitags und samstags sitzt er meist allein vor dem Fernseher, abends lässt er sich vollaufen und kann sich auf nichts konzentrieren. Sein Freund Sascha hat mittlerweile eine Freundin und ist von Freitagabend bis Montagfrüh bei ihr.

Timos Zimmer in der Wohngemeinschaft mit Sascha ist mit zehn Quadratmetern kaum größer als seine Zelle im Knast, auch die Möbel sind ziemlich ähnlich. Am liebsten sitzt Timo – vor allem in den ersten Wochen – auf dem kleinen Balkon und schaut ins Grüne. Stundenlang genießt er die frische Luft, die Ruhe und das Gefühl von persönlicher Freiheit.

Immerhin verdient er wieder regelmäßig Geld: Die Agentur für Arbeit hat ihm von heute auf morgen einen Halbtagsjob als Gabelstaplerfahrer bei IKEA vermittelt. Dort gefällt es ihm gut. Die Kollegen sind freundlich, es ist noch ein anderer ehemaliger Häftling darunter. IKEA ist als besonders mitarbeiterfreundlich bekannt, alle duzen sich, Timo fühlt sich anerkannt. Er düst mit dem Gabelstapler durch die Lager, das ausgefeilte System gefällt ihm. Auch seine Tischlerkenntnisse kann er ab und zu anbringen und fachkundig mitreden. Er hat zunächst Probezeit, aber alles sieht gut aus. Er hat

Spätschicht, ist immer pünktlich – hier wirkt sich der Knast noch immer aus. Und er weiß genau: Dieser Job ist eine einmalige Chance, er will alles tun, um ihn nicht zu gefährden.

Sein Einkommen von knapp neunhundert Euro reicht allerdings vorn und hinten nicht. In die Gemeinschaftskasse mit Sascha steckt er jeden Monat dreihundert Euro, so halbwegs kommen sie damit durch. Sein Mietanteil beträgt noch mal dreihundert Euro, hinzu kommen Krankenversicherung, Unterhaltszahlungen für Chantal und die Raten für die Schuldenregulierung. Unter dem Strich fehlen ihm monatlich mindestens fünfhundert Euro. Noch hat er dafür keine Lösung. Er braucht unbedingt einen besser bezahlten Job und muss sich dringend und immer wieder mit der Agentur für Arbeit, dem Bewährungshelfer und der Schuldenregulierung beraten. Oder doch wieder mit kleinen Diebstählen beginnen?

Drogen interessieren ihn zurzeit nicht, der Alkohol am Wochenende reicht ihm zum Absacken und zum totalen Abschalten. Er denkt oft an seine Mutter und kann ihre Lage immer besser verstehen.

Natürlich hätte er gern eine Freundin, so wie Sascha. Aber er weiß, derzeit ist er nicht besonders attraktiv. Er ist noch immer vom Knast geprägt, verhält sich prinzipiell misstrauisch, denkt und fühlt noch immer in Männerknastkategorien. Er hat große Sehnsucht nach Offenheit, Vertrauen, Zärtlichkeit, alles, was er mit einer Beziehung zu einer Frau verbindet. All dies war jedoch im Knast verboten, hätte sein Überleben dort gefährdet. So ist er »verroht« entlassen worden – ein Produkt der Sozialisation im Gefängnis.

Wie wird es mit Timo weitergehen? Er steht täglich neu an der Kreuzung und muss sich entscheiden, welche Richtung er einschlägt: geradeaus auf dem schwierigen Weg eines Lebens ohne Straftaten, beladen mit all den Handicaps seiner bisherigen Biografie? Oder nach rechts, zurück in die kriminelle Karriere, mit all ihren kurzfristigen Erfolgen und Highlights, aber auch der Aussicht, wieder erwischt zu werden und im Gefängnis zu landen? Oder nach links, auf den Schlingerkurs mit und ohne Straftaten, »wie Wasser von Klippe zu Klippe geworfen«, einem ungewissen Schicksal ausgeliefert, das letztlich mächtiger ist als alle individuellen Versuche, selbst seines Glückes Schmied zu sein?

Wir wissen es nicht. Den direkten Weg in die kriminelle Karriere haben wir beschrieben, ebenso den Schlingerkurs – die Gefängnisse sind voll von Menschen, die an der Kreuzung nicht die richtige Entscheidung getroffen haben. Aber gibt es die »richtige« Entscheidung überhaupt? Und wenn ja, wie lange bleibt sie richtig?

Die Bewährungshilfe steht für den Weg geradeaus. Auf diesem befindet sich Timo jetzt, zusammen mit bundesweit zweihunderttausend Klienten in ähnlicher Situation. Seine Erfolgschancen liegen statistisch gesehen bei ungefähr 70 Prozent. Entscheidend wird sein, welche positiven Optionen ihm das Leben bietet, ob er sie überhaupt erkennt und ob er bereit und flexibel ist, diese anzunehmen und sorgsam mit ihnen umzugehen.

II. Auf der Suche nach etwas Besserem als Strafvollzug

Die Geschichte der gelingenden oder misslingenden Resozialisierung von Timo S. wollen wir an dieser Stelle zunächst unterbrechen. Ich könnte Tausende solcher Lebensläufe wiedergeben, sie wiederholen sich Tag für Tag in Deutschland. Dieses Buch will jedoch nicht nur spannende Geschichten erzählen, sondern die Abläufe und Strukturen analysieren, die in jedem dieser Einzelfälle Erfolge oder Misserfolge bewirken. Auf der Grundlage dieser Analyse können dann Maßnahmen und Programme entwickelt werden, die eine kontinuierliche Optimierung unseres Reso-Systems und damit weniger Rückfälle ermöglichen.

Meine eigene biografische Entwicklung lässt in der Rückschau solche Ereignisse, Lebensphasen und auch Strukturen erkennen, die deutlich machen, wie eine lebenslange Sozialisation verlaufen kann. Es hat auch in meinem Leben immer wieder Wendepunkte gegeben, Erfolge wie Misserfolge waren bestimmend und haben mein Verhalten und mein soziales Umfeld geprägt. Dazu gehören meine Familie, meine Freunde und meine Mitstreiter bei dem Versuch, moderne Resozialisierungsideen Wirklichkeit werden zu lassen.

Resozialisierung verläuft dann erfolgreich, wenn sich aus einem zunächst völlig offenen Lebensentwurf nach und nach ein roter Faden herausbildet oder Leitlinien entstehen, die zu Selbstbewusstsein und Identität führen können. In Kindheit und Jugend finden im Zusammenwirken von Verhalten und Verhältnissen bei den meisten Menschen dafür die entscheidenden Prägungen statt. Dieser Prozess endet nie, Wendepunkte und damit zusammenhängende Weiterentwicklungen der Persönlichkeit finden, wie wir heute wissen, bis ins hohe Alter statt.

In der Rückschau hat sich eine Aussage von Gustav Radbruch, der während der Weimarer Republik von 1921 bis 1923 Justizminister war, zu einer solchen zentralen Leitlinie für mein Leben entwickelt: »Nicht Verbesserung des Strafrechts, sondern Ersatz des Strafrechts durch Besseres.« Die Vollzugsreformerin Helga Einsele – ihr Wirken in der Frankfurter Frauenstrafanstalt werde ich später darstellen – hat diesen Satz umformuliert in die Fragestellung: »Ein besserer Strafvollzug – oder etwas, das besser ist als Strafvollzug?«. Heute lautet dieselbe Fragestellung, die auch die Leitfrage dieses Buches ist: »Wegsperren oder resozialisieren?«

Im folgenden Kapitel möchte ich meine eigenen Suchbewegungen innerhalb einer Vielzahl von Projekten und Modellversuchen darstellen, ohne dass ich in dieser Phase meines Lebens wissen konnte, dass ich später in Schleswig-Holstein die einmalige Gelegenheit bekommen würde, auf Grundlage dieser Erkenntnisse und Erfahrungen ein gesamtes Resozialisierungssystem zu verändern.

Turning Points (2)

In meinem Leben gibt es – nach der Rückkehr zu meiner Mutter im Sommer 1953 – einen zweiten Wendepunkt, er ereignete sich am 5. Oktober 1961.

Es war ein sonnig-warmer Tag im Spätsommer 1961. Ich ging in die Oberprima des Hans-Thoma-Gymnasiums in Lörrach, wo meine Familie und ich seit 1955 wohnten. Im Frühjahr des nächsten Jahres würde ich Abitur machen und dann in Freiburg Jura studieren.

In den Sommerferien war ich mit meiner Clique täglich im Schwimmbad gewesen, da war sie mir im Kreis ihrer Freundinnen aufgefallen. Sie war fünfzehn und strahlte auf mich eine unglaubliche Anziehungskraft aus. Sie ging ebenfalls aufs Hans-Thoma-Gymnasium, in die Untersekunda, unsere Klassenzimmer lagen nebeneinander. So sahen wir uns fast täglich und lächelten uns verstohlen zu.

Ich wusste, dass sie Hannelore hieß, und hatte herausbekommen, dass sie immer donnerstags um halb zwei in Lörrach-Stetten in der Nähe ihrer elterlichen Wohnung in die Trambahn Nummer 6 stieg, um zur Schule zu fahren. Ich selbst war stolzer Besitzer einer recht alten Vespa 50, die mit dem Scheinwerfer auf dem Kotflügel.

An jenem 5. Oktober 1961 fuhr ich kurz vor halb zwei zur besagten Tramhaltestelle und sah Hannelore bereits von Weitem. Ich machte direkt neben ihr eine Vollbremsung und fragte, ob sie zur Schule mitfahren wolle. Sie nickte nur kurz, schwang sich beherzt auf den Rücksitz, und es begann eine gemeinsame Reise, die bis heute andauert.

Sie werden sagen: »Eine Schülerliebe, was soll das in einem Buch über Strafvollzug und Resozialisierung?« Die Pointe der Geschichte fand drei Wochen später statt. Wie damals üblich, wurde man als Freund recht frühzeitig den Eltern seiner Freundin vorgestellt. Hannelore nahm mich also mit zu sich nach Hause. Ich lernte ihre sehr sympathische Mutter Klara kennen und ihren Vater Kurt Eickmeier, einen fast zwei Meter großen, eindrucksvollen Mann, zwanzig Jahre älter als ich. Er hatte einen Beruf, von dem ich noch nie etwas gehört hatte: Er war Bewährungshelfer. Es sollte sich herausstellen, dass Kurt Eickmeier einer der ersten Bewährungshelfer in Deutschland überhaupt war. Er hat das Berufsbild und seine Inhalte nach dem Krieg entscheidend mitgeprägt.

Ich war fest entschlossen, Jurist zu werden. Mein Vorbild war der kanadische Schauspieler Raymond Burr, der nach meiner Erinnerung bereits im Schwarz-Weiß-Fernsehen der Fünfzigerjahre eindrucksvoll den »Anwalt der Gerechtigkeit« im Rollstuhl in New York spielte. Aber die Täter als Personen hatten mich nie interessiert. Mir ging es um Gerechtigkeit als Prinzip, nicht um etwas so offensichtlich Mühsames wie die Wiedereingliederung der Täter in die Gesellschaft, mit dem sich Kurt Eickmeier beschäftigte. Der immer enger werdende Kontakt zu ihm war es, der bei mir allmählich ein Umdenken bewirkte.

An jenem 5. Oktober 1961 hatte ich, ohne es zu wissen, die Frau meines Lebens gefunden, aber auch meine berufliche Bestimmung, denn in den folgenden Monaten und Jahren lernte ich im Alltag der Familie Eickmeier die Aufgaben und die Arbeitsfelder der Resozialisierung konkret anhand von vielen Einzelschicksalen kennen. Der juristische und kriminologische Überbau folgte dann später während des Studiums.

Kurt Eickmeier – vom Fürsorger zum Reso-Netzwerker

An den Wochenenden saßen wir regelmäßig zum Mittagessen um den großen Esstisch im Wohnzimmer der Familie Eickmeier, zusammen mit ausgewählten Probanden (so nennen die Bewährungshelfer ihre Klienten), die mein künftiger Schwiegervater Kurt zu sich nach Hause einlud. Manchmal gab es auch Wochenendfreizeiten auf einer Hütte im Schwarzwald mit gemeinsamen Wanderungen und Grillabenden. Kurts Klientel war immer bunt gemischt. Es gab »normale« Diebe und Räuber, es gab Männer, die wegen schwerer Körperverletzung gesessen hatten, aber zum Beispiel auch eine in Basel arbeitende leitende Krankenschwester, die wegen Drogenhandels verurteilt und noch immer heroinabhängig war.

Außerdem erinnere ich mich an einige gepflegte ältere Herren, die wegen Homosexualität nach dem (heute abgeschafften) Paragrafen 175 StGB verurteilt worden waren.

Auffällig war, dass Kurt als Gastgeber alle, egal, was sie sich hatten zuschulden kommen lassen, mit ausgesuchter Höflichkeit behandelte und ihnen eine persönliche Wertschätzung entgegenbrachte, die nicht gekünstelt war, sondern tief in seinem humanen Menschenbild wurzelte. Er hatte so nicht nur auf meine Berufswahl entscheidenden Einfluss, sondern genauso auf die seiner Tochter: Hannelore studierte später in Freiburg Sozialarbeit und wurde ebenfalls Bewährungshelferin.

Kurt Eickmeier, Jahrgang 1921, hatte den Zweiten Weltkrieg und die Nazis in all ihrer Brutalität erlebt und erlitten. Er wurde mehrfach im Krieg schwer verletzt und wurde 1943 zum Studium der Wohlfahrtspflege zugelassen. Zunächst arbeitete er beim Gesundheitsamt Konstanz als Suchtkrankenfürsorger, dann bewarb er sich bei der Justiz und wurde 1956 zum ersten Bewährungshelfer beim Landgericht Freiburg mit Dienstsitz in Lörrach bestellt. Dies blieb er bis zu seiner Pensionierung im Jahr 1985.

Das Rechtsinstitut der Aussetzung einer Freiheitsstrafe zur Bewährung wurde in Deutschland nach dem Vorbild der angloamerikanischen *probation* erst im Jahr 1953 eingeführt, und zunächst auch nur versuchshalber. Neben der Geldstrafe und der Freiheitsstrafe bekamen die Gerichte so die Möglichkeit, Straftäter zwar zu einer Freiheitsstrafe bis zu zwei Jahren zu verurteilen, bei günstiger Prognose für den Täter die Vollstreckung aber zur Bewährung auszusetzen. Die Täter bekommen dann einen Sozialarbeiter zugeordnet, der sie begleitet und betreut, soziale Hilfen organisiert, ihnen in Krisensituationen beisteht. Der sie aber auch kontrolliert, zum Beispiel, ob sie regelmäßig zur Arbeit gehen oder ihre Schulden abbezahlen. Über all das berichtet der Sozialarbeiter regelmäßig dem Richter, der bei Verstößen gegen Auflagen und Weisungen oder bei einer erneuten Straftat die Bewährung auch widerrufen kann. Im Fall des Widerrufs werden aus der ausgesetzten alten und der neuen Strafe Gesamtstrafen gebildet.

Eine weitere Variante betrifft die Aussetzung eines Strafrests bei bereits inhaftierten Gefangenen. Diese ist zum Beispiel nach Verbüßung von zwei Dritteln der Freiheitsstrafe möglich.

Die Bewährungszeit selbst liegt zwischen zwei und fünf Jahren. In dieser Zeit steht der Proband unter Aufsicht und Kontrolle des Bewährungshelfers.

Ein Berufsbild für diese spezialisierten Sozialarbeiter existierte in Deutschland Anfang der Fünfzigerjahre noch gar nicht, es gab auch keine Vorbilder. Mit Kurt Eickmeier und seinen Kollegen begann die bis heute noch nicht abgeschlossene Phase der Professionsbildung eines Sozialen Dienstes im Rahmen der Strafjustiz, die ansonsten klar von Juristen (Staatsanwälten und Richtern) dominiert wird. Heute sind bundesweit rund 2500 Bewährungshelfer mit rund 200 000 Probanden tätig. Die Geschichte der Bewährungshilfe ist so zu einer beeindruckenden Erfolgsgeschichte geworden.

Kurt Eickmeier war in den Fünfzigerjahren in Lörrach der einzige Bewährungshelfer, was bedeutete, dass er sich sein fachliches Profil erst in der alltäglichen Zusammenarbeit mit den dortigen Staatsanwälten und Richtern, der Polizei, aber auch mit den Vertretern der zuständigen kommunalen Ämter, der Arbeitgeber, der Freien Wohlfahrtspflege und der Kirchen erarbeiten und dauerhaft etablieren musste. So wurde Netzwerkarbeit ein wesentliches Element seiner beruflichen Tätigkeit, er selbst wurde schrittweise zu einer Institution im lokalen Netzwerk zwischen Justiz und sozialen Organisationen.

In direkter Nachbarschaft zu seinem Büro lebte die Familie Klar. Alfred Klar war Direktor des Hans-Thoma-Gymnasiums, von seinen fünf Kindern kümmerte sich vor allem Christian in den Ferien öfter um die Haustiere der Familie Eickmeier. Er war ein besonders freundlicher und sensibler Junge. Sein Vater, ein schneidiger Marineoffizier aus dem Zweiten Weltkrieg, erklärte uns Primanern als Grundregel: »Freiheit ist die Einsicht in die Notwendigkeit. Und was notwendig ist an dieser Schule, bestimme ich als Direktor!« Warum Christian Klar später Topterrorist der Rote-Armee-Fraktion (RAF) wurde, verstehen wir bis heute nicht. Wie konnte aus diesem friedliebenden Kind ein wegen mehrfachen Mordes zu fünfmal lebenslanger Freiheitsstrafe Verurteilter werden? 1982 wurde er verhaftet, 2008 wurde er auf Bewährung entlassen. Hannelore und ich hatten nie wieder Kontakt zu ihm – ich würde nun, mit genügend zeitlichem Abstand, gern mit ihm über seine Kindheit und Jugend und über die späteren Wendepunkte in seinem Leben sprechen.

Aber zurück zu Kurt Eickmeier: Im Lörracher Amtsgerichtsgefängnis übernahm er zusätzlich die Aufgaben des Anstaltsfürsorgers. Er kannte zwar die fachlichen Begriffe und Konzepte der »durchgehenden Betreuung« und des »Übergangsmanagements« noch nicht, aber er praktizierte sie sehr erfolgreich. Erst in den letzten Jahren wurden diese Konzepte wichtige Bausteine in der Modernisierung der ambulanten und stationären Resozialisierung in Deutschland – ich werde später vertiefend darauf eingehen.

Er musste erfahren, dass für »seine Ganoven«, wie er sie nannte, nach der Entlassung nicht genügend unterstützende Ressourcen zur Verfügung standen. Also wandelte er den früheren rein ehrenamtlichen Lörracher Gefängnisverein in einen professionellen »Bezirksverein für soziale Rechtspflege« um, wurde dessen Geschäftsführer und verbesserte die Finanzlage des Vereins durch eine intensive Werbung für die Zahlung von Geldbußen an den gemeinnützigen Verein und durch das Erschließen anderer Finanzierungsquellen. Sein Ziel war es, die gesellschaftliche Integration entlassener Gefangener zu erleichtern und vor allem Wohnraum für sie zu schaffen. 1974 konnte das umgebaute Haus Kirchstraße 6 in Lörrach mit acht Plätzen als Übergangswohnheim eröffnet werden. Kurt Eickmeier selbst zog dort mit seiner zweiten Frau (Klara war früh verstorben) ein und übernahm die ehrenamtliche Heimleitung bis zu seiner Rückkehr an den Bodensee im Jahr 1985.

Auf diese Weise entstand in Lörrach Schritt für Schritt ein vorbildliches örtliches Resozialisierungszentrum als Kern eines Netzwerks ambulanter und stationärer Resozialisierungsangebote. Es war nicht strategisch geplant, nicht theoretisch begründet, aber gewachsen aufgrund des konkreten Bedarfs der Zielgruppe und betrieben mit großem Engagement aller mitwirkenden haupt- und ehrenamtlichen Fach- und Führungskräfte der lokalen Organisationen. In dem Zentrum gab und gibt es noch immer eine ambulante Beratungsstelle und Projekte wie den Täter-Opfer-Ausgleich (ein Schlichtungsverfahren zwischen Täter und Opfer), gemeinnützige Arbeit zur Vermeidung von Ersatzfreiheitsstrafen oder Unterstützung von Kindern von Inhaftierten.

Kurt Eickmeier ist im Februar 2013 im Alter von zweiundneunzig Jahren in Meersburg am Bodensee verstorben. Ihm ging es immer nur um die einzelnen Menschen, nicht um Politik, Macht oder persönliche Profilierung. Ohne ihn wären Hannelore und ich nicht das geworden, was wir heute sind.

Von und mit Gefangenen lernen

Früher überzeugten mich Ideen, die darauf abzielten, das Gefängnis generell abzuschaffen. So naiv bin ich heute zwar nicht mehr, doch noch immer bin ich auf der Suche nach etwas Besserem als dem bloßen Wegsperren von Menschen. Ich war Teil der Achtundsechzigerbewegung und hatte mich von der radikalen Vorstellung anstecken lassen, dass man straffällig gewordene Menschen nicht hinter Mauern ausgrenzen dürfe. Das Gefängnis als Demonstration staatlicher Gewalt galt meinen politischen Weggefährten und mir als ein Symbol der kapitalistischen oder gar faschistischen Repression, als Ausdruck des staatsmonopolistischen Kapitalismus, also einer Interessens- und Herrschaftsgemeinschaft von Staat und Wirtschaft. Gefangene (damit waren Menschen in Fürsorgeheimen, in Gefängnissen, in der Psychiatrie, in Einrichtungen für behinderte Menschen gemeint) erschienen als Opfer des Systems – Opfer, die man befreien und für die man alternative Wege der Verbesserung ihrer Lebenssituationen finden müsse. Der Forderung einer internationalen Bewegung von Kriminologen, initiiert von Nils Christie aus Norwegen, lautete denn auch: »Reißt die Mauern nieder.«

Statt Straftäter wegzusperren, sollte es »problemlösende Gemeinschaften« geben, die an »runden Tischen« zusammen mit den bisher Ausgesonderten, ihren Angehörigen und Nachbarn, beraten und begleitet von Sozialarbeitern und ihren helfenden Institutionen, nach integrativen, also am Gemeinwesen orientierten Lösungen suchen sollten. Die bisher Weggesperrten und Deklassierten sollten ihre Potenziale, ihre Stärken entfalten können, sollten selbstständig und mündig werden, um ihr Leben autonom zu gestalten.

All das sind Ideen, die bis heute in der Jugendhilfe, in den Versorgungssystemen für psychisch Kranke, für Menschen mit Behinderung und in Pflegeheimen für Senioren immer wieder neu diskutiert und zumindest in Ansätzen umgesetzt werden – siehe zum Beispiel die UN-Charta zur Inklusion von Menschen mit Behinderung, die mittlerweile weltweit und auch in Deutschland darauf abzielt, Menschen mit Behinderung nicht auszugrenzen, sondern ein Zusammenleben mit Nichtbehinderten zu ermöglichen.

Diese Ideen überzeugten mich schon in den Sechzigerjahren. So engagierte ich mich in der Region Südbaden in der politischen Bildungsarbeit, in Jugendforen, in der Lehrlingsausbildung und schließlich auch in der Straffälligenhilfe sowie in der Gründung einer Anlaufstelle für Strafentlassene in Freiburg. In der dortigen Justizvollzugsanstalt gelang es mir, als freier Mitarbeiter der Landeszentrale für politische Bildung mit Genehmigung der Anstaltsleitung probeweise einen wöchentlichen Diskussionskreis mit Gefangenen zu etablieren. Ich wollte politische Alltagsthemen diskutieren, natürlich mit dem Hintergedanken, die Teilnehmer des Diskussionskreises im Sinne unserer APO-Ziele zu politisieren.

Den ersten Abend werde ich nie vergessen: Voller Leidenschaft sprach ich im Kreis von etwa zehn Gefangenen über die Ideen von Nils Christie und bemerkte spätestens nach zehn Minuten bei meinen Zuhörern Ermüdung und aufkommende Langeweile. Dann meldete sich ein Gefangener namens Max zu Wort und frage mit lauter Stimme: »Sie sind doch angehender Jurist. Ich bin hoch verschuldet und werde bald entlassen. Wie kann ich mich vor meinen Gläubigern retten?«

Die Frage von Max schien einen Nerv getroffen zu haben. Andere stimmten ein, eine Lawine von Fragen brach von allen Seiten über mich herein. Es ging um Wohnungs- und Arbeitslosigkeit, Alkoholabhängigkeit, Beziehungen zu Frauen und Kindern, um ausstehende weitere Strafverfahren, vorzeitige Entlassung, Probleme mit Bewährungshelfern. Das Signal war klar: Du Grünschnabel, wir zeigen dir

mal kurz, was uns bedrückt, und wenn du dich dazu schlau-
machst, kommen wir wieder. Ansonsten interessiert uns dein
revolutionäres Gehabe nicht.

Innerhalb weniger Minuten wurde ich »geerdet«, vom
Kopf auf die Füße gestellt. Ich konnte ihre Argumente gut
nachvollziehen, hatte all das ja bei den Probanden von Kurt
Eickmeier miterlebt. So war klar: Ich durfte nicht auf der
Theorieebene stecken bleiben, ich musste mich in Problem-
analysen und -lösungen einarbeiten, um für die Häftlinge ein
anerkannter und nützlicher Gesprächspartner zu werden.

Aus der Politikgruppe wurde deshalb in den folgenden
Wochen und Monaten eine Entlassungsvorbereitungsgruppe.
Der inhaltliche Wechsel hatte Erfolg: Die Gefangenen kamen
wieder und gestalteten die Abende engagiert mit. Ebenso
wichtig wie meine fachlichen Zuarbeiten war der gemeinsame Erfahrungsaustausch. Alle Teilnehmer hatten jahr-
zehntelange »Karrieren« im Kreislauf zwischen Freiheit und
Gefängnis absolviert, sie kannten alle Höhen und Tiefen des
Abenteuers der Resozialisierung.

Von Befreiungsbedürfnis war während der Gesprächs-
abende allerdings nie wieder die Rede, im Gegenteil: Die
meisten Gefangenen lehnen das Prinzip »Strafe durch Gefängnis« nicht ab, sie halten Freiheitsstrafen bis hin zum le-
benslangen Einschluss nach dem Grundsatz: »Wer nicht
hören will, muss fühlen« für richtig. Sie sind vorrangig interessiert an Fragen, die ihre konkrete Lebenssituation im Gefängnis oder draußen betreffen, insoweit sind sie erstklassige
Experten, die bei der Verbesserung des Reso-Systems gehört
werden wollen und über unschätzbar wichtige Erfahrungen
verfügen.

Die Kategorie »Solidarität« ist allerdings kein Ansatz-
punkt, um Gefangene zu gemeinschaftlichem Handeln zu
aktivieren. Im Vordergrund steht ihr jeweiliges Einzelschick-
sal, dies ist schon herausfordernd und belastend genug. Ziel

eines jeden Gefangenen ist es, sich individuelle Vorteile zu verschaffen. Solidarisches Verhalten zu und mit den anderen »Einzelkämpfern« im Knast ist kein Thema. Jeder ist schließlich selbst daran schuld, dass er im Gefängnis sitzt.

Die Entlassungsvorbereitungsgruppe blieb zweieinhalb Jahre zusammen, allerdings mit starkem personellem Wechsel. Immer wenn ein Mitglied der Gruppe entlassen oder in den offenen Vollzug in der Außenstelle Waldkirch verlegt wurde, durfte ein Neuer seinen Platz einnehmen. Insgesamt waren es etwa dreißig Gefangene, die aktiv mitarbeiteten und immer wieder neue Aspekte zum Thema Entlassung und Resozialisierung einbrachten.

Für mich waren diese zweieinhalb Jahre wie eine Lehre für mein ganzes Leben. Ich erhielt tiefe und bedrückende Einblicke in die Lebensverhältnisse und das Verhalten der Gefangenen drinnen und draußen. Das waren keine »leichten Jungs«, alle mehrfach vorbestraft mit langjährigen Karrieren als Probanden der Bewährungshilfe und in verschiedenen Jugend- und Erwachsenenanstalten inhaftiert. Für sie wurde ich im Lauf der Zeit zu einem vertrauten »Kümmerer«, der offensichtlich nichts ausplauderte, kein verlängerter Arm der Justiz war, sich immer gut vorbereitete und so für sie einen gewissen Nutzwert hatte.

Mir gefiel diese Rollenverteilung. Ich sah in den Gefangenen zwar weiterhin und vordergründig die Deklassierten und Ausgesonderten, aber ich sah und erlebte in der konkreten Gruppenarbeit auch ihre Stärken, ihren Humor und die Energie, mit der sie ihre Interessen durchsetzten.

Mein liebster Gefangener war und blieb Max, der bereits in der ersten Sitzung die Stimmung in Richtung Entlassungsgruppe gedreht hatte. Er nahm auch aus der Sicht der Anstalt eine positive Entwicklung und wurde sechs Monate vor seiner Entlassung in den offenen Vollzug in der Außenstelle in Waldkirch verlegt, also in eine kleine Anstalt ohne hochgesicherte Außenmauer. Hannelore und ich besuchten ihn dort öfters; besondere Freude hatte er mit unserem 1972 geborenen Sohn Steffen. Auf Max werde ich später noch zu sprechen kommen. Man hat ja im Leben nur wenige echte Freunde, Max gehört für mich dazu.

»Entlassung und Resozialisierung« – die empirische Untersuchung

Durch die Gruppe angeregt, machte ich das Thema »Entlassung und Resozialisierung« auch zum Thema meiner Doktorarbeit. Fast ein Jahr lang, von August 1973 bis Juli 1974, befragte ich 143 kurz vor ihrer Entlassung stehende Gefangene der Justizvollzugsanstalt Freiburg zu ihrer konkreten Situation, ihren Planungen, ihren Ängsten und Befürchtungen sowie ihren Vorschlägen und Empfehlungen zur Verbesserung des Übergangs von drinnen nach draußen. Diese Ergebnisse stellte ich in die größeren Zusammenhänge der historischen Entwicklung, der rechtlichen Rahmenbedingungen und anderer kriminologischer Untersuchungen, auch im internationalen Vergleich.

Die Untersuchung ergab, dass nahezu alle Befragten der Unterschicht angehörten und zumeist über keine abgeschlossene Schul- und Berufsausbildung verfügten. Fast 80 Prozent waren zwischen einundzwanzig und vierzig Jahre alt, fast 80 Prozent alleinstehend oder geschieden, nahezu 60 Prozent hatten mindestens ein Kind. Fast 50 Prozent hatten Schulden zwischen 5000 und 50000 D-Mark, das durchschnittliche Entlassungsgeld betrug 305 D-Mark. Nur knapp 5 Prozent hatten während der Haft eine Schul- oder Berufsausbildung abgeschlossen.

Mehr als 80 Prozent hatten mindestens eine Freiheitsstrafe verbüßt. Rund 55 Prozent der ehemaligen Häftlinge wurden bei der letzten Entlassung bereits im ersten Jahr nach der Entlassung rückfällig, weitere rund 20 Prozent im zweiten Jahr.

Fast die Hälfte der Befragten gab an, nach der Entlassung über einen Arbeitsplatz zu verfügen, fast 60 Prozent hatten eine gesicherte Unterkunft. Diese Angaben müssen allerdings mit Vorsicht bewertet werden – es waren oft Behauptungen, die notwendig waren, um vorzeitig entlassen zu werden. Die Realität nach der Entlassung sah dann häufig ganz anders aus.

Im Hinblick auf die Zeit nach der Entlassung hatten die Befragten sehr realistische Vorstellungen: Sie rechneten mit finanziellen Schwierigkeiten, mit sozialer Isolierung, mit Problemen bei der Arbeits- und Wohnungsbeschaffung, mit persönlichen, familiären und sexuellen Problemen, mit gesellschaftlicher Ablehnung und Vorurteilen. Nur die Hälfte von ihnen rechnete nicht mit einem erneuten Rückfall.

Zur Verbesserung der Entlassenenhilfe machten sie als Experten in eigener Sache eine Vielzahl fundierter Vorschläge und Anmerkungen. Dazu gehörten unter anderem:
- Netzwerke schaffen
- Tariflohn auch im Knast
- Sicherstellung von Arbeit und Unterkunft nach der Entlassung
- bessere Schuldenregulierung
- lieber fünfzig Psychologen als zweihundert Justizbeamte
- Vorbeugen wäre besser als Wegsperren
- Persönlichkeits- und Haftschäden sind zu groß
- es gibt zu viele psychisch Kranke im Vollzug
- jeder Entlassene sollte einen Bewährungshelfer bekommen
- mehr Unterstützung für die Resozialisierung in der Öffentlichkeit
- das Familienleben noch im Knast retten.

Leider muss ich feststellen, dass all diese Forderungen und Vorschläge auch heute, vierzig Jahre nach meinen Interviews, noch immer nicht umgesetzt wurden. Es hat sich viel zu wenig geändert – noch immer fehlt es an gesellschaftlicher und politischer Unterstützung.

Der Alternativentwurf zum Strafvollzugsgesetz

Bereits 1972 hatte das Bundesverfassungsgericht die Verabschiedung eines Bundesgesetzes für den deutschen Strafvollzug angemahnt. Die bisherige rechtliche Grundlage für den Strafvollzug war die »Dienst- und Vollzugsordnung« (DVollzO) gewesen, eine Vereinbarung der Bundesländer aus dem Jahr 1961. Sie entsprach noch ganz und gar dem Vorrang von Sicherheit und Ordnung als Gedankengut der Fünfzigerjahre und war weit entfernt von dem mittlerweile vor allem in den skandinavischen Ländern und in den Niederlanden entwickelten Konzept eines modernen Resozialisierungs- und Behandlungsvollzugs.

In Fachkreisen, aber auch in den Medien entbrannte bereits Ende der Sechzigerjahre eine Diskussion über die Zustände in den deutschen Gefängnissen und über die Notwendigkeit einer grundlegenden Reform des Strafvollzugssystems mit dem vorrangigen Ziel der Einführung und Absicherung von Behandlungsangeboten wie Schul- und Berufsausbildung oder Therapien für Sexual- und Gewalttäter. Verschiedene Kommissionen legten eigene Entwürfe für ein neues Gesetz vor, die Reformideen der sozialliberalen Koalition unter Willy Brandt griffen auf dieses bisher vernachlässigte Thema über, und Umfragen zeigten, dass das Ziel der Resozialisierung in der Bevölkerung große Zustimmung fand.

Auch die Gruppe der »Alternativprofessoren« – ein Arbeitskreis von zwanzig schweizerischen und deutschen Strafrechtslehrern, die ihren Sachverstand immer wieder zu strafrechtlichen Fragestellungen öffentlich einbrachten – beteiligte sich an diesem Prozess der Meinungsbildung, indem sie einen eigenen Gesetzentwurf veröffentlichte. Sie nannte ihn »Alternativentwurf eines Strafvollzugsgesetzes«. Ich hatte das Glück, dass »mein« Freiburger Strafrechtsprofessor Rudolf Schmitt diesem Professorenkreis angehörte. Zusammen mit seinem damaligen wissenschaftlichen Mitarbeiter Klaus Geppert, der später Strafrecht an der Freien Universität Berlin lehrte, übernahm er zudem die Endredaktion des insgesamt 207 Paragrafen umfassenden Alternativentwurfs – eine Herkulesarbeit unter hohem Zeitdruck. Beide suchten dafür eine wissenschaftliche Hilfskraft, möglichst mit Vollzugserfahrung. Ich bewarb mich, konnte auf meine praktische Arbeit mit der Entlassungsgruppe verweisen, brachte mein geplantes Promotionsvorhaben ein – wir waren uns schnell einig.

Der Alternativentwurf wurde im April 1973 in Buchform veröffentlicht und stieß in der Fachwelt, in der Politik und in den Medien auf große Resonanz, denn er enthielt sehr weitgehende Reformvorschläge. Dazu gehörten:

- maximal zweihundert Haftplätze je Justizvollzugsanstalt
- selbstständige Gutachteranstalten mit der Hauptaufgabe der Erstellung von Diagnosen und Behandlungsplänen für die Gefangenen
- Modellanstalten zur Erprobung neuer Behandlungsangebote
- Wohngruppen mit maximal fünfzehn Plätzen
- mindestens zwölf Sozialarbeiter und vier Psychologen je Anstalt
- interdisziplinäre Behandlungsteams für jeden Gefangenen zur Planung und Begleitung seines Behandlungsplans
- Leitung der Anstalt durch interdisziplinäre Teams
- Supervision für alle Anstaltsmitarbeiter
- voller Tariflohn für die Gefangenen

- Schadenswiedergutmachung während der Inhaftierung
- volle Einbeziehung der Gefangenen in die gesetzliche Sozialversicherung
- intensive Entlassungsvorbereitung (zum Beispiel durch den späteren Bewährungshelfer)
- Übergangshäuser (Wohnheime für entlassene Strafgefangene).

Am 1. Januar 1977 trat dann das neue Bundes-Strafvollzugsgesetz in Kraft. Es erfüllte die wenigsten dieser Forderungen. Vor allem ist darin die verpflichtende und detaillierte Ausgestaltung eines modernen Behandlungsvollzugs zu kurz gekommen, wie sie der Alternativentwurf beispielhaft vorgelegt hatte.

Im Gegensatz zu den Alternativprofessoren mussten Bundestag und Bundesrat in ihrem Gesetz allerdings die äußeren und die finanziellen Gegebenheiten berücksichtigen. Dazu gehörten die Architektur der bestehenden Anstalten, die Qualität und die Kosten des vorhandenen Personals und vor allem die unterschiedliche Finanzkraft der Länder. Zahlreiche Übergangsvorschriften ermöglichten es deshalb, den – völlig unzureichenden – Status quo zu belassen. Dazu gehören die Mehrfachbelegung der Hafträume wegen Raumnot oder das immer noch zu geringe Arbeitsentgelt von zurzeit 9 Prozent des durchschnittlichen Arbeitsentgelts aller Versicherten. Auch heute noch zahlt der Vollzug keine Beiträge zur Rentenversicherung, auch wenn der Gefangene gearbeitet hat. Die Haftjahre fehlen später für den Rentenanspruch.

Immer wieder müssen die Gerichte intervenieren, um sozialstaatliche Mindeststandards abzusichern. In der Fachwelt wurden das Strafvollzugsgesetz und seine Umsetzung deshalb zu Recht als »Torso« oder »Reformruine« bezeichnet.

Helga Einsele: Strafvollzug der positiven Zuwendung

Im Jahr 1974 zogen Hannelore und ich aus beruflichen Gründen nach Frankfurt a. M. um. Hier konnten wir unsere Reso-Aktivitäten fortsetzen und vertiefen: Hannelore von 1974 bis 1990 in der Frauenstrafanstalt Frankfurt-Preungesheim, ich von 1974 bis 1978 als Leiter der Akademie für Jugend- und Sozialarbeit und von 1978 bis 1990 als Direktor des renommierten Instituts für Sozialarbeit und Sozialpädagogik (ISS) mit den Arbeitsschwerpunkten Praxisforschung, Beratung, Fort- und Weiterbildung, gefördert durch das damalige Bundesministerium für Jugend, Frauen, Familien und Gesundheit.

Die Leiterin des Frauengefängnisses in Frankfurt-Preungesheim war von 1947 bis zu ihrer Pensionierung im Jahr 1975 die Juristin Helga Einsele. Vieles von dem, was heute zu den Standards in deutschen Gefängnissen zählt, hatte Helga Einsele bereits in den Fünfziger- und Sechzigerjahren – ohne gesetzliche Grundlage – als Anstaltsleiterin vorweggenommen und gegen vielfältige Widerstände durchgesetzt.

Die Anstalt war bei Helga Einseles Amtsantritt streng militärisch organisiert. Die Gefangenen mussten mit auf dem Rücken verschränkten Händen zum Morgenappell auf dem Flur antreten. Die räumlichen Verhältnisse des Altbaus aus Kaisers Zeiten spiegelten zudem bis in die Siebzigerjahre hinein den alten Verwahrvollzug wider, mit kleinen Fensterschlitzen, durch die nur ein begrenzter Blick in den Himmel möglich war, und mit Kübeln statt Toiletten – der penetrante Gestank beherrschte die ganze Anstalt.

Schritt für Schritt führte Helga Einsele entscheidende Verbesserungen ein: Gruppenvollzug und soziale Gruppenarbeit, geleitet von je einer Sozialarbeiterin, Gefangenenmitverantwortung, ein Sprecherinnensystem und Gefangenenzeitungen – Dinge, die bislang im Strafvollzug undenkbar gewesen waren. In einer Zugangsabteilung erstellten eine Psychologin und eine Sozialarbeiterin für jede Gefangene eine detaillierte Anamnese als Grundlage für die spätere Planung der Behandlungsangebote für die inhaftierten Frauen im Rahmen einer Vollzugsplankonferenz. Weitere Reformen betrafen qualifizierte Ausbildungsabschlüsse, den offenen Vollzug, den Freigang und eine gründliche Entlassungsvorbereitung. Helga Einsele stärkte und professionalisierte den interdisziplinären Sozialdienst und führte tägliche »Mittagsrunden« zur Besprechung der wichtigsten anstehenden Entscheidungen ein – trotz Fünftagewoche eisern auch jeden Samstag um 13 Uhr.

Sie selbst bezeichnete ihr Konzept als »Strafvollzug der positiven Zuwendung«, kritisierte öffentlich die inhumanen Bedingungen des deutschen Strafvollzugs in den Fünfziger- und Sechzigerjahren und war ihr Leben lang auf der Suche nach Alternativen. Sie war davon überzeugt, dass lediglich 10 Prozent der inhaftierten Frauen aufgrund ihrer Gefährlichkeit hinter Gitter gehörten. Für alle anderen Straftäterinnen musste es etwas Besseres und Sinnvolleres als die Freiheitsstrafe geben. Danach suchte Helga Einsele unermüdlich. Sie ließ sich auf diesem Weg nicht beirren, sondern folgte in kleinen Schritten ihrer Überzeugung. Und sie wusste: »Strafvollzugsreform allein ist keine Hilfe, solange nicht das, was den Strafvollzug umgibt, gleichzeitig mitreformiert wird.«

Gleich nachdem wir nach Frankfurt umgezogen waren, erhielt Hannelore eine Stelle als Sozialarbeiterin in der Zugangsabteilung in der JVA Preungesheim. Kurze Zeit später übernahm sie die Leitung des Mutter-Kind-Heimes in der Anstalt. Diese Einrichtung war eines der zentralen Reformprojekte von Helga Einsele. Bis dahin war es üblich, inhaftierte Mütter und ihre neugeborenen Kindern schon kurz nach der Geburt zu trennen. Dies war für Helga Einsele nicht hinnehmbar. Bereits Ende der Fünfzigerjahre verfügte sie eigenmächtig, ohne Wissen des zuständigen Ministeriums, dass neugeborene Kinder länger bei ihren Müttern im Gefängniskrankenhaus bleiben konnten, einfach, indem sie die Zeiten, in denen die Mütter ihre neugeborenen Kinder stillten, Schritt für Schritt verlängerte. Unterstützung erfuhr Helga Einsele dabei durch einen Förderverein engagierter und einflussreicher Frauen, dem unter anderem Hilda Heinemann, die Frau des früheren Bundespräsidenten, angehörte. Dadurch gelang es ihr, im geschlossenen Frauenvollzug ein zugleich durch das Landesjugendamt anerkanntes Mutter-Kind-Heim einzuführen und abzusichern. Höhepunkt war dann im Jahr 1975 die Eröffnung eines Neubaus für das Mutter-Kind-Heim, der den anspruchsvollen Richtlinien der Heimaufsicht und einem modernen Frauenvollzug entsprach – mit kleinen Appartements für die Mütter und ihre Kinder, großzügigen Räumen für die Erzieher und die Kindergruppen, moderner sanitärer Ausstattung, geräumigen Wohnküchen und einem großzügigen Spielplatz am Rand der Außenmauer.

Die Erfahrungen mit diesen neuen Standards waren so gut, dass 1977 eine Regelung in das neue Strafvollzugsgesetz Eingang fand, die die gemeinsame Unterbringung von Mutter und Kind bis zur Schulpflicht des Kindes bundesweit ermöglicht. Damit kann die Trennung der Kinder von ihren Müttern und ihre Unterbringung in Heimen oder bei Pflegeeltern verhindert werden, wenn dies dem Wohl der Kinder entspricht. Heute gibt es in Deutschland zehn derartige Mutter-Kind-Einrichtungen – auch das ist ein Erfolg der unermüdlichen Reformerin Helga Einsele.

Aber für die seit 1975 pensionierte Helga Einsele, den Förderverein, die Leitung des Heims und die Mitarbeiter und Mitarbeiterinnen war die Entwicklung damit noch lange nicht abgeschlossen. Es stellte sich massiv die Frage, ob die

Gefängnisatmosphäre nicht auch negative Auswirkungen haben könnte, vor allem auf ältere Kinder, und ob deshalb der offene Vollzug für Mütter wie Kinder eventuell die besser geeignete Vollzugsform wäre. Eine gemischt besetze Planungsgruppe des Trägervereins und des ISS begann, entsprechende Alternativen zu prüfen. Eine Bundesstiftung unterstützte darüber hinaus ein ISS-Forschungsprojekt, das die Wirkungen der bisherigen geschlossenen Unterbringung auf die Entwicklung der Kinder überprüfte, um wissenschaftlich fundierte Vorschläge für weitere Neuerungen zu erhalten.

Die Ergebnisse beider Projekte fielen so eindeutig aus, dass das geschlossene Mutter-Kind-Heim im September 1988 in eine Einrichtung des offenen Vollzugs umgewandelt wurde. Zu diesem Zweck musste lediglich die Außenmauer des Gefängnisses weiter nach innen verlegt werden. Mütter, Kinder, Angehörige und Besucher konnten nun alle Vorteile eines offenen Hauses genießen. Der offene Vollzug berücksichtigt auch voll die Interessen der Kinder, denn die Untersuchung hatte ergeben, dass Kinder spätestens dann, wenn sie älter als ein Jahr sind, alle Möglichkeiten haben sollten, normale Lebenswelten außerhalb des Vollzugs kennenzulernen. Bei Kindern ab dem dritten Lebensjahr sollte der Kindergartenbesuch außerhalb der Anstalt verpflichtend sein. Außerdem ergab die Untersuchung wichtige Hinweise zur Verbesserung der pädagogischen Angebote, der Beratung der Mütter, der räumlichen und personellen Rahmenbedingungen.

Die Forschungsergebnisse wurden von den beiden Wissenschaftlern Vera Birtsch und Joachim Rosenkranz in zahlreichen Aufsätzen und Fachbüchern publiziert, sie fanden große nationale und internationale Beachtung.

Die Anlaufstelle für straffällig gewordene Frauen

Wenige Tage nachdem Hannelore Mitarbeiterin von Helga Einsele geworden war, hatte auch ich ein erstes Treffen mit ihr. Ich berichtete von meinen praktischen Erfahrungen und den Ergebnissen meiner Untersuchung in der Justizvollzugsanstalt Freiburg zur mangelhaften Entlassungsvorbereitung durch den Vollzug, schilderte die erfolgreiche Arbeit der Anlaufstellen für Strafentlassene in Lörrach und in Freiburg und versuchte Helga Einsele zu überzeugen, einen entsprechenden Modellversuch auch in Frankfurt für strafentlassene Frauen zu starten.

Zunächst war sie sehr reserviert. Sie erklärte, ihre Sozialarbeiterinnen und auch die ehrenamtlichen Helferinnen seien bereits stark engagiert in der Entlassungsvorbereitung, aber sie wolle die Idee prüfen.

Ich verstand dies als eine höfliche Absage und rechnete kaum mehr mit einer Reaktion auf meine Vorschläge. Aber anders als gedacht, meldete sie sich zwei Wochen später, und ich erlebte eine völlig veränderte Helga Einsele. Meine Ideen hatten bei ihren Mitarbeiterinnen offene Türen eingerannt: Sie hatten bestätigt, dass die Übergänge aus dem Vollzug in die Freiheit nicht wirklich professionell gestaltet würden, dass ihre Aufgaben und Ressourcen nur bis zum Tag der Entlassung reichten und dass danach für die meisten Frauen das »Entlassungsloch« Realität sei. Für die entlassenen Frauen gab es kein professionelles Netzwerk der Begleitung in die Normalität, sie waren isoliert und schnell wieder rückfallgefährdet. Helga Einsele bat mich deshalb, aufgrund meiner Erfahrungen und wissenschaftlichen Untersuchungen mit ihr gemeinsam ein Konzept für eine Anlaufstelle für straffällig gewordene Frauen in Frankfurt zu erarbeiten und einen entsprechenden Förderantrag zu erstellen.

Nun ging es Schlag auf Schlag: Das zuständige Bundesfamilienministerium bewilligte die benötigten Fördergelder, und gemeinsam mit dem Kreisverband der Arbeiterwohlfahrt Frankfurt (Geschäftsführer war mein Freiburger Studienfreund Wolfgang Medrisch) konnte der Modellversuch in Preungesheim starten. 1976 wurde die »Anlaufstelle für straffällig gewordene Frauen« in Frankfurt-Bornheim eröffnet.

Aus den Fördermitteln konnten für drei Jahre drei qualifizierte Sozialarbeiterinnen eingestellt werden. Sie arbeiteten nun an der internen Entlassungsvorbereitung mit, ihre »helfende Beziehung« zu den Frauen begann bereits frühzeitig vor der Entlassung. Sie organisierten den Übergang in das komplexe Hilfesystem draußen – Arbeitsämter, Sozialämter, Einwohnermeldeämter, Wohnungsämter, Schuldnerberatung, Drogenhilfe – und betreuten und begleiteten die Frauen unbefristet, je nach Bedarf und aktuellen Bedürfnissen. In den Räumlichkeiten der Anlaufstelle finden seitdem Einzel- und Gruppengespräche, Freizeitaktivitäten für Mütter und Kinder sowie Treffen mit ehrenamtlichen Mitarbeiterinnen statt – zum Teil auch an den Wochenenden.

Die wissenschaftliche Begleitung und Beratung des Modellversuchs übernahmen Helga Einsele und ich. In unserem Endbericht konnten wir Verbesserungen bei der sozialen Integration der strafentlassenen Frauen, eine Stärkung ihrer Handlungsfähigkeit und ihres Selbstbewusstseins sowie eine massive Reduzierung ihrer Rückfälligkeit (unter 10 Prozent) feststellen. Das Modell machte Schule, sodass nach und nach auch in anderen Städten frauenspezifische Projekte entstanden, die den Übergang zwischen Strafvollzug und ambulanter Resozialisierung erleichtern – mittlerweile sind es bundesweit zehn. Die besonderen Merkmale dieses Modellversuchs – die durchgehende Betreuung während der Inhaftierung und nach der Entlassung, das frauenspezifische hoch individualisierte Resozialisierungskonzept und eine Vernetzung aller Hilfe- und Unterstützungsleistungen – sind mittlerweile bundesweit anerkannte fachliche Standards geworden.

Wieder einmal hatte sich die Erkenntnis von Willy Brandt bestätigt: Man hat nur Erfolg, wenn das richtige Thema zur richtigen Zeit mit der richtigen Person verknüpft wird. Das Thema – die mangelhafte Integration von Strafentlassenen – ist leider dauerhaft und untrennbar mit der Existenz von Gefängnissen verbunden. Die richtige Zeit ist am wenigsten vorhersehbar und planbar, hier kommt es auf die Wahrnehmung beziehungsweise Förderung von Gelegenheiten und auf günstige Umstände an. Und die richtige Person war im Beispiel der Frankfurter Anlaufstelle Helga Einsele im Zenit ihrer fachlichen und öffentlichen Reputation.

III. Schleswig-Holstein als Modellversuch

Wie ein Justizminister zum Reformer wird

Im Mai 1988 gelang es der SPD in Schleswig-Holstein, bei der Landtagswahl die absolute Mehrheit zu erringen. Björn Engholm wurde zum neuen Ministerpräsidenten gewählt, Justizminister wurde der frühere Richter Dr. Klaus Klingner. Die Erwartungen an ihn waren groß – er sollte und wollte für den gesamten Strafvollzug des Landes ein Reformkonzept vorlegen. Klingner war zugleich Landesvorsitzender des Paritätischen Wohlfahrtsverbands Schleswig-Holstein, dessen Landesgeschäftsführer inzwischen mein Studienfreund Wolfgang Medrisch geworden war. Er riet Klingner, Kontakt zu mir aufzunehmen. Als Direktor des Frankfurter Instituts für Sozialarbeit und Sozialpädagogik (ISS) hatte ich in den letzten Jahren mehrfach erfolgreich Landesregierungen bei innovativen vollzugs- und kriminalpolitischen Projekten beraten.

Tatsächlich kam es in Frankfurt und Kiel zu mehreren Treffen und dann zu einem zweiteiligen Forschungs- und Entwicklungsprojekt:

– Prof. Dr. Frieder Dünkel, heute Universität Greifswald, damals Max-Planck-Institut für ausländisches und internationales Strafrecht, Freiburg, erhielt den Auftrag, die Akten des Entlassungsjahrgangs 1989 zu analysieren. Schwerpunkte waren die für die Resozialisierung relevanten Merkmale der Sozial- und Legalbiografien der Gefangenen sowie die durchgeführten Vollzugsmaßnahmen (Schul- und Berufsausbildung, Vollzugslockerungen, Entlassungsvorbereitung etc.)

– Das ISS erhielt den Auftrag, eine wissenschaftliche Begutachtung der Stärken und Schwächen des Strafvollzugs für Erwachsene in Schleswig-Holstein mit Vorschlägen zu seiner Fortentwicklung vorzulegen. Verantwortliche Wissenschaftler waren Renate Simmedinger und Heinz Cornel.

Die Autoren beider Untersuchungen publizierten detaillierte Endberichte sowie zahlreiche Aufsätze in Fachzeitschriften. Die Veröffentlichung der Ergebnisse beider Untersuchungen erfuhr jeweils bundesweite Beachtung, auch auf Fachtagungen und Bundeskongressen.

Erstmals ließ somit eine deutsche Landesregierung das gesamte Resozialisierungssystem ihres Landes durch wissenschaftlich erhobene Daten und durch eine Befragung aller relevanten Berufs- und Funktionsgruppen überprüfen, um auf dieser Grundlage nachhaltige Reformen durchzuführen. Die Ergebnisse haben noch heute große Bedeutung, nicht nur für Schleswig-Holstein, sondern auch für alle anderen Bundesländer.

Die Dünkel-Untersuchung

Frieder Dünkel und seine Mitarbeiter untersuchten insgesamt 1016 Gefangenenakten des Entlassungsjahrgangs 1989. Die wichtigsten und für die Veränderungsprozesse in den Folgejahren entscheidenden Erkenntnisse waren:

– 39,2 Prozent der Entlassenen des Männervollzugs hatten lediglich eine Ersatzfreiheitsstrafe (EFS) verbüßt (bei den Frauen waren es sogar 43,6 Prozent).

– Weitere 10,7 Prozent waren aufgrund einer widerrufenen

Freiheitsstrafe zur Bewährung oder wegen eines widerrufenen Strafrests inhaftiert – waren also ursprünglich durch das Gericht zu einer Freiheitsstrafe mit Bewährung verurteilt worden.

– Dementsprechend gab es überdurchschnittlich viele Eigentums-, Vermögens- und Verkehrsdelikte, weil für diese in der Regel kürzere Freiheitsstrafen oder Ersatzfreiheitsstrafen verhängt werden.

– Die Hälfte der Entlassenen aus dem Männervollzug hatte mit ihren Straftaten Schäden von maximal 2000 D-Mark verursacht. Im Frauenvollzug lag der Mittelwert bei 380 D-Mark, im Jugendvollzug bei 1731 D-Mark.

– Jeder fünfte erwachsene Straftäter, der wegen eines Gewaltdelikts inhaftiert war, hatte bei der Tat eine Waffe mit sich geführt. Im Jugendvollzug war es immerhin jeder Dritte. In jeweils der Hälfte der Fälle (bei Jugendlichen knapp ein Drittel) machten die Täter tatsächlich Gebrauch von der Waffe.

Die Dünkel-Untersuchung beleuchtete auch den Verletzungsgrad der Opfer von Straftaten. Es zeigte sich, dass in allen Vollzugsformen (Männer, Frauen, Jugend) 84 bis 89 Prozent der Opfer keine oder nur leichte Verletzungen erlitten hatten.

Betrachtet man nur die Gefangenen, die eine Freiheitsstrafe verbüßten (also ohne Ersatzfreiheitsstrafer), kommt die Dünkel-Untersuchung zu dem Ergebnis, dass das Gefährlichkeitspotenzial bei den Männern bei 17 und bei den Frauen bei 13 Prozent liegt. Kriterien dafür waren: schwere oder tödliche Verletzung des Opfers, Gebrauch machen von einer Waffe, Vermögensschaden von mehr als 5000 D-Mark.«

Die sozialbiografischen Daten bestätigten den bekannten Befund der Zugehörigkeit zur Unterschicht: überwiegend Arbeits- und Wohnungslosigkeit, Sozialhilfeempfang, hohe

Verschuldung (Jugendliche: 6000 D-Mark, Frauen: 25 000 D-Mark, Männer: 32 000 D-Mark).

Das durchschnittliche Entlassungsgeld (ohne Ersatzfreiheitsstrafer) betrug bei Männern 615 D-Mark, bei Frauen 503 D-Mark und im Jugendvollzug 542 D-Mark. Große Defizite im Vergleich zu anderen Bundesländern stellte die Dünkel-Untersuchung bei den relativ geringen Quoten bei Ausgang, Urlaub, Freigang und offenem Vollzug fest. Hier hatte Schleswig-Holstein über viele Jahrzehnte eine sehr restriktive Vollzugspolitik betrieben.

Mit hoher Priorität empfahl das Gutachten eine weitere Reduzierung der Ersatzfreiheitsstrafen und der widerrufenen Bewährungsstrafen, eine Verbesserung der Entlassungsvorbereitung und einen Ausbau der ambulanten Straffälligenhilfe (Gerichtshilfe, Bewährungshilfe, Freie Straffälligenhilfe).

Das ISS-Gutachten

Die Untersuchung des Instituts für Sozialarbeit und Pädagogik (ISS), das besonders erfahren war in Innovationsprojekten sozialer Organisationen, erfolgte methodisch in erster Linie mittels Einzel- und Gruppeninterviews von Vertretern aller Mitarbeiter- und Funktionsgruppen in allen Justizvollzugsanstalten des Landes, mit hauptamtlichen Gerichts- und Bewährungshelfern, mit ehrenamtlichen Mitarbeitern sowie Vertretern der Organisationen der Freien Straffälligenhilfe. Insgesamt wurden rund hundertsiebzig Personen zu ihren Kritikpunkten und ihren Reformvorschlägen befragt – also rund 20 Prozent aller betroffenen Fach- und Führungskräfte.

Zusätzlich wertete das Gutachten umfangreiche schriftliche Materialien der Anstalten, des Justizministeriums und der Statistischen Landes- und Bundesämter aus. Daraus folgte eine Vielzahl von Vorschlägen und Empfehlungen. Ich führe hier nur die wichtigsten auf, die auch für die weiteren Umsetzungsschritte entscheidend waren:

- weitere Absenkung der Inhaftierungsquote (sie betrug im Jahr 1990 60,5 Gefangene pro hunderttausend Einwohner). Insbesondere Entlastung der Anstalten von Ersatzfreiheitsstrafern und Kurzstrafern
- Ausweitung der vorzeitigen Entlassungen auf Bewährung mit dem Ziel, die Belegungszahlen weiter zu reduzieren, sowie eine bessere Gestaltung der Übergänge in die Freiheit durch frühzeitige Einbeziehung der Bewährungshelfer und der Sozialarbeiter der Freien Straffälligenhilfe
- personeller und organisatorischer Ausbau der Bewährungshilfe mit reduzierten Fallzahlen
- starker Ausbau des offenen Vollzugs – potenziell für mehr als die Hälfte der Strafgefangenen
- mehr Urlaub, Ausgang und Freigang für die Inhaftieren
- verbesserte Personalausstattung in den Gefängnissen und entsprechende Fort- und Weiterbildung aller Berufsgruppen
- Einrichtung sozialer Integrationszentren in den Städten und Landkreisen zur Bündelung der Angebote ambulanter Resozialisierung für Entlassene und ihre Angehörigen.

Der steinige Weg der Umsetzung von Innovationen

Der kritische Befund, den die beiden Gutachter vorlegten, und ihre zugleich detaillierten und weitreichenden Vorschläge und Empfehlungen hatten intensive Diskussionen im schleswig-holsteinischen Landtag und in den Medien zur Folge. Jetzt war Justizminister Klingner gefordert, ein Aktionsprogramm vorzulegen. Es galt, in der Praxis nachzuweisen, dass Resozialisieren besser ist als bloßes Wegsperren.

Inhaltlich bekam Klingner durch die breite Beteiligung und Mitwirkung aller relevanten Organisationen, insbesondere bei der ISS-Begutachtung, große Unterstützung. Die Dünkel-Zahlen waren unwiderlegbar und begründeten überzeugend die weitgehend übereinstimmenden Vorschläge und Empfehlungen beider Untersuchungen.

Klaus Klingner hatte nun ein Problem: Er brauchte jemanden, der für die Realisierung des vorliegenden Drehbuchs die Regie übernehmen konnte. Um es kurz zu machen: Die Wahl fiel auf mich. Ich war damals neunundvierzig Jahre alt, hatte zwölf Jahre lang das ISS geleitet und nahm die Chance, dieses groß angelegte Reformwerk entwickeln und realisieren zu dürfen, ohne langes Nachdenken an. Ich wurde Leiter der Abteilung »Strafvollzug, Soziale Dienste der Justiz, Freie Straffälligenhilfe, Gnadenwesen« im Justizministerium Schleswig-Holstein und blieb dies über fünfzehn Jahre, bis zum Frühjahr 2005. In dieser Funktion steuerte ich zusammen mit anderen Schlüsselpersonen den gesamten Reformprozess und alle Teilbereiche der ambulanten und stationären Resozialisierung. Dies war ein weiterer Wendepunkt in meinem Leben. Endlich durfte ich versuchen, ein gesamtes Reso-System nachhaltig zu verbessern. Um das zu erreichen, galt es, in diesem für mich zunächst fremden Land Bündnispartner zu finden und tragfähige Netzwerke in der Politik, in der Praxis und in der Öffentlichkeit aufzubauen und dauerhaft abzusichern.

Auf der Grundlage der beiden Gutachten erstellten meine Mitarbeiter und ich in den Folgejahren mehrere Kabinettsvorlagen, die die beabsichtigten Neuerungen im Strafvollzug und in den ambulanten Sozialen Diensten verbindlich im Regierungsprogramm absicherten – mit entsprechenden finanziellen und personellen Konsequenzen. Dazu gehörte ein ganzes Bündel von Maßnahmen, darunter ein Werkstätten-Neubauprogramm für die veralteten Justizvollzugsanstalten, der Ausbau des offenen Vollzugs, spezifische Behandlungsprogramme für Sexual- und Gewalttäter (stationär und ambulant), der Ausbau des Langstrafenvollzugs, die Neukonzipierung des

Frauenvollzugs, der Ausbau der gemeinnützigen Arbeit zur Vermeidung von Ersatzfreiheitsstrafen, eine Reformkommission zur Fortentwicklung der Sozialen Dienste der Justiz, die institutionelle Förderung eines neu gegründeten Landesverbands der Freien Straffälligenhilfe und die Förderung entsprechender Projekte (gemeinnützige Arbeit, Täter-Opfer-Ausgleich, Haftentscheidungshilfe), Förderung von Maßnahmen des Opferschutzes, Bewährungs- und Gerichtshilfegesetz sowie eine integrierte Organisations- und Personalentwicklung für den Vollzug und für die Sozialen Dienste der Justiz.

Hinter dieser langen Aufgabenliste verbergen sich über fünfzehn Jahre hinweg zahlreiche Projektgruppen mit Spezialaufgaben, gemischt besetzt aus Fach- und Führungskräften aus den Anstalten und aus der Fachabteilung des Justizministeriums, bei der zugleich die zentrale Steuerung lag.

Neueinstellungen waren wegen der angespannten Finanzlage des Landes nicht möglich, es ging vorrangig darum, die vorhandenen Ressourcen vernünftig umzuverteilen – meiner Meinung nach eine zwar harte, aber durchaus sinnvolle Bedingung einer nachhaltigen Innovationspolitik. Gerade in der Vollzugspolitik darf es nicht immer nur um einen personellen Ausbau gehen, das Ziel muss eher ein Umbau beziehungsweise Rückbau sein.

Den größten Veränderungsdruck hatten die Anstaltsleiter zu bewältigen. Sie sahen in dem Reformprogramm viele ihrer häufig ausgesprochenen Forderungen aufgegriffen, mussten nun aber mit ihrem vorhandenen Personal diese Veränderungen umsetzen, ohne dass darunter ihre Behandlungs- und Sicherheitsaufgaben litten. Reichweite und Tempo der einzelnen Schritte mussten wir deshalb immer wieder neu mit ihnen absprechen.

Hinzu kamen negative Erfahrungen der Anstaltsleiter, die schon zu oft in Krisenfällen von den zuständigen Ministern, Staatssekretären und Ministerialbeamten allein gelassen worden waren. Insoweit stand ich gewissermaßen unter Bewährung. Wie würde ich mich bei schwierigen Sicherheitsvorfällen verhalten, war ich als Nichtpraktiker und Innovator nicht sogar selbst ein Sicherheitsrisiko? Wie lange würde ich überhaupt bleiben, was käme nach einem erneuten politischen Wechsel? Diese subjektiven Faktoren sind bei grundlegenden Reformprozessen von großer Bedeutung, die betroffenen Fach- und Führungskräfte wollen genau wissen, mit wem sie sich worauf einlassen, bevor sie ihre gewohnten Pfade verlassen und Risiken der Veränderung eingehen.

»Besondere Vorkommnisse«

Eine rationale Kriminalpolitik befindet sich in einem ständigen Dilemma: Neuerungen müssen öffentlich kommuniziert werden, damit sie die Zustimmung von Gesellschaft und Politik erhalten. Andererseits können Ausbrüche, Flucht von Gefangenen, Geiselnahmen, Selbstmorde, korrupte Beamte, verbotene Beziehungen zwischen Beamten und Gefangenen – um nur stichwortartig besondere Vorfälle zu nennen – nahezu täglich in Gefängnissen geschehen und jeden rationalen Kommunikationsprozess gefährden. Tatsächlich sind solche »besonderen Vorkommnisse« sehr selten, aber jeder, der im Vollzug arbeitet, muss mit ihnen rechnen. Sie können jederzeit geplant oder Realität werden.

Auch hier stehen die Anstaltsleiter an der Spitze der Verantwortungskette. Deshalb lauten die entscheidenden Fragen: Wie weit gelingt es den Anstaltsleitern, ihre Mitarbeiter in den Alltagsroutinen immer wieder für solche Extremsituationen zu sensibilisieren? Wie ist ihre Informationspolitik gegenüber dem zuständigen Ministerium? Und wie verhalten sie sich im Krisenfall, vor allem gegenüber der Presse, die immer wieder gern über »sex and crime« hinter Gittern berichtet?

Klaus Klingner und ich galten in der Wahrnehmung der

Politiker und der Medien zu Recht in erster Linie als Reformer, nicht als Experten für Sicherheit oder Anhänger entsprechender Philosophien. Wir wussten das und waren bereit, im sicher kommenden Krisenfall zu zeigen, dass wir die berechtigten Sicherheitsinteressen der Öffentlichkeit sehr ernst nahmen und in der Lage waren, bei Bedarf hart durchzugreifen.

Auch in Klingners Amtszeit kam es, wie es kommen musste: Fast täglich erschienen in der Presse sehr kritische Berichte über eine unserer Anstalten. Angeblich gab es dort lebhaften Drogenhandel, eingeschmuggelte Handys und (abgehörte) Telefongespräche von Gefangenen, die offenbar mit ihren Kumpels draußen neue Straftaten verabredeten. Tatsächlich reichten in der weitläufigen Anstalt mit rund vierhundert Inhaftierten die Kontrollmöglichkeiten nicht aus, um solche Unregelmäßigkeiten umfassend aufzudecken und zu verhindern. Wir vereinbarten deshalb mit dem Innenministerium und seiner Polizeischule eine eintägige Totalrevision der Anstalt. Alle Haftträume, alle Werkstätten, alle Sport- und Freizeiträume, die Gefangenenbibliothek sowie alle Außen- und Innenhöfe sollten in einer unangekündigten und generalstabsmäßig geplanten Aktion überprüft werden.

Zum vereinbarten Termin fuhren morgens um 6 Uhr mehrere Busse mit ungefähr hundertfünfzig Polizeischülern vor dem Gefängnis vor. Sie waren vorher genau eingewiesen worden, kannten alle Grundrisse und Lagepläne und bildeten zusammen mit den Vollzugsbeamten viele kleine Inspektionsgruppen. Die Gefangenen blieben den ganzen Tag unter Verschluss, während die Gruppen einen Flur nach dem anderen, jeden Haftraum und alle weiteren Räume eingehend untersuchten.

Besonderes Augenmerk lag auf dem Büro des Anstaltsleiters (angeblich war es mit Abhörgeräten verwanzt), dem Holzbein eines Gefangenen (es hieß, er verstecke darin ein Handy und Drogen) und der Gefangenenbibliothek (der Gefangene, der dort arbeitete, stand im Verdacht, einer der Drahtzieher der Subkultur zu sein).

Die Presse war in heller Aufregung, musste sich aber bis zur Pressekonferenz um 16 Uhr gedulden. Endlich präsentierte der Polizeiführer die Ergebnisse: einige verbotene Werkzeuge wie Schraubenzieher, die man in den Haftträumen gefunden hatte, einen großen Haufen weißes Pulver, zwei kabellose Telefonapparate (keine Handys) – ansonsten Fehlanzeige!

Nach einer Untersuchung des Pulvers im Labor stellte sich schnell heraus, dass es Gips war, der in einem Kreativraum zum Werken eingesetzt wurde. Die Telefongeräte waren nicht mehr gebrauchsfähige Apparate, die ein Gefangener aus einer Werkstatt herausgeschmuggelt hatte. Wanzen wurden nicht gefunden, das Holzbein war leer, die Gefangenenbibliothek bestens aufgeräumt, das dortige Radio verfügte allerdings über die Möglichkeit, den Polizeifunk abzuhören, und wurde konfisziert. Auch Drogen wurden keine gefunden. Der Anstaltsleiter berichtete, dass kurz nach Beginn der Durchsuchung in allen Haftträumen die Toilettenspülungen rauschten – vermutlich der Weg, auf dem die Gefangenen den verbotenen Stoff entsorgten.

Eine spätere Analyse der möglichen Transportwege und Transporteure von Drogen und Handys in dieser und anderen Anstalten zeigte das nicht lösbare Problem: In mittleren bis großen Anstalten betreten und verlassen jeden Tag zwischen zweihundert und vierhundert Justizvollzugsbeamte die Gebäude. Hinzu kommen Rechtsanwälte, Bewährungshelfer, Mitarbeiter externer Organisationen, ehrenamtliche Mitarbeiter, Angehörige und andere Besucher, Seelsorger verschiedener Konfessionen, regelmäßig auch Beamte des Ministeriums oder von anderen Behörden. Externe Firmen liefern Waren für die anstaltsinternen Werkstätten, Schulen, Küchen, Krankenstationen und für die Verwaltung. Umgekehrt werden Produkte aus den Gefängniswerkstätten nach draußen geliefert.

Es ist zudem möglich, über die Außenmauer Gegenstände in die Höfe zu werfen, die große Anzahl von Räumlichkeiten wie zum Beispiel Werkstätten bietet zudem unendliche Möglichkeiten, Dinge zu verstecken oder zwischenzulagern.

Trotz des Einsatzes aller technisch möglichen Kontrollen wie Sensoren, Videokameras oder Handy-Aufspürgeräten und immer wieder neu trainiertem und sensibilisiertem Personal können letztlich Missbräuche nicht absolut verhindert werden. Es gibt keine drogenfreien Gefängnisse, und auch heimliche Kommunikation nach außen wird immer möglich sein.

Am deutlichsten wird dieses Dilemma daran, dass auch in deutschen Gefängnissen standardmäßig Einwegspritzen ausgegeben werden, die helfen sollen, Infektionen beim Spritzen von Heroin zu vermeiden oder zu reduzieren. Dies geschieht, obwohl der Besitz von Drogen im Gefängnis verboten ist – ein Widerspruch, den sowohl die Justizvollzugsbeamten als auch die Gesellschaft akzeptieren müssen.

Kein Santa Fu in Schleswig!

So wie »das Böse immer und überall« ist, so sind es auch die Ängste vor dem Bösen. Eine rationale Kriminalpolitik muss deshalb immer damit rechnen, dass die Bürger als potenzielle Opfer solche Ängste lautstark zum Ausdruck bringen. Zwar sprechen sie sich in Befragungen überwiegend für die Resozialisierung von Straftätern aus und wissen auch, dass jeder Entlassene ihr Nachbar oder Arbeitskollege werden kann. Sie leisten trotzdem Widerstand, wenn es um den Neubau von Gefängnissen oder um Heime für Haftentlassene in ihrer Nachbarschaft geht.

Ein Lehrbeispiel für einen rationalen Umgang mit irrationalen Ängsten war das Projekt der Planung einer dringend benötigten neuen Jugendstrafanstalt in der Gemeinde Schleswig, fünfzig Kilometer nördlich von Kiel.

Im Zuge des Regierungswechsels stand in Schleswig-Holstein die Aufgabe an, zwei Landesjugendheime für »schwer erziehbare Jungen und Mädchen« zu schließen, in denen die sogenannte »geschlossene Unterbringung« praktiziert wurde. Konkret bedeutete dies: vergitterte Fenster, nächtlicher Einschluss, auch tagsüber das Verbot, die Häuser und das Gelände zu verlassen, und das Ganze in Räumlichkeiten, die zumindest teilweise an die großen Fürsorgeheime der Fünfzigerjahre erinnerten (also solchen, denen ich als Kind in Göttingen gerade noch entkommen war). In den Medien gab es ständig Berichte über Entweichungen, der Auftrag einer gesicherten Unterbringung ließ und lässt sich offenbar nicht erfüllen.

Regierungsintern wurden beide Standorte zur weiteren Verwendung den anderen Ressorts angeboten. Wir meldeten für das Justizministerium unser Interesse im Hinblick auf unsere Probleme im geschlossenen und offenen Jugendvollzug an. Bis dahin wurden nämlich in Schleswig-Holstein die Jugendstrafen in einem gesonderten Hafthaus des geschlossenen Männervollzugs in der JVA Neumünster vollstreckt. Das war eindeutig gesetzeswidrig: Das Jugendgerichtsgesetz (JGG) schreibt vor, dass Jugendliche und Heranwachsende in eigenständigen Jugendanstalten und strikt getrennt von erwachsenen Gefangenen untergebracht werden müssen – die Gefahr krimineller Ansteckung und des Missbrauchs war und ist auch aus der Sicht des Gesetzgebers zu groß. Aus diesem Grund hatte sich bereits die vorhergehende Landesregierung mit Neubauplänen getragen.

Wir entwickelten deshalb das Konzept einer kleinen, zentralen, geschlossenen Jugendanstalt im ehemaligen Landesjugendheim Schleswig, an die über das Land verteilt mindestens drei Einheiten des offenen Jugendvollzugs angeschlossen werden sollten.

Das Kabinett stimmte dem Konzept zu und bewilligte Budget und Personal. Nun ging es darum, die Bürger vor

Ort und in den umliegenden Gemeinden zu informieren und ihre Zustimmung oder zumindest Duldung zu erreichen. In zahlreichen Bürgerversammlungen in rauchigen Gaststätten mussten mein zuständiger Referent und ich den aufgeregten Bürgern unser Konzept präsentieren. Häufig wurden wir empfangen mit Plakaten wie: »Keine Mörder und Vergewaltiger in Schleswig!« oder »Kein Santa Fu in Schleswig!« (in Anspielung auf die berüchtigte Justizvollzugsanstalt Fuhlsbüttel in Hamburg). Eine wohlorganisierte Bürgerinitiative schürte die Stimmung und malte wahre Schreckensszenarien an die Wand: die Immobilienpreise würden durch das Gefängnis abstürzen, der Ausbruch von Gewalttätern sei zu befürchten, die Kriminalitätsrate und der Drogenhandel würden durch die Entlassenen ansteigen, Frauen und Kinder seien bedroht.

Die Anwürfe waren massiv, doch wir hatten gute Gegenargumente: Es werde eine mehr als fünf Meter hohe Mauer geben (die bis heute, fünfzehn Jahre nach Inbetriebnahme der Anstalt, kein einziges Mal überwunden werden konnte), durch die Anstalt wurden neunzig Dauerarbeitsplätze in dieser strukturschwachen Region geschaffen, das örtliche Baugewerbe konnte mit einer Investitionssumme von rund neun Millionen Euro sowie mit sicheren Folgeaufträgen beim weiteren Betrieb der Anstalt rechnen, und wir konnten nachweisen, dass es keinen Kriminalitätsanstieg in der Nähe von Gefängnissen gab.

Wir ernteten zwar keine begeisterte Zustimmung, aber wir weckten Vertrauen und Nachdenklichkeit. Das Wahlkampfgetöse zog ab wie ein Gewitter, und auch die neue Regierung blieb standfest, ebenso wie fast alle vernünftigen Kommunalpolitiker vor Ort.

Die Jugendanstalt konnte im Juni 2000 eröffnet werden. Mittlerweile hat sie eine Kapazität von hundertzwölf Haftplätzen. Sie gilt bundesweit mit ihrem Pavillonsystem, Wohngruppenvollzug, schulischen und beruflichen Qualifizierungsangeboten als modellhaft. Und nach fünfzehn Jahren ist erwiesen: Die Immobilienpreise in der Region sind nicht gefallen, Ausbrüche hat es keine gegeben, die Kriminalität im Raum Schleswig ist nicht gestiegen, die Entlassenen sind in ihre Heimatgemeinden zurückgekehrt, und dauerhaft sind neunzig Arbeitsplätze abgesichert. Viele Bürger engagieren sich mittlerweile als ehrenamtliche Mitarbeiter in der Anstalt.

Transparenz und Beteiligung der Öffentlichkeit ermöglichen also auch die Überwindung irrationaler Ängste. Aber es ist nicht auszudenken, was geschehen wäre, wenn in diesen Jahren doch ein Überfall oder ein Mord geschehen wäre. Denn eines hatten wir den Bürgern auch erklärt: Garantien, dass überhaupt keine Straftaten stattfinden würden, können wir nicht geben. Das kann niemand auf der Welt.

»Kaizen« – der kontinuierliche und nie endende Verbesserungsprozess

1996 ging die Ära von Justizminister Klaus Klingner zu Ende. In den acht Jahren seiner Amtszeit hatte er viele Herkulesaufgaben angepackt und bewältigt. Vor allem aber hatte er nachhaltig die Weichen gestellt für eine rationale und wirkungsorientierte Resozialisierungspolitik, die sich heute – fünfundzwanzig Jahre später – immer noch bewährt.

In der Ära Klingner waren fast alle Projekte erfolgreich begonnen und zum Teil auch bereits umgesetzt worden, nur bei der für uns sehr wichtigen Neuorganisation der Bewährungs- und Gerichtshilfe waren wir stecken geblieben. Wir wollten diese Sozialen Dienste der Justiz fachlich und organisatorisch stärken, sie als »zweite Säule« neben dem Vollzug und der Freien Straffälligenhilfe verselbstständigen, personell ausbauen und leitende Sozialarbeiter einführen. Zum Gesamtsystem der Resozialisierung gehören starke ambulante

Soziale Dienste der Justiz, sie können Inhaftierung vermeiden und verkürzen und vor allem die schwierige Phase nach der Entlassung begleiten und damit Rückfälle verhindern.

Vonseiten der betroffenen Mitarbeiter gab es aber erheblichen Widerstand, sodass wir mit diesem Teil der Reform trotz vieler Schlichtungsversuche letztlich scheiterten. Die Mitarbeiter wollten lieber organisatorisch den Staatsanwaltschaften und Gerichten zugeordnet bleiben und nicht durch das Ministerium fremdgesteuert werden. Dennoch: Auch ohne die Organisationsreform konnten wir die Gerichtshilfe und die Bewährungshilfe personell verstärken, ihre Aufgaben erweitern und die Fallzahlen steigern. Die Übergänge zum Vollzug wurden verbessert und die Gefangenenrate weiter gesenkt. Diese Veränderungsschritte trugen auch die Gerichts- und die Bewährungshelfer mit. Die Angst vor organisatorischen Veränderungen konnten wir allerdings nicht überwinden, sie ist bis heute geblieben.

Mittlerweile haben andere Länder unsere damaligen Neuorganisationsvorschläge aufgegriffen und realisiert. Besonders beispielhaft ist das neue Landesamt für ambulante Straffälligenarbeit in Mecklenburg-Vorpommern, dies sollte meiner Meinung nach ein Modell für alle Bundesländer sein.

Ganz anders verlief der Ausbau der »dritten Säule«. Hierbei handelte es sich um Projekte der Freien Straffälligenhilfe wie zum Beispiel der Diakonie, des Paritätischen Wohlfahrtsverbands und der Arbeiterwohlfahrt. Die finanzielle Förderung konnte durch unsere Kabinettsvorlagen und die entsprechenden Landtagsbeschlüsse von null im Jahr 1989 auf über vier Millionen Euro im Jahr 2012 gesteigert werden – Geld, das in Projekte wie gemeinnützige Arbeit zur Vermeidung von Ersatzfreiheitsstrafen, Täter-Opfer-Ausgleich, Wohn- und Arbeitsprojekte, Antiagressionstraining oder ambulante Therapien für Sexual- und Gewalttäter floss.

Auch die Nachfolger von Klaus Klingner trugen die Reformpolitik mit und setzten zusätzlich eigene Akzente. Von 1996 bis 2000 verantwortete Gerd Walter (SPD) das Justizministerium, bis im März 2000 eine Frau für fünf Jahre das Ruder übernahm: Anne Lütkes von Bündnis 90/Die Grünen. Bis zu ihrem Wechsel nach Schleswig-Holstein war sie Bürgermeisterin der Stadt Köln und zugleich renommierte Fachanwältin für Familienrecht.

Anne Lütkes hatte einen furiosen Start. Sie besuchte alle Justizvollzugsanstalten, um sich ein eigenes Bild von der Situation vor Ort zu machen, und sprach ausgiebig und häufig unter vier Augen mit Bediensteten und Gefangenen. Über unser seit 1990 laufendes Reformprogramm war sie bestens informiert, das Gesamtkonzept überzeugte sie.

Ihr persönliches Thema fand sie aber bei einem Besuch der Justizvollzugsanstalt Neumünster. Die baulichen Zustände dort waren in der Tat skandalös: Die Gebäude waren zum großen Teil stark sanierungsbedürftig, in den Zellen war Schimmel, es gab dort immer noch Wohnklos mit der Toilettenschüssel im Haftraum (vor allem bei Mehrfachbelegung ein menschenunwürdiger Zustand) und Fenster, die nur den Blick zum Himmel erlaubten. Die neue Justizministerin machte diese Zustände öffentlich und erreichte damit innerhalb kurzer Zeit einen Kabinettsbeschluss, der ein umfangreiches Sanierungs- und Modernisierungsprogramm in allen Anstalten Schleswig-Holsteins vorsah. Dieser bauliche Modernisierungsprozess dauert bis heute an.

In der Amtszeit von Anne Lütkes wurden viele vorher begonnene Projekte vollendet: die Reform des Jugendvollzugs, des Frauenvollzugs, der Sozialtherapie, des Jugendarrests. So konnte sie im Juni 2000 die neue Jugendanstalt in Schleswig eröffnen, im Oktober 2002 die neu gebaute Jugendarrestanstalt in Moltsfelde und im April 2003 die neu gebaute Sozialtherapie in der JVA Lübeck.

Diesen kontinuierlichen Verbesserungsprozess haben dann auch die folgenden Justizminister (allerdings unterschiedlich engagiert) bis heute fortgesetzt. Die Weichenstellungen in den Jahren zwischen 1990 und 2005 haben sich als richtig erwiesen, sie wurden weder von den Landtagsfraktionen noch von den Medien infrage gestellt.

In Japan wird die Lebens- und Arbeitsphilosophie der kontinuierlichen und nie endenden Verbesserung »Kaizen« genannt – dies gilt auch für den steinigen und nie endenden Weg der Modernisierung und Reform des Reso-Systems. Wesentliche Bausteine sind:

– ständige Überprüfung und Fortschreibung der Ziele und der (Zwischen-)Ergebnisse
– sorgfältige Planung und professionelle Steuerung aller Veränderungsprozesse
– Personalentwicklung als zentraler Erfolgsfaktor
– mitarbeiterorientierte Führung

und dies alles sowohl im zentral steuernden Ministerium wie in den dezentralen und selbstständigen Organisationen vor Ort: Justizvollzugsanstalten, Dienststellen der Gerichts- und Bewährungshilfe, Träger der Freien Straffälligenhilfe.

Der GAU: die Flucht des Gefangenen Christian B.

Der Untertitel dieses Buches – »Wegsperren oder resozialisieren?« – soll nicht als Plädoyer für die völlige Abschaffung von Gefängnissen verstanden werden. Es gibt keine Gesellschaft ohne Gefängnisse, die Gefangenenraten reichen von fünfzehn Gefangenen pro hunderttausend Einwohner wie in Osttimor bis über siebenhundert in USA, China oder Russland. Die Gefangenenrate ist auch ein Indikator für das jeweilige kriminal- und vollzugspolitische Konzept dieser Länder. Wer auf Wegsperren setzt, hat hohe Inhaftierungs- und entsprechend hohe Rückfallraten. Wer in erster Linie die Resozialisierung betont, hat geringere Quoten im stationären und hohe Quoten im ambulanten Bereich mit entsprechend weniger Rückfällen.

Aber auch die »Resozialisierer« müssen die berechtigten Sicherheitsinteressen der Gesellschaft anerkennen. Es gibt Delikte schwerster Kriminalität (zum Beispiel Mord und Vergewaltigung), bei denen die Gerichte schon aus Gründen der Verdeutlichung der Norm und wegen der Schwere der Schuld mit Freiheitsstrafe reagieren müssen. Und es gibt die Täter, die zumindest zeitweise wegen ihrer Gefährlichkeit hinter Mauern untergebracht werden müssen, und zwar so, dass sie während dieser Zeit keine Gefahr für potenzielle Opfer darstellen. Sie stehen als Wiederholungs- oder Intensivtäter im Zentrum aller ambulanten und stationären Resozialisierungskonzepte, mit all den Möglichkeiten und Grenzen, die in diesem Buch angesprochen werden.

Die Grenzen werden immer wieder bei den Rückfällen deutlich, die zwangsläufig zu erneuter Bestrafung und zu erneuten Resozialisierungsbemühungen führen, bis dieser Kreislauf irgendwann durchbrochen werden kann. Es gibt nach meiner Erfahrung nur wenige Täter, bei denen alle Bemühungen scheitern und die dauerhaft als gefährlich einzustufen sind. Das folgende Ereignis zum Ende meiner Amtszeit zeigt einen solchen extremen Einzelfall.

Am frühen Morgen des 26. Oktober 2004 erreichte mich ein Anruf, der mich bis ins Mark erschütterte. Der Leiter der Justizvollzugsanstalt Lübeck informierte mich als seinen zuständigen Vorgesetzten, dass es gegen 7.30 Uhr einem Gefangenen gelungen war, die Außenmauer der hoch gesicherten Anstalt zu überwinden und mit einem wartenden Pkw zu flüchten. Der Gefangene galt als hochgefährlich.

Der Name – Christian B. – sagte mir nichts. Schnell stellte sich heraus, dass wir ihn in einem Ringtausch vom Land Niedersachsen übernommen hatten. Dies geschieht in Einzelfällen mit besonders gefährlichen Gefangenen, denen man immer wieder erneute Ausbrüche, Geiselnahmen oder Ähnliches zutraut. Sie werden regelmäßig in andere Anstalten verlegt, um ihre etwaigen Vorbereitungshandlungen zu beenden oder ihre Verbindungen zum jeweiligen subkulturellen Unterstützungsmilieu zu unterbrechen. B. war ein solcher Typ. Er hatte mehr als die Hälfte seines Lebens in Gefängnissen verbracht und war siebenmal aus Gefängnissen, Haftkrankenhäusern oder Gerichtssälen geflüchtet. Seine kriminelle Karriere hatte er bereits als Jugendlicher begonnen, die Palette seiner Delikte reichte von Diebstählen, Raub und Banküberfällen bis hin zu Geiselnahmen. Sein ursprünglicher Name war ein anderer. Ein früherer Mord war ihm nicht nachzuweisen. Die Leiche eines Vermissten war nie gefunden worden.

Mir war klar: Für unser Resozialisierungsmodell des Strafvollzugs in Schleswig-Holstein war diese Flucht der Super-GAU. Ich unterrichtete sofort die Justizministerin, es war unvermeidlich, dass nun politisch und medial im gerade beginnenden Landtagswahlkampf ein Sturm losbrechen würde.

Unsere Sicherheits-Taskforce ermittelte vor Ort, wie der Ausbruch geschehen konnte: B. war handwerklich begabt und arbeitete deshalb in der Anstaltsschlosserei, wo er unter anderem Grillwagen und Außenzäune herstellte. Er leistete hervorragende handwerkliche Arbeit, außerdem befand er sich in einer Gesprächstherapie bei der Anstaltspsychologin. Sein Haftraum wurde regelmäßig kontrolliert, es gab keinerlei Anzeichen dafür, dass er einen Ausbruch oder eine erneute Geiselnahme plante.

B. war es am frühen Morgen sofort nach Betreten der Werkstatt gelungen, das Tor eines Materiallagers der Schlosserei zum Innenhof zu öffnen und mit einem Gabelstapler bis zur Außenmauer der Anstalt zu fahren. Die Werkbeamten waren damit beschäftigt, wie jeden Morgen um diese Zeit die Arbeitsplanung zu besprechen, der Schlüssel des Gabelstaplers war wie vorgeschrieben in einem Schrank im Beamtenraum eingeschlossen.

Die Gefängnismauer war an dieser Stelle fast sechs Meter hoch, mit einer modernen Mauerkronensicherung inklusive Stacheldraht und elektronischer Alarm- und Videoanlage besonders gesichert und galt eigentlich als unüberwindbar. Eigentlich...

B. hatte im Materiallager offenbar Einzelteile einer von ihm heimlich seit Wochen hergestellten Metallkonstruktion versteckt, die er nun zu einer Art Leiter mit zusätzlicher Brückenfunktion zusammensteckte und mit dem Gabelstapler nach oben fuhr. So gelang es ihm, die Mauerkronensicherung zu überwinden und sich auf der Außenseite der Mauer mit einem zusammengeknoteten Bettlaken abzuseilen. Wenige Meter entfernt wartete sein Bruder in einem Auto mit laufendem Motor. Die Flucht war gelungen.

Sofort lief eine bundesweite Fahndung nach dem Ausbrecher an, bereits vier Tage später, am 30. Oktober, wurde er in Lübeck auf offener Straße verhaftet. Er trug einen Pass bei sich, der auf den Namen eines anderen Mannes lautete. Das Passfoto zeigte jedoch nicht B., sondern einen ähnlich aussehenden Mann etwa gleichen Alters.

In den nächsten Tagen und Wochen waren wir fast rund um die Uhr damit beschäftigt, den Sachverhalt zu ermitteln und eine schonungslose Fehleranalyse vorzunehmen. Wie hatte das passieren können? Wo lagen die Schwachpunkte des Systems?

Nichts hatte darauf hingedeutet. B. hatte sich in der Anstalt in der ersten Phase offensichtlich absolut angepasst verhalten, sich gegenüber den Bediensteten, der Sozialarbeiterin, dem Vollzugsleiter und der Psychologin so einsichtig gezeigt, dass die besonderen Sicherungsmaßnahmen, denen er anfänglich unterlag, nach und nach gelockert werden konnten. Das Profil seiner besonderen Gefährlichkeit verblasste, indem er sich wohlverhielt – ein Mechanismus, der immer wieder zu beobachten ist: Alle im Vollzug Tätigen wollen möglichst erfolgreich Beiträge zur Resozialisierung leisten und registrieren erfreut entsprechende Signale der Gefangenen. Und B. war ein Meister der Manipulation. Er verfügte über mehr Knasterfahrung als die meisten Beamten und wusste genau, wer welche Signale bei welcher Gelegenheit positiv einordnen würde. Es gelang ihm dadurch, bald zur »normalen« Arbeit in den Werkstätten zugelassen zu werden, zuletzt in der seit Jahrzehnten in der Nähe der Außenmauer gelegenen Schlosserei. Dort war er einer der produktivsten Gefangenen und erarbeitete sich eine Vertrauensstellung. Diese verwendete er zum einen, indem er über die Privatadresse seines Bruders einen Zweitschlüssel für den Gabelstapler bestellen ließ, den dieser ihm bei einem Besuch übergab. Zum anderen arbeitete er monatelang heimlich an seiner zerlegbaren Leiter- und Brückenkonstruktion. Für sich genommen war diese Konstruktion eine erfinderische wie handwerkliche Meisterleistung.

Aber die Strategie von B. war weitreichender: Er wollte nicht nur erfolgreich entweichen, er wollte endlich eine neue bürgerliche Identität ohne Vorstrafen annehmen. Dazu diente ihm eine Information, die ihm sein Bruder bei einem seiner vielen Besuche im Gefängnis gesteckt hatte: Er habe in Lübeck einen arbeitslosen Gärtner kennengelernt, der B. zum Verwechseln ähnlich sehe. So entstand der perfide Plan, den Gärtner nach der Flucht zu ermorden, damit B. dessen Identität annehmen konnte.

Dem Bruder gelang es, dem Gärtner vorzumachen, dass er über eine private Jobvermittlung gute Kontakte nach Süddeutschland habe und man ihm dort eine Anstellung in einer Gärtnerei vermitteln könne. Man verabredete für den frühen Nachmittag des 26. Oktober eine Fahrt mit dem angeblichen Jobvermittler zu der Gärtnerei in Süddeutschland.

Der Plan ging auf: B. überwand am frühen Morgen die

Mauer, der Fluchtwagen stand bereit, er zog sich in der Wohnung seines Bruders um und holte nunmehr in der Rolle des Jobvermittlers pünktlich zum vereinbarten Termin das spätere Opfer ab. In der Nähe von Lüneburg verließen sie die Autobahn, um eine kurze Rast in einem Waldstück einzulegen. Dort tötete und vergrub B. den Gärtner. Er fuhr mit den Ausweispapieren des Getöteten zurück nach Lübeck und wollte offenbar dort unter dessen Identität weiterleben.

Vier Tage später bekam die Polizei den Tipp, dass der zur Fahndung ausgeschriebene B. in Lübeck auf der Straße gesehen worden sei. Er wurde verhaftet, man fand die fremden Papiere bei ihm. Der Gärtner wurde gesucht und nicht gefunden. Nach Wochen gestand B. den Mord und verriet den Ort, an dem er die Leiche vergraben hatte.

Ich werde den Tag nie vergessen, an dem ich im Ministerium darüber informiert wurde, dass B. noch am Tag seiner Flucht einen Mord begangen hatte. Bis dahin ermittelten wir »nur« die Umstände einer erfolgreichen Flucht. Nun aber lag ich nachts wach und glaubte, die Eiseskälte des Bösen im Raum zu spüren. Alle meine Resozialisierungstheorien und -erfahrungen waren durch B. widerlegt. Auch er war als unschuldiges Kind geboren worden, aber mittlerweile war aus ihm ein Verbrecher geworden, bei dem alle Resozialisierungs- und Behandlungsbemühungen gescheitert waren. Das Gericht sprach später von einer »Borderline-Störung« – eine viel zu schwache Einordnung dieses gefährlichen Verbrechers, wie ich finde.

Schluss mit der Resozialisierung!

Dieser GAU war für Politik und Medien das gefundene Fressen, denn es herrschte Wahlkampf in Schleswig-Holstein. Im Februar 2005 standen Landtagswahlen an, und die Opposition hatte ein zentrales Thema gefunden: eine grüne Justizministerin, unter deren Ägide ein gemeingefährlicher Ausbrecher erneut aus dem Gefängnis fliehen und am selben Tag einen Mord begehen konnte. Täglich fanden sich in den Medien Berichte mit immer neuen Facetten des Falles, und an den Stammtischen in den Wahlkreisen gab es nur eine Meinung: Schluss mit der Resozialisierung, nur Wegsperren ist der richtige Weg!

Die Justizministerin versuchte, in allen wichtigen Gremien für rationale Strategien zu werben, mit sehr durchwachsenen Ergebnissen. Vor einer Sitzung der SPD-Fraktion bekam ich den gut gemeinten Rat, ja das Wort »Resozialisierung« nicht mehr in den Mund zu nehmen.

Unsere Strategie stand unter der Prämisse: Alles muss auf den Tisch, nichts darf beschönigt werden. Verschweigen und Vertuschen führt bei dem sensiblen Thema Sicherheit in den Gefängnissen nicht nur zum Verlust der Glaubwürdigkeit. Ein solches Vorgehen ist auch deshalb zum Scheitern verurteilt, weil immer wieder direkte Informationen vom Gefängnispersonal oder auch von Gefangenen an Abgeordnete oder an Journalisten fließen, die dann zum Angriff genutzt werden.

Ich bin zudem der Meinung, dass Politikern und Journalisten immer wieder die Augen geöffnet werden müssen über die wahren Zustände und die Grundwidersprüche in den deutschen Strafanstalten. Es ist viel zu kurz gedacht, Gefängnissen allein den Auftrag der Resozialisierung zu übertragen, dafür gibt es nach wie vor zu viele unvermeidbare konzeptionelle und strukturelle Mängel.

Bei unseren Untersuchungen stießen wir denn auch auf eine Vielzahl von Schwachstellen im System und von Fehlern einzelner Akteure vor Ort. Die wichtigsten Fragen waren:
– Wie erfolgte nach der Entscheidung, B. in die JVA Lübeck im Ringtausch zu übernehmen, die anschließende Überwachung des weiteren Vollzugsverlaufs in der Anstalt und durch das Ministerium?

- Gab es in der Anstalt eine engmaschige Begleitung und Überwachung der Entwicklung von B. sowie der für ihn zuständigen Mitarbeiter?
- Wer erstellte und kontrollierte seinen Vollzugsplan und berichtete darüber regelmäßig an das Ministerium?
- War es zu verantworten, den »Ausbrecherkönig« B. in der Schlosserei in der Nähe der Außenmauer einzusetzen?
- Ist es grundsätzlich ein Fehler, die Schlosserei an dieser Stelle der Anstalt zu platzieren?
- Wie konnte es B. gelingen, den Schlüssel für den Gabelstapler zu bekommen und ihn zu verstecken?
- Wie gelang es ihm, das Bettlaken in die Werkstatt zu schmuggeln?
- Warum waren die Gefangenen während der Morgenbesprechung der Werkbeamten weitgehend unbeobachtet?
- Wieso dauerte es längere Zeit, bis der zuständige Beamte in der Sicherheitszentrale Anstaltsalarm auslöste, obwohl die Sensoren- und die Videoanlage die Entweichung unmittelbar registriert und gemeldet hatten?
- Wieso hinderten die Beamten außerhalb der Anstalt, die dort im Rahmen einer Besprechung zufällig um diese Uhrzeit zusammenstanden und B. erkannten, diesen nicht am Weglaufen?

Berechtigte Fragen, die im Landtag und in den Medien Abgeordnete, Journalisten und Bürger lebhaft bewegten. Wir leiteten insgesamt fünf Disziplinarverfahren gegen Beamte der Anstalt ein, und die Ministerin berief zur unabhängigen Überprüfung der Vorgänge eine Kommission mit Experten aus anderen Ländern. Ihr Bericht führte später zu weiteren Änderungen in der Praxis im Umgang mit besonders gefährlichen Gefangenen, nicht nur in Schleswig-Holstein, sondern auch in anderen Bundesländern.

Im Frühjahr 2005 endete wie geplant meine Amtszeit als

Abteilungsleiter im Justizministerium. Ich ging nach fünfzehn Jahren aufreibender Reformarbeit in den Ruhestand, brauchte Abstand und gewann so viel Zeit und Freiräume für die Ausbildung junger Studenten an der Uni Lüneburg und für die nachträgliche Reflexion über meine Suche nach etwas Besserem als Strafvollzug. Selbst der Fall B. kann mich nicht davon abbringen, dass für fast alle Straftäter Resozialisierung möglich und erfolgreich sein kann.

Bei der Landtagswahl im Februar 2005 verlor die rotgrüne Landesregierung ihre Mehrheit, auch der Fall B. hat sicherlich dazu beigetragen.

Zwischenbilanz nach fünfundzwanzig Jahren

Trotz des katastrophalen Falles Christian B. zeigt eine Zwischenbilanz der Resozialisierungspolitik in Schleswig-Holstein heute, nach fünfundzwanzig Jahren, dass eine rationale und wissenschaftlich begründete Kriminal- und Vollzugspolitik in einem Bundesland erfolgreich entwickelt und umgesetzt werden kann.

So sehen heute die Fakten aus: Seit 1990 konnte durch eine Reform der ambulanten und stationären Resozialisierung in Schleswig-Holstein die Zahl der Gefangenen kontinuierlich weiter abgesenkt werden. Mit einer Quote von vierzig Gefangenen auf hunderttausend Einwohner liegt Schleswig-Holstein heute 50 Prozent unter dem Bundesdurchschnitt (dieser beträgt circa achtzig Gefangene je hunderttausend Einwohner) und gilt damit zumindest europaweit als Musterland.

Grundlage für diese positive Entwicklung war und ist eine massive Steigerung der Aktivitäten der Gerichts- und Bewährungshilfe und ein konsequenter Ausbau der Freien Straffälligenhilfe. Damit wurden systematisch die Voraussetzungen verbessert, um die Anzahl der Rückfälle zu verringern.

Im Bundesvergleich befinden sich allerdings noch immer

zu wenig Gefangene im offenen Vollzug. Dies hängt auch damit zusammen, dass in Schleswig-Holstein weniger Straftäter eine Gefängnisstrafe verbüßen müssen. Offensichtlich werden dort viele Straftäter, die in anderen Ländern in den offenen Vollzug kommen, durch die Gerichts- und Bewährungshilfe und durch die Freie Straffälligenhilfe betreut.

Die Gesamtausgaben für den Justizvollzug betrugen in Relation zu den Gesamtausgaben des Landes nur 0,63 Prozent. Dies ist bundesweit mit Abstand die geringste Quote und eröffnet Spielräume zum Ausbau der beiden anderen Säulen: Soziale Dienste der Justiz und Freie Straffälligenhilfe.

Um solche Erfolge zu erreichen, ist eine transparente und langfristig angelegte Reformstrategie unverzichtbar. Sie verlangt allen relevanten Fach- und Führungskräften der zuständigen Organisationen, Behörden und Verbände ein Höchstmaß an Beteiligung und Mitwirkung ab. Genauso unverzichtbar ist die Unterstützung durch Politik und Medien, auch weil nachhaltige Resozialisierung erst durch demokratische Prozesse und Meinungsbildung in der Öffentlichkeit erreicht und abgesichert werden kann. In diesem immerwährenden Prozess muss man allerdings jederzeit mit Rückschlägen und Rückschritten rechnen. Aber der Aufwand lohnt sich – weniger Rückfälle und unterstützende Mitwirkung aller wichtigen gesellschaftlichen Organisationen (Parteien, Verbände, Medien) sind erreichbar und führen so zu einer rationalen und humanen Kultur der Resozialisierung.

IV. Wegsperren oder resozialisieren?

Die Realität ist anders als die Wirklichkeit

Eines meiner Lieblingszitate stammt von Altbundeskanzler Helmut Kohl und lautet: »Die Realität ist anders als die Wirklichkeit«. Er meinte damals, aus der Sicht der Bundesregierung in der alten Bundeshauptstadt in Bonn sehe die Welt ganz anders aus als aus der Sicht der Bürger vor Ort, in ihren Lebens- und Alltagswelten in den Dörfern und Städten des Landes.

Auch auf den Strafvollzug bezogen ist die Realität anders als die Wirklichkeit. Es gibt viele unterschiedliche Realitäten, die weit entfernt sind von dem, was die Bürger, die Medien oder die Politiker wahrnehmen und glauben.

In diesem Kapitel geht es deshalb um die wirkliche Wirklichkeit, um Brennpunkte im Alltag der Resozialisierung, die deutlich machen, warum grundlegende Reformen immer wieder dringend erforderlich sind.

Die Mithäftlinge als Vollstrecker

Die Szene ist aus deutschen und amerikanischen Krimis bekannt: Ein Zeuge weigert sich, die Hintermänner eines Verbrechens zu nennen, also baut sich der Ermittler, ein besonders harter Hund, drohend vor ihm auf und sagt etwas

Ähnliches wie: »Wenn du nicht bald den Mund aufmachst, dann sorg ich persönlich dafür, dass das fetteste Schwein von der Station 3 auf deine Zelle kommt und jeden Tag mit dir duschen geht.« Der Zeuge bekommt es mit der Angst zu tun und gibt sofort alles preis, was er weiß.

Solch ein Verhalten eines Ermittlers wäre klar rechtswidrig und kommt tatsächlich so nicht vor. Die Szene illustriert trotzdem gut einen zentralen Brennpunkt des Vollzugsdilemmas: Der Strafcharakter der Gefängnisse entsteht nicht zuletzt durch die Mithäftlinge und die Brutalität, die jeder ihnen offen oder stillschweigend unterstellt, die aber auch real praktiziert wird. Die Häftlinge sind, ohne dass jemand sie dazu ernannt hat, dadurch die Vollstrecker einer Strafe, die vielen als bloßer Freiheitsentzug viel zu milde erscheint. Die Hölle im Knast, das sind die anderen Häftlinge.

Das Kriminologische Forschungsinstitut Niedersachsen befragte in den Jahren 2011/2012 in achtundvierzig Gefängnissen in fünf Bundesländern fast zwölftausend Gefangene, welche Gewalterfahrungen sie während ihrer Haftstrafe bisher gemacht hatten. Gut die Hälfte der Gefangenen füllten die Fragebogen aus. Das Ergebnis war zwar alarmierend, aber auch nicht überraschend: Im Männervollzug hatten 16,8 Prozent in den zurückliegenden vier Wochen physische Gewalt erfahren (sie waren gestoßen, getreten, mit der Faust traktiert, gefoltert, gequält oder mit einem Gegenstand geschlagen worden). 11,4 Prozent wurden Opfer einer Erpressung (Einkauf von Mitgefangenen bezahlen, Geld an Mitgefangene durch Familienangehörige oder Freunde überweisen lassen, Mitgefangenen oder deren Partnern draußen Geld überweisen, Mitgefangenen Telefonkarte aushändigen). 2,2 Prozent wurden Opfer sexueller Gewalt (Mitgefangenen mit dem Mund befriedigen, zum Geschlechtsverkehr beziehungsweise Analverkehr gezwungen). Im Jugendvollzug waren die Zahlen jeweils fast doppelt so hoch. Tatorte waren zumeist der eigene oder ein fremder Haftraum, die Flure oder Treppen, die Werkstätten, die Duschräume, die Freizeit- oder Sporträume. Als verursachende Faktoren für die Anwendung physischer Gewalt gegenüber Mitgefangenen stellten die Forscher elterliche Gewalt in der Kindheit, Drogenkonsum und eine steigende Gewaltaffinität im Vollzug fest.

Die Öffentlichkeit lässt sich durch derartige Zahlen nur selten aufschrecken. Sie geht ohnehin davon aus, dass es im Gefängnis schlimm zugeht, ja, sie ist nicht selten davon überzeugt, dass dies auch »richtig so« sei. Der Knast, so die verbreitete Vorstellung, müsse wehtun.

Wie wir schon gesehen haben, kommt dieses Gedankengut direkt aus dem Mittelalter. Wer etwas Schlimmes getan hat, an dem wird Schlimmes vollstreckt, und zwar am besten durch körperlichen Schmerz. Liest man die Berichte und Untersuchungen über die Formen von Gewalt, die in allen Gefängnissen weltweit vorkommen, muss man den Eindruck gewinnen, die Leibesstrafen gebe es nach wie vor, nur dass sie inzwischen durch Mitgefangene im Knast vollstreckt werden.

Wenn solche Vorfälle bekannt werden, zeigen sich Politiker und Medien immer wieder kurzzeitig alarmiert. Nach dem Foltermord in der Justizvollzugsanstalt Siegburg beispielsweise wurde das Personalbudget erheblich erhöht, der Neubau einer eigenständigen Jugendanstalt wurde forciert und mittlerweile realisiert. Kritiker wiesen jedoch schon damals darauf hin, dass solche extremen Vorfälle strukturell bedingt seien und sich wiederholen würden, auch in neu gebauten Anstalten, und auch mit mehr Personal. Selbst in der kleinen und personell bestens ausgestatteten Jugendanstalt in Schleswig, die wir im Jahr 2000 eröffneten, kam es mittlerweile zu gewalttätigen Übergriffen.

Es sind die strukturellen Bedingungen des Gefängnisses, die solche Taten zumindest begünstigen: Auf engstem Raum müssen zumeist junge Männer zusammenleben, die häufig in

ihrer Kindheit selbst Opfer von Gewalt geworden sind und
für die zumindest das Ausstrahlen von Gewaltbereitschaft zu
den Überlebensstrategien in der Brutalität und im Dschungel
der Subkultur gehört. Hinzu kommen Mehrfachbelegung in
den Haftäumen, geringere personelle Präsenz der Beamten
an den Wochenenden und fehlende Freizeit- und Sportange-
bote.

Die Situation hat sich in den letzten Jahren durch das ver-
stärkte Auftreten von kriminellen Netzwerken, ethnischen
Gruppen oder Angehörigen der organisierten Kriminalität
noch verschärft. Dazu gehören beispielsweise die »Diebe im
Gesetz«, die sich selbst so nennen und sich als Teil der Rus-
senmafia verstehen. Es sind streng hierarchisch organisierte
Gruppen, die von ihren Mitgliedern bedingungslosen Gehor-
sam und absolute Loyalität einfordern und dies auch mit Gewalt nach innen und außen durchsetzen. Sie kontrollieren
zumeist den Drogenhandel innerhalb der Gefängnisse und
verfügen über gut funktionierende Kommunikationsstränge
nach draußen. In Russland ist bekannt, dass in einigen Gefängnissen die »Diebe im Gesetz« mit den Gefängnisleitun-
gen »Schutzverträge« abgeschlossen haben und so ganze Anstalten unter ihrer Kontrolle haben.

Ein (selbst)kritischer Richter könnte und müsste seine
Verurteilung zu einer Freiheitsstrafe deshalb eigentlich um
folgende Erklärung ergänzen:»Teil des Freiheitsentzugs sind
Tätlichkeiten von Mitgefangenen, die mit Ihnen in derselben
Anstalt untergebracht sind und Sie in willkürlich von ihnen
festgelegtem Umfang und Häufigkeit drangsalieren werden.«

Keine Anstalt ist drogenfrei

Das Problem des Umgangs mit drogenabhängigen oder
suchtgefährdeten Gefangenen bestimmt in jeder Anstalt den
Alltag – sowohl in den offiziellen Behandlungsprogrammen

als auch in der Subkultur. Belastbare statistische Erhebungen gibt es dazu nicht, wohl aber diverse anonymisierte Befragungen von Gefangenen und Analysen der Gefangenenakten.

Zwischen 15 und 20 Prozent der Gefängnisinsassen wurden in den letzten Jahren wegen eines Verstoßes gegen das Betäubungsmittelgesetz verurteilt. Hinzu kommt eine Vielzahl von Straftätern, die wegen Beschaffungskriminalität einsitzen (zum Beispiel wegen Diebstahl, Raub und gewalttätigen Übergriffen). Eine Untersuchung in Nordrhein-Westfalen ergab, dass etwa die Hälfte der Gefangenen bereits vor der Inhaftierung als drogengefährdet galt; ein Drittel zeigte bei Haftantritt Symptome akuter Drogenabhängigkeit, am stärksten im Jugendvollzug und vor allem im Frauenvollzug.

Schätzungen zufolge konsumieren durchschnittlich 30 Prozent aller Gefangenen in deutschen Gefängnissen harte Drogen wie Heroin, Kokain und Crack. Wenn man den Konsum von Cannabis hinzurechnet, liegt der Wert noch deutlich höher – bei ca. 70 Prozent. Sprunghaft angestiegen ist in letzter Zeit der Handel mit Subutex. Dieses künstlich hergestellte Opiat macht süchtig und muss nicht gespritzt werden, kleinste Mengen können in legal verordneten Medikamentenkapseln eingeschmuggelt und versteckt werden.

Rund 80 Prozent der Gefangenen sind zudem Raucher. Vor allem nach der Entlassung verschärft außerdem häufig starker Alkoholkonsum die Lage.

Schon diese wenigen Daten zeigen, wie stark das Alltagsgeschehen in den Gefängnissen durch diese Faktoren zwangsläufig beeinträchtigt ist. Mit einer Vielzahl von Kontrollmaßnahmen versuchen die Anstalten, den Handel und den Konsum von Drogen zu unterbinden – meist jedoch vergeblich. Es ist schlichtweg nicht möglich, die Transportwege in die Anstalten lückenlos zu kontrollieren. Beispielsweise gibt es in manchen Anstalten monatlich Tausende von Besuchern, die alle potenzielle Drogenkuriere sein könnten. Kenner sprechen in solchen Fällen von einer »Ameisenstraße«. Stichprobenkontrollen können bestenfalls zeitweise das Marktgeschehen beeinflussen, dies hat aber eher Auswirkungen auf die Höhe des Verkaufspreises im Gefängnis als auf eine nachhaltige Reduzierung des Angebots.

Der Drogenhandel ist ein wesentliches Herrschaftsinstrument der Subkultur. Die Preise für die Drogen stehen in keinem Verhältnis zum legalen Arbeits- und Beschäftigungseinkommen der Gefangenen, also müssen sie drinnen oder draußen andere illegale Gegenleistungen erbringen. So gibt es in den Anstalten spezifische Formen der Beschaffungskriminalität wie Erpressung, Körperverletzung oder sexuelle Dienstleistungen.

Die breite Verfügbarkeit von Drogen gefährdet permanent den Erfolg von Therapien. Hinzu kommt eine akute Infektionsgefahr: Da die Drogenkonsumenten untereinander Spritzen tauschen, besteht ständig das Risiko der Übertragung von Infektionskrankheiten wie HIV oder Hepatitis. In Schweizer Gefängnissen werden deshalb seit vielen Jahren Einwegspritzen ausgegeben, eine Praxis, die zu einem deutlichen Rückgang von Neuinfektionen und Spritzenabszessen geführt hat, ohne dass ein Anstieg des Drogenkonsums festzustellen wäre. In Deutschland hat sich dieses Vorgehen aus Gründen der Sicherheit und Ordnung leider nur begrenzt durchgesetzt.

Rund sechshundert Insassen deutscher Gefängnisse befinden sich derzeit in Substitutionsprogrammen, das heißt, sie erhalten Methadon als legale Ersatzdroge. Dies geschieht entweder in Fortführung einer bereits vor der Inhaftierung begonnenen Substitution, zur Bekämpfung akuter Entzugserscheinungen (»schleichende Entgiftung«) oder zur Verbesserung der Resozialisierungschancen vor der Entlassung. Viele Anstaltsärzte lehnen Substitutionsprogramme allerdings grundsätzlich ab, weil sie dem Vollzugsziel, ein drogen-freies Leben zu führen, widersprechen – ein weiteres vollzug-liches Dilemma.

Die Herrschaft der Subkultur

Schon während meines Studiums interessierten mich beson-ders die sogenannten »schädlichen Folgen« des Freiheitsent-zugs. Zu diesen zählen besonders die unvermeidbare Entste-hung einer Subkultur, die Gefahr der Prisonisierung (also die allmähliche Anpassung an die Abläufe und Erfordernisse der totalen Institution Gefängnis) und der Deprivation (also Ent-behrungen und Benachteiligungen, die wiederum die Zuge-hörigkeit zur Subkultur verschärfen) – Fachbegriffe, die laut den maßgeblichen Strafvollzugs-Lehrbüchern offenbar im-mer und überall untrennbar mit dem Geschehen und den Strukturen in Gefängnissen verbunden sind.

Subkulturen entstehen dort, wo dominierende Hauptkultu-ren ein geschlossenes System von Verhaltens- und Verfah-rensnormen für eine bestimmte Gemeinschaft von Menschen etabliert haben. Beispiele für solche Subkulturen sind reli-giöse und ethnische Minderheiten, Jugendkulturen, Rocker-gruppen, Hacker, Angehörige der Drogenszene, Obdach-lose – und eben Gefangene. Bildlich gesprochen stellt die Hauptkultur dabei das Erd- und Obergeschoss dar, die Sub-kultur dagegen den Keller.

Die Normen, welche die Hauptkultur aufstellt, haben na-hezu zwangsläufig zur Folge, dass Teile der Gemeinschaft davon abweichend eigene und nur für sie geltende Regeln entwickeln. Dadurch entstehen Gegenwelten oder auch Pa-rallelgesellschaften mit dem strukturell angelegten Konflikt, ob und wieweit die Hauptkultur oder die Subkultur ihre Nor-men durchsetzt. Dabei geht es immer darum, welche Spielräume und Arrangements definiert werden, um dennoch eine wechselseitige Koexistenz zu ermöglichen. Bei der Integration von Migranten in die deutsche Gesellschaft wird dieses Problem aktuell bundesweit diskutiert: Welche Anpassungsleistungen an die deutsche Leitkultur müssen sie erbringen, welche Vielfalt wird akzeptiert, beziehungsweise wie bereichert diese Vielfalt die deutsche Gesellschaft?

Auch im Gefängnis entwickeln sich Gegenwelten und Parallelgesellschaften. Teilgruppen nutzen diese Gegenwelten, um ihre Interessen durchzusetzen – innerhalb des Systems der Hauptkultur oder auch in einem eigenen Teilsystem. Je umfassender das Regelwerk der Institution von ihren Angehörigen Anpassungsleistungen fordert – also zum Beispiel die totale Regelung und Kontrolle der Zeitstruktur, vierundzwanzig Stunden und an jedem Tag –, umso stärker werden die divergierenden Kräfte, die sich eigene und möglichst unkontrollierte Räume der Gestaltung suchen.

Erfahrene Anstaltsleiter wissen, dass die Existenz von Subkulturen im Gefängnis unvermeidbar ist. Allen ist gemeinsam, dass sie sich gegen ein zu enges Vorschriften- und Kontrollsystem wehren und eigene Freiräume beanspruchen. Zu einer erfolgreichen strategischen Leitung einer Anstalt gehört deshalb ein klares und transparentes Konzept des Umgangs mit diesen diversen Subkulturen. Es gilt, deutliche Grenzen zu setzen, zugleich sind aber auch ihre Potenziale für eine kontinuierliche Verbesserung des Behandlungsvollzugs zu nutzen, beispielsweise, indem ihnen Mitwirkung bei der Gestaltung der Freizeit, beim Speiseplan oder bei der Liste der Waren im Knast-Supermarkt ermöglicht wird.

Bei den Gefangenen verschärft sich die Situation allerdings dadurch, dass mit ihrer Subkultur untrennbar Faktoren wie Gewalt, Drogenhandel, Erpressung und sexueller Missbrauch verbunden sind. In den Erd- und Obergeschossen der Hauptkultur versuchen alle Mitarbeiter, im Wohngruppenvollzug das Konzept der »problemlösenden« beziehungsweise »therapeutischen« Gemeinschaft zu realisieren, mit dem Hauptziel der erfolgreichen Resozialisierung der Gefangenen nach ihrer Entlassung. Im Keller der Subkultur dagegen geht es um Herrschaft, Profit, das Durchsetzen von Eigeninteressen, die Zugehörigkeit zu ethnischen Gruppen und zur organisierten Kriminalität – untrennbar verbunden mit illegalen Methoden der Unterdrückung und Gewalt.

Für den einzelnen Gefangenen bedeutet dies zweierlei: Einerseits ist er gefordert, im Sinne des Resozialisierungskonzepts Beiträge für die Hauptkultur zu leisten (nicht zuletzt, um sich mit dieser zu arrangieren und möglichst vorzeitig entlassen zu werden). Andererseits muss er eine Anpassungs- und Überlebensstrategie gegenüber der Subkultur entwickeln. In dieser gibt es klare Status- und Rollenzuweisungen: Es gibt Bosse, Gehilfen, Zuträger, Informanten, Kunden des Tauschhandels und Opfer. Häufig sind diese Rollen begründet in den Deliktsarten (Drogendealer und Gewalttäter gehören eher zu den Bossen, Kinderschänder eher zu den Opfern) oder in den zum Teil jahrzehntelangen Erfahrungen des Überlebens im Gefängnis.

Die Herrschaft der Subkultur beginnt dort, wo die Kontrolle der Hauptkultur gering ist: in der Weitläufigkeit und Unübersichtlichkeit der Räume, Flure, Werkhallen und Innenhöfe, in den Zeiträumen, in denen wenig oder kein Personal präsent ist (Aufschluss, Freizeit und Wochenende), und in den alltäglichen Abläufen, zum Beispiel immer, wenn Tauschhandel oder ungestörte Kommunikation möglich sind. Es gibt kein Gefängnis auf der Welt, in dem diese subkulturellen Herrschaftsmöglichkeiten dauerhaft unterbunden werden können. Dennoch muss vor allem das Vollzugspersonal täglich und offensiv den schädlichen Auswirkungen der Subkultur entgegentreten, zum Schutz der Gefangenen, aber auch, um klarzumachen, dass alles versucht wird, um die Ziele der Resozialisierung durchzusetzen.

Sexualität gehört zur Menschenwürde

An vielen Stammtischen mag man den Wunsch hegen, im Knast lebe man enthaltsam, etwa so wie in einem Kloster. Manche mögen sogar glauben, die Gefangenen würden ihre sexuelle Frustration im Nachsinnen über ihre Tat sublimieren. So gesehen wäre es sogar gut und wichtig, den Gefangenen Sexualität vorzuenthalten, weil sie dadurch zu einer geistigen Einkehr und damit Abarbeitung ihrer Schuld gelangen können. Je weniger Sexualität, desto größer die Chance zur Besserung.

Leider ist es mit der Sexualität so eine Sache. Spätestens seit Sigmund Freud wissen wir: Ihre Verdrängung führt selten zu ihrer Abschwächung. Gerade dort, wo sie nicht praktiziert wird oder nicht praktiziert werden darf, macht sie sich, in anderen Formen, besonders bemerkbar. Sexualität ist eben kein Gegenstand, den man im Aufnahmevollzug in der Kammer abgeben kann. Jeder Gefangene nimmt sie zwangsläufig mit in seine Zelle.

Sexualität ist im Knast allgegenwärtig, niemand kann sie vollständig unterbinden. Das sieht man nicht zuletzt daran, dass viele Zellen in Männergefängnissen mit Bildern von nackten Frauen geschmückt sind. Softpornografische Bilder werden im Knast als Wandschmuck geduldet, Hardcorepornos dagegen nicht. Jede Fernsehsendung, jeder beliebige äußere Anlass kann zu mehr oder weniger scherzhaften und zumeist vulgären Männergesprächen über Sexualität führen.

Im engen Raum des Gefängnisses ist Sexualität nicht selten verbunden mit Gewalt. Dabei muss es gar nicht immer um die sprichwörtliche heruntergefallene Seife im Duschraum gehen, nach der sich ein männlicher Gefangener bückt.

Es kann beispielsweise sein, dass ein Gefangener hörbar in seinem Bett masturbiert, weil er, im Tausch gegen Tabak, Drogen oder Ähnliches, gerade neue Pornobilder von einem anderen Gefangenen erhalten hat. Sein Zellennachbar versucht, währenddessen zu schlafen. Schon dieser Zwang, die Sexualität eines anderen aus nächster Nähe unfreiwillig mitzuerleben, stellt eine Form von psychischer Gewalterfahrung, von stillschweigender, fortschreitender Verrohung dar.

Nahezu jedem, der im Gefängnis arbeitet, sind diese Tatsachen bekannt. Sexualität ist allgegenwärtig, aber gleichzeitig ein großes Tabu. Solange man nicht über das Thema spricht, ist es für alle Beteiligten am einfachsten. Aber niemand sollte so naiv sein, von den Gefangenen Enthaltsamkeit zu fordern oder zu glauben, sie würde im Knast praktiziert.

Sexualität findet in jedem Gefängnis statt. Entsprechend sollte man im Zusammenhang mit der Haft vielleicht eher vom Entzug der üblichen oder gewöhnlichen Sexualität sprechen und nicht allgemein vom »Sexentzug«. Dieser Entzug ist unvermeidbarer Teil der Strafe, auch wenn er in keiner Urteilsbegründung vorkommt.

Die Art von Sexualität und/oder Liebe allerdings, die auf der Basis einer stabilen, von Vertrauen geprägten Beziehung zu einem anderen Menschen stattfindet und die für uns alle positiv besetzt ist, gibt es im Knast nicht. Das ist mit ein Grund, weshalb die Resozialisierung häufig so schwierig ist: Wie wir immer wieder erleben, ist eine entscheidende Bedingung für eine geglückte Resozialisierung der Aufbau beziehungsweise der Fortbestand einer stabilen und vertrauensvollen Beziehung zu einem anderen Menschen. Aber genau die Möglichkeit, solche Beziehungen zu erleben und sich in ihnen zu bewähren, verwehrt das Gefängnis, mit der Folge, dass die Gefangenen emotional und sexuell verkümmern und verrohen.

Besonders dramatisch ist das Problem im Jugendstrafvollzug. Die Jugendlichen befinden sich während der Haftzeit in einem wichtigen Stadium ihrer sexuellen Entwicklung. Draußen können sie Erfahrungen machen, die ihnen helfen, ihre sexuelle Identität zu finden und auf diese Weise Selbstbewusstsein und Empathie zu entwickeln. Jemand, der beispielsweise mit achtzehn Jahren inhaftiert wird und drei Jahre abbüßen muss, hat dagegen nach der Entlassung möglicherweise die wichtigste Phase der Entwicklung seiner Sexualität schon verpasst. Er muss dann neu lernen, wie er sich dem anderen Geschlecht in einer »normalen« Umgebung nähert, bringt aber seine Knasterfahrungen mit und hat dauerhaft Probleme, sich von diesen frei zu machen.

Im männlichen Erwachsenenstrafvollzug ist es nicht viel anders. Die Mehrzahl der Inhaftierten ist zwischen fünfundzwanzig und vierzig Jahre alt, befindet sich also im sexuell aktivsten Stadium ihres Lebens.

Knastlesbisch / knastschwul

Im Frauenvollzug lernte ich eine Gefangene kennen, die wegen wiederholten Kreditkartenbetrugs drei Jahre Freiheitsstrafe bekommen hatte. Sie verwendete viel Zeit auf ihr Äußeres und hob sich durch ihren Humor von ihren Mitgefangenen ab. Sie engagierte sich für ihre Zellennachbarinnen und hinterließ generell einen positiven Eindruck.

Es dauerte nicht lange, und eine Sozialarbeiterin einer anderen Station, nach eigenem Bekunden lesbisch, verliebte sich in diese Gefangene. Sie bekannte sich auch öffentlich zu dieser Liebe, verteidigte sie und war sogar bereit, ihre Stelle aufzugeben, um keine dienstrechtlichen Probleme zu verursachen. Sie löste tatsächlich ihren Arbeitsvertrag bei der Anstalt, fand aber keine neue Stelle. Dafür konnte sie nun ihre Beziehung zu der Gefangenen ausleben. Die beiden schrieben sich Briefe und verbrachten den Urlaub zusammen, der

der Gefangenen rechtmäßig nach dem Strafvollzugsgesetz (bis zu einundzwanzig Tage pro Jahr) zustand. Beide schienen sehnsüchtig dem Zeitpunkt entgegenzufiebern, an dem die Gefangene endlich entlassen werden sollte. Sie schmiedeten gemeinsame Pläne, und die Gefangene zog nach ihrer Entlassung auch sofort zu der Sozialarbeiterin.

Doch als ich die Sozialarbeiterin einige Monate später traf, stellte sich heraus: Die ehemalige Gefangene hatte sich nur ein paar Wochen nach der Entlassung von ihr getrennt und war jetzt plötzlich wieder mit Männern zusammen. Mehr als das: Sie behauptete, sie sei niemals wirklich lesbisch gewesen.

Ein klarer Fall von »knastlesbisch«. Es gibt wenige belastbare Studien darüber, doch viele Mitarbeiter aus dem Vollzug können das Phänomen bestätigen: Gefangene leben ihr Bedürfnis nach körperlicher Nähe und sexueller Befriedigung je nach Verfügbarkeit eines Partners aus. Wenn nur Partner gleichen Geschlechts erreichbar sind, dann geben sich Gefangene eben mit gleichgeschlechtlichen Beziehungen zufrieden. Diese Männer oder Frauen sind nicht tatsächlich homosexuell. Sobald sie das Gefängnis verlassen haben, kehrt sich ihre Vorliebe wieder um. Oft wollen sie dann nichts mehr von ihrem eigenen Verhalten im Gefängnis wissen, leugnen dieses und verhalten sich sogar offensiv homophob, meist noch demonstrativer als vorher.

Es dürfte nicht verwundern: Die Stimmung im Gefängnis generell ist eher homophob als schwulenfreundlich. Wer offen schwul oder »klischeehaft schwul« auftritt, ohne echt schwul zu sein, wird schnell zum Ziel von Spott, wenn nicht sogar Opfer von Gewalt. Was viele jedoch nicht wissen: Selbst in den angeblich »härtesten« Gefängnissen werden sexuelle Beziehungen zwischen männlichen Gefangenen zumindest geduldet – auch vom Personal. Es wäre unmöglich, sie gänzlich zu unterbinden. Während der Aufschlusszeit kann ein Gefangener sich jederzeit in der Zelle eines anderen aufhalten.

In der homophoben Hierarchie des Männergefängnisses stehen allerdings die nur »knastschwulen« Gefangenen ganz klar über den echt schwulen Gefangenen. Die »Knastschwulen« stellen ihre Sexualpartner dann als eine Art Luxus dar, den sie sich aufgrund ihrer Position in der Knast-Hierarchie leisten können. Die tatsächlich schwulen Gefangenen werden dagegen systematisch stigmatisiert und unterdrückt.

Intimbesuche im Dreistundentakt

Zu den möglichen Auswegen aus diesem Dilemma zwischen Sehnsucht nach Nähe und verrohender Knast-Umwelt gehört die Forderung nach mehr »Liebeszellen« in den deutschen Gefängnissen. Im amtlichen Sprachgebrauch heißen sie »Haftträume für Langzeitbesuch«. In vielen skandinavischen und osteuropäischen Ländern gehören solche Langzeitbesuche seit Langem zur bewährten Praxis. Zum Teil können Gefangene und ihre Partner sich dort bis zu fünf Tage aufhalten, entsprechend großzügig sind die Räumlichkeiten ausgestattet.

Dies ist jedoch kein Thema, mit dem sich Politiker in Deutschland öffentlich beliebt machen können. Niemand möchte in den Verdacht geraten, er sorge sich um die sexuelle Selbstbestimmung von Straftätern oder wolle ihnen allgemein mehr Lustbefriedigung verschaffen, zumal schon kleinste Ansätze dazu dankbar vom Boulevard aufgegriffen und ausgeschlachtet werden. Schlagzeilen wie »Bumscontainer« oder »Prostituierte im Knast« machen Auflage, aber sie werfen ein völlig falsches Licht auf das sensible Thema.

In Deutschland gibt es bislang nur etwa dreißig Anstalten, in denen ein solches Angebot existiert – also ein Bruchteil der fast zweihundert Gefängnisse. Die Liebeszellen sind somit keineswegs gängige Normalität in deutschen Gefängnissen, wie es manche Medien hin und wieder gerne darstellen, sondern eher ein Orchideenangebot.

Anders als der Name vermuten ließe, haben Liebeszellen nichts mit Idylle zu tun, oft auch wenig mit Liebe. Was dort stattfindet, ist mit unseren bürgerlichen Kategorien eines erfüllten Liebeslebens nicht zu erfassen. Das liegt jedoch nicht an den Liebeszellen selbst. Sie sind oft nur der Ort, in dem sich alles entlädt, was der Knast bereits aufgestaut hat. Die Liebeszellen sind deshalb auch kein Patentrezept. Sie lösen das Grundproblem nicht, dass Freiheitsentziehung zwangsläufig Liebe, Sexualität und Freundschaft gefährdet beziehungsweise sie nur unter Rahmenbedingungen zulässt, die bei genauer Betrachtung inhuman sind.

Oft geht es in den Liebeszellen gar nicht in erster Linie um Sex, sondern um ein wenig Privatsphäre und Intimität. Davon gibt es in den Liebeszellen zwar mehr als in den normalen Besuchsräumen der Anstalten, sie sind aber immer noch weit entfernt von dem Postulat des Artikels 6 des Grundgesetzes: »Ehe und Familie stehen unter dem besonderen Schutz der staatlichen Ordnung.«

Eine erfolgreiche Resozialisierung erfordert, im Gegensatz zur heutigen vollzuglichen Wirklichkeit, dass verurteilte Straftäter ihre Sexualität auch im Gefängnis auf eine sozial akzeptable, ungestörte und andere Menschen nicht verletzende Art und Weise ausleben können. Die derzeitige Praxis verstößt jedoch in großem Umfang sowohl gegen den Angleichungs- als auch gegen den Eingliederungsgrundsatz und auch gegen den Grundsatz, schädlichen Folgen der Haft entgegenzuwirken.

Nach den Europäischen Strafvollzugsgrundsätzen beispielsweise sollten Intimbesuche von Ehepartnern für längere Zeiträume, beispielsweise zweiundsiebzig Stunden, also drei Tage und Nächte, zugelassen werden. »Kürzere Ehegattenbesuche können für beide Partner erniedrigend sein«, lautet die meiner Meinung nach völlig berechtigte Begründung. Eine rationale Vollzugspolitik in einer aufgeklärten Gesellschaft erfordert deshalb – auch gegen zu erwartenden Widerstand – einen offenen demokratischen Diskurs zu diesem sensiblen Thema.

Warum Ersatzfreiheitsstrafen sinnlos sind

Für Schleswig-Holstein hatte die bereits vorgestellte Dünkel-Untersuchung ergeben, dass 39,2 Prozent der Entlassenen des Männervollzugs lediglich eine Ersatzfreiheitsstrafe verbüßt hatten, bei den Frauen waren es sogar 43,6 Prozent. Ein beträchtlicher Teil der Inhaftierten war also Straftäter, für die der Richter eigentlich »nur« eine Geldstrafe verhängt hatte, weil sie Straftaten mit geringer Deliktsschwere begangen hatten, und ungefährliche Täter, für die der Richter eine Behandlung im Gefängnis ausdrücklich nicht für notwendig erachtete. Sie kommen nur dann ins Gefängnis, wenn sie die Geldstrafe nicht bezahlen können, sodass die eigentlich nicht vorgesehene »Ersatz«-Freiheitsstrafe vollstreckt werden muss. Ein Tag Haft ist bereits für die Anrechnung einer Geldstrafe in Höhe von einem Euro möglich, wobei pro Tag für die Vollstreckung der Ersatzfreiheitsstrafe rund hundertzehn Euro an Kosten entstehen.

Jährlich büßen in Deutschland rund fünfzigtausend Menschen eine solche Ersatzfreiheitsstrafe in einem Gefängnis ab. Dies bedeutet, dass in gleicher Höhe Zu- und Abgänge stattfinden und die Strafvollzugsgesetze in vollem Umfang anzuwenden sind. Für die Anstalten bedeutet das unter verschiedenen Aspekten eine extreme Zusatzbelastung. Da die Ersatzfreiheitsstrafer zu einem großen Teil zu gesellschaftlichen Randgruppen gehören und häufig stark von Alkohol und/oder Drogen abhängig sind, stehen zunächst häufig gesundheitliche Probleme im Vordergrund, sodass die Betreffenden zunächst ausgiebig medizinisch behandelt werden müssen.

In England und Spanien beträgt dagegen der Anteil der Ersatzfreiheitsstrafer in den Gefängnissen nur 0,2 Prozent, in Frankreich 0,1 Prozent. In Dänemark und Schweden hat man ganz auf die Umwandlung von Geldstrafen in Freiheitsstrafen verzichtet. Dort kann direkt zur gemeinnützigen Arbeit verurteilt werden.

Tendenziell liegt die Quote der Ersatzfreiheitsstrafer in den neuen Bundesländern höher als in den alten. Während in den alten Ländern rund 30 Prozent der Ersatzfreiheitsstrafen im offenen Vollzug vollstreckt werden, sind es in den neuen Ländern nur rund 10 Prozent.

Insgesamt zeigt sich bei diesem Thema also ein großer Reformbedarf: Am besten wäre nach skandinavischem Vorbild die Einführung der gemeinnützigen Arbeit als selbstständige Sanktion im Bundes-Strafgesetzbuch, sodass die Richter gleich zu dieser Strafe verurteilen können und der Weg ins Gefängnis damit verwehrt würde. Ob sich dafür im Bundestag und Bundesrat die erforderliche Mehrheit fände, ist aber fraglich – das aktuell vorherrschende kriminalpolitische Klima spricht nicht dafür. Eher werden auch »Eierdiebe« und »Schwarzfahrer« weiterhin weggesperrt. Zumindest sollten aber die rechtsstaatswidrigen Unterschiede zwischen den Bundesländern beendet werden, also eine Angleichung der Quoten in der Verurteilungs- und Vollstreckungspraxis und auch im offenen Vollzug erfolgen.

Vollzugslockerungen – ein bundesweiter Flickenteppich

Es ist unstrittig, dass Maßnahmen wie der offene Vollzug, Hafturlaub, Freigang oder Ausgang eine wesentliche Bedeutung für den Prozess der Resozialisierung und Wiedereingliederung haben. Sie wurden durch das Strafvollzugsgesetz von 1976 bundesweit eingeführt und gelten als wichtige Bausteine der Vollzugsreform.

Der offene Vollzug wurde für geeignete Gefangene eingeführt, von denen zu erwarten ist, dass sie den besonderen Anforderungen dieser Haftform genügen. Es darf nicht zu befürchten sein, dass sie sich dem Vollzug entziehen oder die Möglichkeiten des offenen Vollzugs für Straftaten missbrauchen würden.

Die Vorteile des offenen Vollzugs liegen auf der Hand: Die Gefangenen können sich auf dem Anstaltsgelände frei bewegen, sie arbeiten tagsüber überwiegend außerhalb der Anstalt, verbringen Teile ihrer Freizeit draußen in ihrem gewohnten sozialen Umfeld, stehen nicht mehr unter ständiger und unmittelbarer Aufsicht der Beamten. Negative Einflüsse der Subkultur können reduziert, Haftschäden systematisch vermieden werden. Zudem sind die Kosten für den offenen Vollzug weitaus geringer als für den geschlossenen.

Die Länder haben zumeist in entsprechenden Verwaltungsanordnungen detailliert geregelt, welche Gefangenen für den offenen Vollzug geeignet beziehungsweise ungeeignet sind. Die Kriterien sind sehr unterschiedlich, von einer einheitlichen Praxis kann man nicht sprechen. Auch hier gibt es ein deutliches Nord-Süd-Gefälle, das im Grunde rechtsstaatswidrig ist.

Vorbildlich, aber bundesweit einmalig, sind die Regelungen in Berlin. Dort werden alle rechtskräftig Verurteilten, die sich freiwillig zum Strafantritt melden (sogenannte Selbststeller), zunächst in den offenen Vollzug aufgenommen. Innerhalb weniger Tage prüfen Psychologen und Sozialarbeiter die Eignung für den offenen Vollzug und erstellen einen Vollzugsplan. Ist der Selbststeller in der Lage nachzuweisen, dass er einen ungekündigten Arbeitsplatz hat, kann er dort weiterhin arbeiten, wenn er für den sofortigen Freigang geeignet ist.

Tatsächlich war in der Vergangenheit in allen Bundesländern maximal ein Drittel der Gefangenen im offenen Vollzug untergebracht, die Spitzenländer waren und sind Berlin und

Nordrhein-Westfalen. Der Bundesdurchschnitt liegt derzeit bei rund 17 Prozent. Geringe Quoten unter 10 Prozent gab und gibt es konstant in Bayern, in den meisten neuen Bundesländern und auch in Schleswig-Holstein. In diesem nördlichsten Bundesland ist jedoch zu berücksichtigen, dass dort nur halb so viele Straftäter wie im Bundesdurchschnitt inhaftiert sind. Die Richter verurteilen dort offensichtlich geeignete Angeklagte eher zu einer Bewährungsstrafe als zu einer unbedingten Freiheitsstrafe mit der Möglichkeit des offenen Vollzugs.

Hessen und Hamburg haben ihre früheren Spitzenpositionen verloren, nachdem Politiker wie Roland Koch, Ronald Schill, Ole von Beust und Roger Kusch einseitig und populistisch auf Sicherheit setzten, obwohl auch in diesen wie in allen Ländern die Missbrauchsraten des offenen Vollzugs konstant im Promillebereich lagen.

Auch die Quoten für Freigang, Urlaub und Ausgang differieren außerordentlich stark, zum Teil unterscheiden sich die Länder bis zum Zehnfachen. Es ergibt sich das Bild eines löchrigen Flickenteppichs statt einer gleichmäßigen Realisierung rechts- und sozialstaatlicher Standards, wie sie im Grundgesetz als Gleichwertigkeit der Lebensverhältnisse im Bundesgebiet vorgegeben sind.

Für einen resozialisierungsorientierten Vollzug, wie ihn auch das Bundesverfassungsgericht vorschreibt, ist diese Praxis eine massive Beschränkung von Möglichkeiten, die Übergänge fließend und bruchlos zu gestalten. Leider gibt es in Deutschland keine wissenschaftlichen Untersuchungen, die nachweisen, dass durch diese restriktive Politik Rückfälle eher gesteigert als reduziert werden. International gibt es dagegen Belege, dass durch einen Ausbau des offenen Vollzugs die Rückfallquoten erheblich gesenkt werden konnten. Warum sollte dies in Deutschland anders sein?

Drehtürvollzug

In den Medien und in der deutschen Öffentlichkeit herrschen völlig falsche Vorstellungen darüber, wer eigentlich in den Gefängnissen einsitzt, für welche Delikte und wie lange. Richtig ist: Die sogenannten Langstrafer, die Freiheitsstrafen von über fünf Jahren verbüßen, die Mörder und Sexualverbrecher sind in der absoluten Minderheit. Es dominieren die kurzen und mittleren Freiheitsstrafen und die Straftaten leichter und mittlerer Deliktsschwere. Hier zur Verdeutlichung einige Zahlen:

- Rund 43 Prozent der Gefangenen verbüßen eine Freiheitsstrafe von unter einem Jahr (knapp 20 Prozent unter sechs Monaten), unter zwei Jahren sind es 62 Prozent.
- Ungefähr 60 Prozent der Gefangenen sind unter 40 Jahre alt.
- Rund 45 Prozent der Straftaten sind Eigentums- und Vermögensdelikte.

Die Gesamtschau dieser Faktoren ergibt einen eindeutigen Befund: Der deutsche Strafvollzug ist für die Mehrzahl der Gefangenen ein »Drehtürvollzug«, in dem männliche Wiederholungstäter aus der Unterschicht im überwiegenden Alter unter vierzig Jahren mit leichter und mittlerer Eigentums- und Vermögenskriminalität mit relativ kurzen und mittleren Freiheitsstrafen ein- und ausgehen. Täter mit schwerwiegenden Delikten gegen das Leben, Körperverletzungen, Straftaten gegen die sexuelle Selbstbestimmung und einem entsprechenden Gefährlichkeitsprofil beziehungsweise einer therapeutischen Behandlungsbedürftigkeit machen dagegen maximal ein knappes Drittel der Inhaftierten aus.

96 Prozent aller Gefangenen verbüßen ihre Freiheitsstrafe nicht bis zum Ende ihres Lebens hinter Mauern, sondern werden vorher – zumeist mehrfach und immer wieder

neu – entlassen. Erst nach der Entlassung zeigen sich Erfolge oder Misserfolge der Angebote und Aktivitäten, die der Vollzug entfalten konnte. Ein Resozialisierungskonzept, das sich auf die Wirksamkeit der sozialen Integration (»künftig in sozialer Verantwortung ein Leben ohne Straftaten zu führen«, so die Formulierung in Paragraf 2 des Bundes-Strafvollzugsgesetzes) konzentriert, muss also die »zweite Halbzeit«, die Zeit nach der Entlassung, mindestens gleichwertig berücksichtigen. Ein differenzierter Vollzugsplan allein reicht nicht aus, die Phase der sozialen Integration muss mindestens mit gleichem Gewicht geplant und rechtlich, finanziell, organisatorisch und personell abgesichert sein. Davon sind wir in Deutschland weit entfernt.

Wirkungen und Nebenwirkungen des Strafvollzugs

Das Thema der Wirkungen beziehungsweise der Nebenwirkungen des Strafvollzugs gehört leider zu den am meisten vernachlässigten Fachfragen und Aufgaben der Landesjustizverwaltungen. Zwar sehen sowohl das Bundes-Strafvollzugsgesetz als auch die meisten Ländergesetze kriminologische Forschung beziehungsweise entsprechende Dienste vor. Konkrete Regelungen fehlen jedoch zumeist, es handelt sich überwiegend um unverbindliche Absichtserklärungen.

Als beispielhaft kann die ungewöhnlich detaillierte Regelung in Paragraf 189 des Niedersächsischen Justizvollzugsgesetzes gelten: Demnach sind Daten zu erheben, »die eine Feststellung und Bewertung der Erfolge und Misserfolge des Vollzuges, insbesondere im Hinblick auf Rückfallhäufigkeiten, sowie die gezielte Erforschung der hierfür verantwortlichen Faktoren ermöglichen«.

Im Grunde müsste dies selbstverständlich und überall verpflichtende Praxis sein: Nur wenn das gesamte Reso-System bestmöglich über seine Erfolge und Misserfolge informiert ist, geht es selbstkritisch und verantwortlich mit dem Grundrechtseingriff der Freiheitsentziehung und letztlich dem höchstmöglichen Opferschutz um. Deshalb müssten solche Daten für jede Anstalt, aber auch für die Gerichte, die Bewährungshilfe und die Führungsaufsicht erhoben, systematisch rückgekoppelt und veröffentlicht werden.

Kritisch muss man auch feststellen, dass die kriminologischen Dienste in den Ländern höchst unterschiedlich ausgestattet sind und dass an den Universitäten und Fachinstituten die Ressourcen für eine solche wirkungsorientierte Evaluation des Vollzugs und der ambulanten Maßnahmen keineswegs ausreichen, ja sogar rückläufig sind.

Relativ häufig finden dagegen Auswertungen von Behandlungsprogrammen im Vollzug statt. Diese beschränken sich allerdings auf die Darstellung der Abläufe, der Strukturen und der Ergebnisse am Ende der Maßnahme. Typische Fragen einer solchen Bewertung sind beispielsweise:

- Wie lang dauerte die Maßnahme?
- Wer hat teilgenommen?
- Welche Module wurden angeboten?
- Welches Personal wurde eingesetzt?
- Welche Kosten sind entstanden?
- Wie viele Teilnehmer haben die Maßnahme erfolgreich abgeschlossen – mit oder ohne Zertifikat beziehungsweise Abschlussprüfung?

Da alle Maßnahmen Teil des Behandlungsvollzugs sind, werden sie regelmäßig vor der Entlassung des Gefangenen abgeschlossen. Eine »Feststellung von Erfolgen oder Misserfolgen insbesondere im Hinblick auf Rückfallhäufigkeiten«, wie sie das niedersächsische Gesetz fordert, kann deshalb so nicht stattfinden. Ob bestimmte Maßnahmen eine Auswirkung auf die Resozialisierung hatten, kann man immer nur in der »zweiten Halbzeit« feststellen und messen, nie unter den spezifischen anstaltsinternen Bedingungen.

Deshalb ist ein weiterer zentraler Systemmangel festzustellen: Eine leistungsfähige und dauerhaft abgesicherte, wissenschaftlich fundierte Begleitung und Kontrolle muss dringend eingeführt und abgesichert werden. Findet diese nicht statt, fehlen auch der Politik die belastbaren Daten und überprüfbaren Ergebnisse, die für rationale fachliche und finanzielle Entscheidungen unverzichtbar sind.

Hinzu kommt ein methodisches Problem: Evaluation und Wirksamkeitsmessungen setzen Kausalitäten voraus. Wenn also ein entlassener Gewalttäter nicht mehr rückfällig wird und vorher in der Anstalt an einem Antiaggressionstraining teilgenommen hat, nimmt man an, dass sein verändertes Verhalten dadurch begründet ist, dass er im Antiaggressionstraining alternative Verhaltensweisen erprobt und erlernt hat.

Natürlich besteht dafür eine gewisse Wahrscheinlichkeit, aber nicht im Sinne einer quasi naturgesetzlichen Kausalität. Keine Situation, egal, wie häufig sie trainiert wurde, entspricht einer früheren oder späteren. Vor allem die Situationen im Vollzug werden bestimmt durch die spezifischen und nur für diese Institution geltenden rigiden Rahmenbedingungen.

Nach der Entlassung sind ganz andere Faktoren für das Verhalten eines ehemaligen Gefangenen und seine Chance auf eine erfolgreiche Resozialisierung wichtig: Dazu gehören zum Beispiel der Gesundheitszustand, eine eventuelle Drogenabhängigkeit, Verschuldung oder Arbeitslosigkeit. Sie werden das Verhalten viel stärker prägen als ein Soziales Training, das der Entlassene vielleicht vor Monaten oder Jahren im Gefängnis absolviert hat.

Ganz entscheidend ist zumeist das Vorhandensein einer stabilen Beziehung zu einer Frau oder zu einem Mann. Jeder, der in der Reso-Branche arbeitet, weiß um die Bedeutung dieses Faktors im Sinne eines »Turning Point« für das gesamte spätere Leben.

In der Bewertung der Erfolge und Misserfolge des Vollzuges sind immer auch die sogenannten »Nebenwirkungen« zu berücksichtigen: Subkultur, Prisonisierung und Deprivation wirken sich nicht nur während der Haftzeit, sondern auch mittel- und langfristig danach aus. Wer im Gefängnis vergewaltigt oder knastschwul geworden ist, hat unter den Folgen und Erinnerungen in der Regel noch viele Jahre nach der Entlassung zu leiden. Wer sich als Drogenkonsument verschuldet hat, muss diese Schulden später draußen ab- beziehungsweise nachzahlen. Und wessen Ehe oder Beziehung während der Haft kaputtgegangen ist, der bleibt entweder isoliert oder muss erneut auf die Suche gehen. Es ist mit dem Strafvollzug wie mit den Beipackzetteln von Medikamenten: Die (negativen) Nebenwirkungen werden viel zu wenig wahrgenommen und gefährden häufig die zu erwartenden heilenden Wirkungen.

Rückfall als Reso-Erfolgsmaßstab

Als Maßstab für den Erfolg oder Misserfolg von Resozialisierungsprogrammen hat sich der tatsächliche oder der vermiedene Rückfall weitgehend durchgesetzt. Die Rückfallforschung hat sich auf Definitionen und Verfahren verständigt, die in der Politik, in den Medien und in der Fachöffentlichkeit weitgehend akzeptiert worden sind. Als Grundlage für die Fachdiskussion gilt eine vom Bundesministerium der Justiz herausgegebene bundesweite Rückfalluntersuchung der beiden Vollzugswissenschaftler Jörg-Martin Jehle und Hans-Jörg Albrecht. Sie trägt den Titel *Legalbewährung nach strafrechtlichen Sanktionen* und betrachtet den »Risikozeitraum« für Rückfälle der Jahre 2004 bis 2007.

Die beiden Forscher prüften alle strafrechtlich Verurteilten oder aus der Haft Entlassenen dahingehend, ob erneut Eintragungen in das Bundeszentralregister (bei Erwachsenen) beziehungsweise Erziehungsregister (Jugendliche und Heranwachsende) erfolgt waren, ob sie also erneut straffällig geworden waren. Dabei stellte sich heraus, dass die Rückfallraten in starker Abhängigkeit zu Delikt, Sanktion, Vorstrafen, Alter und Geschlecht standen, sodass alle Befunde sehr differenziert interpretiert werden müssen.

Die wichtigsten Ergebnisse der Untersuchung sind:
- Entlassene Strafgefangene werden überwiegend erneut straffällig, fast die Hälfte kehrt wieder in den Strafvollzug zurück.
- Bei zu Bewährungsstrafen Verurteilen beziehungsweise vorzeitig auf Bewährung Entlassenen liegen die Rückfallraten im Vergleich zu vollzogenen Freiheitsstrafen deutlich niedriger.
- Differenziert man nach Bundesländern, dann ergibt sich eine Schwankungsbreite bei den Rückfallraten: Nach Freiheitsstrafen *ohne* Bewährung werden zwischen 38,2 und 70 Prozent rückfällig (Bundesdurchschnitt: 48,1 Prozent); nach Freiheitsstrafe *mit* Bewährung sind es zwischen 34 und 43,1 Prozent (Bundesdurchschnitt: 38,1 Prozent).
- Auch das Alter ist von großer Bedeutung: Jugendliche werden zu 40 Prozent rückfällig, über Sechzigjährige lediglich zu 14 Prozent.
- Mit der Zahl früherer Verurteilungen nimmt auch die Rückfallrate zu.
- Besonders niedrige Rückfallraten haben Menschen, die wegen Tötungsdelikten verurteilt wurden. Von denen, die wegen Raubdelikten und schweren Formen des Diebstahls im Gefängnis saßen, wurden dagegen mehr als die Hälfte rückfällig.

Die Befunde dieser Untersuchung bestätigen die Aussage, dass in Deutschland weitgehend ein »Drehtürvollzug« praktiziert wird, vor allem bei den Wiederholungstätern, die ohne Bewährung entlassen werden.

Geradezu skandalös ist die Schwankungsbreite zwischen den (in der Untersuchung ungenannt gebliebenen) einzelnen Bundesländern. Von einem möglichst einheitlich, nachvollziehbar und transparent handelnden Rechts- und Sozialstaat kann bei Differenzen von 31,8 Prozent in den Rückfallraten der Freiheitsstrafe ohne Bewährung keine Rede sein. Ein weiterer Mangel unseres föderalen Systems ist damit offenkundig.

Für die konkrete Reso-Praxis vor Ort sind die bisherigen Daten zu abstrakt und unverbindlich. Sie signalisieren zwar wichtige Megatrends, sollten aber für jede Anstalt spezifiziert und veröffentlicht werden. Gerade die Justizvollzugsanstalten brauchen für ihre Behandlungsprogramme Rückmeldungen, die ihre Wirkungen weit über die Entlassung hinaus analysieren.

Ich bin zum Beispiel überzeugt, dass wir in Schleswig-Holstein mit unserer kleinen Jugendanstalt, ihrem Wohngruppensystem, ihrer günstigen Personalausstattung und ihrem hoch entwickelten Übergangsmanagement vergleichsweise geringe Rückfallraten bewirken, kann dieses jedoch mangels empirischer Daten nicht nachweisen. Gleiches gilt wahrscheinlich auch für den modernisierten Frauenvollzug – wir verbessern kontinuierlich, uns fehlen aber die Belege über die nachhaltigen rückfallreduzierenden Wirkungen. Und dieser Mangel gilt bundesweit für alle Reso-Systeme der Länder und für alle Vollzugsanstalten.

Hohe Kosten – wenig Wirkung?

Die Ausgaben für die Justizvollzugsanstalten liegen jährlich bundesweit bei rund 4,5 Milliarden Euro – leider werden sie länderübergreifend nicht detailliert erfasst. Rund 70 Prozent der gesamten Vollzugskosten sind Personalkosten – auch hier unterscheiden sich die Länder erheblich: Während Bayern beispielsweise im Allgemeinen Vollzugsdienst (der mit Abstand größten Funktionsgruppe) mit 29,5 Beamten auf 100 Gefangene auskommt, setzt Hamburg 67 Beamte pro 100 Gefangene ein. Berlin hat 3,12 Sozialarbeiter pro 100 Gefangene, Thüringen begnügt sich mit 0,93.

Die laufenden Ausgaben pro Jahr und pro Gefangenem liegen in Hamburg nahezu doppelt so hoch wie in Bayern, Baden-Württemberg oder Sachsen. Entsprechend unterschiedlich sind auch die sogenannten Tageshaftkosten. Hier liegen Hamburg und Schleswig-Holstein an der Spitze, am unteren Ende Sachsen und Bayern. Hinzu kommen erhebliche Unterschiede bezüglich der Haftarten geschlossener oder offener Vollzug, Jugendvollzug, Männer- oder Frauenvollzug, Untersuchungshaft, Sozialtherapie, Sicherungsverwahrung, Abschiebungshaft – je nachdem, wie innovativ oder restriktiv die Länder verfahren, können sie die Kosten steuern.

Im Ergebnis geben die »Südstaaten« Bayern, Baden-Württemberg, Thüringen und Sachsen etwa zehntausend Euro pro Jahr und Gefangenem weniger aus als die »Nordstaaten« Schleswig-Holstein, Hamburg und Brandenburg.

Schon dieser kurze Überblick macht ein Legitimations- und Steuerungsproblem deutlich: Wodurch rechtfertigen sich diese Differenzen? Gibt es qualitative Unterschiede zwischen den Ländern im Hinblick auf ihre Aktivitäten im Rahmen des Behandlungsvollzugs oder bezogen auf die Gewährleistung von Sicherheit in den Anstalten? Sind die Rückfallquoten in den Nordstaaten geringer als in den sparsamen Südstaaten? Oder verwenden die zuständigen Ministerien Steuergelder unzweckmäßig, die an anderer Stelle der Resozialisierungskette wirksamer eingesetzt werden könnten? Wie kann es sein, dass sich in Hamburg die Zahl der Gefangenen in den letzten zehn Jahren nahezu halbiert hat, der Personalbestand in den Gefängnissen aber fast gleich geblieben ist und gleichzeitig die Bewährungshilfe in Hamburg bundesweit die schlechteste Personalausstattung mit besonders hohen Fallzahlen hat?

Zu diesen Fragen gibt es zwar hin und wieder Anmerkungen der Landesrechnungshöfe. Es fehlt jedoch eine umfassende und nachhaltige Diskussion in den Fachwissenschaften, in der Kriminal- und Vollzugspolitik, in den Landtagen und in den Medien zu Wirkungen, Nebenwirkungen, Qualität und Kosten des deutschen Reso-Systems.

Fachleute fordern deshalb ein unabhängiges Bundesinstitut, das dauerhaft Qualität und Kosten in der ambulanten und stationären Resozialisierung kontrolliert (so wie es zum Beispiel auch für das Gesundheitssystem eingeführt worden ist). Weder der Strafvollzugsausschuss der Länder (eine Unterkommission der Justizministerkonferenz) noch die Kriminologische Zentralstelle der Länder können dies leisten, dazu fehlen die methodischen, personellen, finanziellen und strukturellen Voraussetzungen. Es besteht offenkundig Handlungsbedarf.

Unterschätzte Bewährungshilfe

Die Bewährungshilfe wurde, wie bereits eingangs beschrieben, im Jahr 1953 in das deutsche Strafrechtssystem eingeführt. 1965 wurden 27 000 Probanden betreut, aktuell betreuen bundesweit rund 2500 hauptamtliche Bewährungshelfer etwa 200 000 Probanden. Zum Vergleich: Etwa 35 000 Bedienstete des Vollzugs betreuen aktuell 62 000 Gefangene. (Auch hier stellt sich die Frage nach der Verteilung der Ressourcen.)

1963 erfolgte bei 50 Prozent der Probanden ein erfolgreicher Bewährungsabschluss durch Straferlass, bis 2011 fand eine Steigerung auf 71 Prozent statt. Die Bewährungshilfe hat sich somit in den letzten Jahren als eine tragende Säule einer Sozialen Strafrechtspflege erwiesen. Zusammen mit der Gerichtshilfe und der Führungsaufsicht verstärkt sie in Theorie und Praxis die auch vom Bundesverfassungsgericht vorgegebene Linie der Resozialisierung von Straftätern, ohne dabei den Sicherheitsaspekt zu vernachlässigen. Bewährungshelfer leisten nicht nur Beratung und Hilfe, sie üben auch Kontrolle und (Führungs-)Aufsicht aus. Sie berichten regelmäßig dem Gericht, erstellen Prognosen – günstige und ungünstige – und wirken dadurch bei Widerrufen und erneuter Verurteilung sowie Freiheitsentziehung mit.

Bei Fallzahlen von durchschnittlich fünfundsiebzig bis achtzig Probanden je Bewährungshelfer ist es der Kunst des Bewährungshelfers überlassen zu erkennen, welcher Proband wann besondere Unterstützung oder Kontrolle benötigt. Durchschnittlich hat der Bewährungshelfer im Monat für jeden Probanden etwa eine halbe Stunde Zeit zur Verfügung. Es ist klar, dass damit keine besonders aufwendigen Interventionen stattfinden können. Also muss der Bewährungshelfer Prioritäten setzen, je nach Intensität des persönlichen und zeitlichen Aufwands: zu Beginn der Betreuung, bei Krisen und bei besonders gefährlichen oder gefährdeten Tätern.

In der Bewährungshilfe setzt sich aktuell das Konzept der Risikoorientierung durch: Die Behandlungsintensität wird laufend dem Risikoniveau des Probanden angepasst. Je höher das Rückfallrisiko gerade ist, desto intensiver muss die Behandlung des Täters sein. Notwendig ist außerdem eine begleitende Analyse der Entwicklung der Faktoren, die einen erneuten Rückfall begünstigen – zum Beispiel Verlust des Arbeitsplatzes, der Wohnung, der sozialen Beziehung –, sowie gezielte Interventionen, die versuchen, gegenzusteuern und zu stabilisieren.

Der große strukturelle Vorteil der Bewährungshilfe ist, dass sie unter den Rahmenbedingungen einer »offenen Gesellschaft« stattfindet – offen für positive wie negative Entwicklungen in den realen Lebenswelten der Straffälligen, ihrer Angehörigen, ihres sozialen Umfelds. Es findet kein soziales Training auf »Trockenschnee« statt wie im Gefängnis, sondern die Probanden stehen mitten im Leben und müssen sich dort bewähren.

Alle negativen Nebenwirkungen, die untrennbar mit dem Gefängnis verbunden sind (Subkultur, Deprivation, Prisonisierung), entfallen bei der Bewährungshilfe. Andere – wie freier Zugang zu Drogen und Alkohol oder Rückkehr in das alte kriminogene Milieu – werden nicht ausgeblendet, sondern bearbeitet.

Die Quoten der vorzeitigen Entlassung zur Bewährung aus dem Jugend- und Erwachsenenvollzug unterscheiden sich in den Ländern stark. Eine Untersuchung von Heinz Cornel für das Jahr 2010 hat ergeben, dass 75 Prozent der Gefangenen zum Zeitpunkt des Erreichens der Endstrafe und nur 20 Prozent vorzeitig und 5 Prozent auf dem Gnadenweg entlassen wurden.

Hier zeigt sich das besondere Potenzial und die große Herausforderung für eine rationale Kriminal- und Vollzugspolitik in den nächsten Jahren: Es geht um eine Steigerung der Quote der bedingten Entlassungen, um verbessertes Übergangsmanagement, um professionelles Risikomanagement und um Intensivbetreuung für bestimmte Tätergruppen und damit insgesamt um reduzierte Rückfallzahlen.

Voraussetzungen dafür sind allerdings eine massive Reduzierung der Fallzahlen (in Österreich liegt die gesetzliche Obergrenze bei dreißig Probanden je Bewährungshelfer), veränderte rechtliche Grundlagen (Landes-Resozialisierungsgesetze, die gleichwertig zu den Vollzugsgesetzen die ambulanten Hilfen stärken) und eine veränderte Organisationsstruktur in den Ländern. In den Ländern gibt es mittlerweile sechs verschiedene Organisationsmodelle für die Bewährungshilfe, die Gerichtshilfe und die Führungsaufsicht – eine Situation, die im Föderalismus begründet liegt, die aber unter Kosten- und Effizienzkriterien in keiner Weise zu rechtfertigen ist.

Überforderte Führungsaufsicht

Führungsaufsicht als besonders intensive Form der ambulanten Sozialkontrolle wird dann angeordnet, wenn die Wiedereingliederung der Täter nach ihrer Entlassung aus dem Vollzug gefährdet und in besonderem Maß ambulante kontrollierende Begleitung und Unterstützung erforderlich erscheint. In der Regel betrifft das gefährliche Vollverbüßer, die mit schlechter Sozialprognose mit Endstrafe entlassen werden, oder Täter, die wegen einer seelischen Störung rückfallgefährdet sind.

Die Fallzahlen der Führungsaufsicht haben sich in den letzten Jahren mehr als verdoppelt – von bundesweit rund 15 000 auf rund 35 000 Fälle. Auch in diesem Aufgabengebiet ambulanter Hilfe und Kontrolle sind die Unterschiede zwischen den Bundesländern gravierend: In Berlin sind dreimal so viele Probanden pro hunderttausend Einwohner der Führungsaufsicht unterstellt wie in Baden-Württemberg, in Bayern doppelt so viele wie in Hessen oder Niedersachsen.

Die zuständigen Bewährungshelfer und die Aufsichtsstellen leisten die üblichen und notwendigen sozialen Hilfen, überwachen das Verhalten des Strafentlassenen und kontrollieren die Einhaltung der gerichtlich auferlegten Weisungen. Im Gegensatz zur Bewährungshilfe liegt der Schwerpunkt der Führungsaufsicht in der Kontrolle der Weisungen. Diese können sich beispielsweise beziehen auf eine Psycho- oder Drogentherapie, auf die Einnahme von Medikamenten, auf erweiterte Meldepflichten, auf Aufenthaltsgebote oder Verbote, auf das Tragen einer elektronischen Fußfessel, das Verbot bestimmter Tätigkeiten, das Verbot des Besitzes von gewissen Gegenständen, die Mitteilung von Arbeitsplatz- oder Wohnungswechsel, regelmäßiges Vorsprechen beim Bewährungshelfer zu festgelegten Zeitpunkten – alles delikts- und persönlichkeitsspezifisch geplant und realisiert.

Diese Form des risikoorientierten Umgangs mit besonders gefährlichen und gefährdeten Straftätern ist eine kriminalpolitische Schwerpunktsetzung, die dem wohlverstandenen Sicherheitsinteresse der Bürger entspricht. Ein massiver Kritikpunkt am Modell der Führungsaufsicht aber ist, dass die viel zu hohen Fallzahlen der Bewährungshelfer eine umfassende Kontrolle der gerichtlich angeordneten Weisungen nicht erlauben. Entsprechende Verbesserungen in der Personalausstattung, die dringend notwendig wären, haben die Bundesländer weitgehend vernachlässigt. Und der Bevölkerung wird zu wenig klargemacht, dass auch eine umfassende Kontrolle die vielfältigen Rückfallrisiken dieser Täter nicht absolut ausschließen kann. Die öffentlich bekannt gewordenen Fälle erneuter Straftaten sind keine Einzelfälle, sondern werden sich wiederholen. Sie könnten allerdings wesentlich reduziert werden, wenn die organisatorischen und personellen Rahmenbedingungen der Führungsaufsicht verändert würden.

Unterfinanzierte Freie Straffälligenhilfe

Die sogenannte Freie Straffälligenhilfe ist, wie das Gefängnissystem, im 19. Jahrhundert entstanden, zunächst als ehrenamtliche Begleitung und Unterstützung von Gefangenen. Freiwillige Helfer engagierten sich, um durch soziale Kontakte die Inhaftierten nicht allein ihrem Schicksal zu überlassen und ihre Ausgrenzung abzumildern. Bald bildeten sich

Gefängnisvereine als Zusammenschlüsse zumeist christlich motivierter Personen, die auch den umliegenden Kirchengemeinden nahestanden.

Heute gibt es bundesweit etwa sechshundert derartige freie Träger, die zu 80 Prozent einem der großen Wohlfahrtsverbände angehören (35 Prozent dem Paritätischen, 23 Prozent der Diakonie, 17 Prozent dem Caritasverband, 5 Prozent der Arbeiterwohlfahrt). Sie haben bundesweit rund tausendfünfhundert hauptamtlich Beschäftigte, zu einem großen Teil Sozialarbeiter und Sozialpädagogen. Hinzu kommen rund tausend Teilzeitbeschäftigte und rund zehntausend ehrenamtliche Mitarbeiter. Die freien Träger sind häufig in der Form von Anlauf- oder Zentralstellen für Straffällige organisiert, zunehmend auch als örtliche Resozialisierungszentren, in denen alle Beratungsangebote der zuständigen Sozialleistungsträger gebündelt stattfinden, inklusive Treffen und Freizeitveranstaltungen.

Die Hauptaufgaben der Freien Straffälligenhilfe liegen in der Mitwirkung bei der Entlassungsvorbereitung und im Übergangsmanagement – vor allem für die mit Endstrafe ohne Bewährung entlassenen Gefangenen –, in der Vermittlung gemeinnütziger Arbeit statt Ersatzfreiheitsstrafen, in der Unterstützung bei der Arbeits- und Wohnungssuche, bei der Schuldenregulierung, beim Umgang mit Drogen und Sucht, in der Freizeitgestaltung, in der Arbeit mit Angehörigen und zunehmend auch mit Opfern. Zum Teil bieten die freien Träger außerdem Kurse für Soziales Training, Antigewalttherapien oder Therapien für Sexualtäter an – im Vollzug oder nach der Entlassung.

Die Freie Straffälligenhilfe bildet damit die »dritte Säule der Resozialisierung«, doch insbesondere ihre Finanzierung ist äußerst problematisch. Während der Vollzug und die Sozialen Dienste der Justiz über die Landeshaushalte langfristig abgesichert sind, finanziert sich die Freie Straffälligenhilfe über Geldbußen, Spenden, jährliche Bewilligungsbescheide der Justiz- oder Sozialministerien oder der kommunalen Sozialämter sowie aus Eigenmitteln – ein Finanzierungsmix, der langfristige und nachhaltige Arbeit sehr erschwert. Dies zeigt sich auch daran, dass die Arbeitsverträge der Mitarbeiter immer häufiger zeitlich befristet sind.

Ein großes strukturelles Defizit wird dadurch deutlich: Ausgerechnet die Sozialen Dienste, die für die soziale Integration der mit Endstrafe Entlassenen (immerhin rund 70 Prozent aller Entlassenen!) zuständig sind, sind am schwächsten finanziell abgesichert. Dabei ist nachgewiesen, dass es ihnen besonders gut gelingt, zu den Straffälligen und ihren Angehörigen enge und vertrauensvolle Beziehungen aufzubauen und wirksame Beratung und Hilfe bei den bekannten Problemstellungen zu leisten. Leider liegen auch für die freien Träger nur punktuelle Untersuchungen über ihre rückfallreduzierenden Wirkungen vor (so zum Beispiel über die Anlaufstelle für straffällig gewordene Frauen in Frankfurt oder für das RESI-Projekt in Köln). Für eine verantwortungsvolle und auf ein Höchstmaß an Wirkung bedachte Resozialisierungspolitik ist das ein Armutszeugnis, faktisch und in der mangelhaften strategischen Orientierung.

Vernachlässigte Opfer

In der Statistik der Polizei wurden für das Jahr 2013 insgesamt rund 825 000 Opfer von Straftaten erfasst: 550 000 wegen Körperverletzung, 212 000 wegen Straftaten gegen die persönliche Freiheit, 43 000 wegen Raub und räuberischer Erpressung, 11 000 wegen Straftaten gegen die sexuelle Selbstbestimmung, fast 600 wegen Mord.

Während unser ganzes Reso-System sich voll auf die Täter konzentriert, betrifft ein immer noch berechtigter Vorwurf aller Opferschutzorganisationen die Tatsache, dass der zwischen Täter und Opfer bestehende Konflikt den Beteiligten zugunsten des staatlichen Strafmonopols entzogen wird. Der Staat demonstriert seine Macht, der zugrunde liegende Konflikt selbst wird nicht gelöst. Der Täter steht im Mittelpunkt des Verfahrens, nicht das Opfer.

Das Opfer dient im Strafverfahren in erster Linie als Mittel, um den Täter zu überführen. Seine seelische und soziale Situation wird im Prozess und auch bei der Strafvollstreckung kaum beachtet, Kritiker sprechen deshalb auch von einer »zweiten Viktimisierung«, das Opfer wird erneut zum Opfer gemacht.

Zum einen beschränken sich die Richter bei der Vernehmung des Opfers als Zeugen im Wesentlichen auf das Tatgeschehen. Die Folgen der Tat für das Leben der Opfer werden dadurch nicht ausreichend in die Hauptverhandlung eingeführt und dienen somit nur marginal als Grundlage für die Urteilsfindung.

Zum anderen bringen es viele Opfer nicht über sich, die Verletzungen, die sie durch die Tat erlitten haben, und die daraus folgenden andauernden Beeinträchtigungen ihres Lebens in vollem Ausmaß zu schildern. Dieses Unvermögen liegt entweder darin begründet, dass die Opfer nach wie vor stark traumatisiert sind, oder dass der formale und juristisch geprägte Rahmen einer öffentlichen Hauptverhandlung sie an der Preisgabe ihres persönlichen Leidens hindert.

Seit der Großen Strafrechtsreform von 1976 wurden und werden die Rechte der Opfer gestärkt: Sie haben Anspruch auf Entschädigung, ihre Rechte als Nebenkläger wurden ausgeweitet, es gibt den Täter-Opfer-Ausgleich, und es gibt die Schadenswiedergutmachung als Teil des Strafprozesses, die allerdings sehr selten angewendet wird.

Im Jahr 2004 wurden außerdem per Gesetz bestimmte Informationsansprüche der Opfer abgesichert: Auf Antrag hat ein Opfer das Recht zu erfahren, ob freiheitsentziehende

Maßnahmen gegen den Beschuldigten oder den Verurteilten angeordnet oder beendet wurden – ob der Täter also ins Gefängnis musste – und ob erstmalig Vollzugslockerungen oder Urlaub gewährt werden. So kann das Opfer sich darauf vorbereiten, dass der Täter nicht mehr im Gefängnis ist, dass er ihm also möglicherweise auf der Straße begegnen kann.

An dieser Stelle muss allerdings festgestellt werden, dass viele dieser Opferrechte nur auf dem Papier bestehen und höchst selten durchgesetzt werden. Die Möglichkeit, bereits im Strafverfahren durch das Gericht zivilrechtliche Ansprüche zu klären (Adhäsionsverfahren), ist weitgehend unbekannt und wird deshalb so gut wie nicht genutzt. Nebenkläger haben nach wie vor Nebenrollen, und auch der Täter-Opfer-Ausgleich findet mit relativ geringen Fallzahlen in den meisten Bundesländern zumeist nur im Bereich leichter Kriminalität statt. So entlarvt sich die Aussage vieler Politiker, alles für den Schutz der Opfer zu tun, häufig als inhaltsleeres Versprechen.

V. Perspektiven

Wer gehört eigentlich ins Gefängnis?

Meine Suche nach etwas Besserem als dem Strafvollzug, von der ich in diesem Buch berichtet habe, kommt nun zu einem vorläufigen Ende. Sie wird sicherlich in den nächsten Jahren und Jahrzehnten von anderen Menschen und Organisationen fortgesetzt werden, die wie ich mittelalterliche und irrationale Begründungen für den Strafvollzug, wie er gegenwärtig praktiziert wird, nicht weiter akzeptieren wollen und bloßes »Wegsperren« als eine Antwort ansehen, die den zugrunde liegenden Problemen in keiner Weise gerecht wird.

Es gibt keine Gesellschaft und keinen Staat ohne Gefängnisse. Allerdings sind diese Gefängnisse in den verschiedenen Staaten von höchst unterschiedlicher Quantität und Qualität. Die Unterschiede sind jeweils historisch, ideologisch, justiz- und sozialpolitisch begründet. Bezüglich der Vielfalt und zum Teil Gegensätzlichkeit trifft dies auch auf Deutschland zu.

In den Bundesländern sind nicht nur die Gefangenenraten höchst unterschiedlich, große Differenzen gibt es auch bei den Gefängnisbauten, in der Mehrfach- oder Einzelbelegung der Hafträume, in der Personalausstattung, in den Behandlungsangeboten, im offenen Vollzug, in den Lockerungen, in der vorzeitigen Entlassung und im Übergangsmanagement – um nur einige der wichtigsten Indikatoren zu benennen.

Empirische Untersuchungen bestätigen immer wieder, dass in deutschen Gefängnissen maximal 30 Prozent gefährliche Täter und solche mit schwerer Kriminalität einsitzen, die wegen ihrer besonderen Schuld oder aus Gründen der Normverdeutlichung mit der Freiheitsstrafe als Ultima Ratio bestraft werden müssen. Mehr als die Hälfte der Inhaftierten hat dagegen leichtere oder mittelschwere Delikte begangen. Es sind Wiederholungstäter, bei denen nicht die Schwere des Delikts oder ihre besondere Gefährlichkeit die Freiheitsstrafe begründen, sondern die Tatsache, dass sie Straftaten mit leichter oder mittlerer Kriminalität in einer bestimmten Phase ihres Lebens ständig wiederholen.

Die zentralen vollzugs- und kriminalpolitischen Fragen sind deshalb: Wer gehört eigentlich ins Gefängnis, und warum? Geschieht es aus Gründen der Sicherheit, der Resozialisierung oder der Schwere der Schuld? Und welches sind die besseren Alternativen – gemessen am Erfolg der Verhinderung von Rückfällen?

Sozialtherapie für alle?

Sozialtherapeutische Anstalten beziehungsweise Abteilungen nehmen in Deutschland und auch international die Spitzenposition im Behandlungsvollzug ein. Sie praktizieren die am besten wissenschaftlich abgesicherten Behandlungskonzepte, verfügen über die höchsten Personalausstattungen sowie die günstigsten baulichen Rahmenbedingungen und haben vergleichsweise die geringsten Rückfallquoten – und dies überwiegend für die als besonders schwierig geltende Klientel der Sexual- und Gewalttäter. Insgesamt entsprechen solche Anstalten am meisten den qualitativen Vorstellungen eines modernen Behandlungsvollzugs, wie es seinerzeit auch der Alternativentwurf zum Bundes-Strafvollzugsgesetz vorgesehen hatte.

Zurzeit stehen in 66 sozialtherapeutischen Einrichtungen

in Deutschland 2348 Haftplätze zur Verfügung (für männliche Gefangene 1715 Plätze, für männliche Jugendliche und Heranwachsende 476 Plätze und für weibliche Gefangene 57 Plätze). Auch bezüglich der Versorgung mit sozialtherapeutischen Haftplätzen gibt es gravierende Unterschiede zwischen den Bundesländern.

Die Palette der Behandlungsprogramme (in Einzel- und/oder Gruppentherapie) reicht von tiefenpsychologischen über systemische bis hin zu psychoanalytisch-dynamischen sowie gestalt- und gesprächstherapeutischen Konzepten. Dabei sind die wichtigsten Wirkfaktoren offensichtlich die Qualität des behandelnden Personals beziehungsweise der Behandlungsteams. Das Zusammenleben der Straftäter in weitgehend selbst organisierten Wohngruppen soll die Haftschäden und subkulturellen Einflüsse reduzieren, die den Regelvollzug prägen. Die Übergänge in die Freiheit werden in jedem Einzelfall sorgfältig geplant und begleitet. Um die Entlassung vorzubereiten, kann sogar Sonderurlaub bis zu sechs Monaten gewährt werden. In dieser Zeit kann der Gefangene beispielsweise bereits draußen arbeiten und wohnen und zugleich die Therapie in der Anstalt oder die Nachsorge fortsetzen. Ehemalige Gefangene können auf freiwilliger Basis wieder aufgenommen werden, wenn sie sich in Krisensituationen befinden oder erneuter Rückfall droht.

Insgesamt leistet die Sozialtherapie also das Maximum dessen, was sich Vollzugsreformer vorstellen können. Welche Erfolge können mit diesem Aufwand bewirkt werden?

Zahlreiche Rückfallstudien haben national wie international im Vergleich zum Normalvollzug geringere Rückfallraten von bis zu 20 Prozent bei Gefangenen nachgewiesen, die in einer sozialtherapeutischen Anstalt waren. Diese positiven Effekte zeigten sich vor allem in den Jahren, die unmittelbar auf die Entlassung folgten. Sie glichen sich allerdings über längere Zeiträume (bis zu zehn Jahren) denen des Normalvollzugs an.

Zugleich muss man bei einer Einschätzung der besonderen Qualität der Sozialtherapie berücksichtigen, dass in einem speziellen Auswahlverfahren geprüft wird, welche Gefangenen behandlungsfähig und behandlungswillig sind. Außerdem gibt es Rückverlegungen von mehr als einem Drittel der Gefangenen aus sozialtherapeutischen Anstalten in den Regelvollzug, weil sie sich als nicht geeignet erwiesen haben. Diese rückverlegten Gefangenen weisen dann die höchsten Rückfallquoten auf.

In der Fachdiskussion stellt sich deshalb zunehmend die Frage, ob die Richtigen in die Sozialtherapie aufgenommen werden. Untersuchungen haben gezeigt, dass eher ältere und einfacher zu führende Gefangene dorthin kommen. Die schwierigen und hoch behandlungsbedürftigen Täter kommen meistens in den Regelvollzug. Eigentlich müsste es genau umgekehrt sein.

Dabei ist die Sozialtherapie im Prinzip allen Gefangenen zu wünschen, bei denen schwere Verhaltensstörungen in ihrer Biografie begründet sind und immer wieder zu erneuter Straffälligkeit führen. Dies war auch der Ansatz des Alternativentwurfs zum Strafvollzugsgesetz. Schon aus Kostengründen wird dies jedoch flächendeckend nicht möglich sein.

Deshalb bieten sich zukünftig zwei Strategien an: einerseits die Konzentration der Sozialtherapie vor allem auf junge Gefangene und solche mittleren Alters, bei denen mit den Mitteln der Sozialtherapie weitere schwere Straftaten möglichst verhindert oder zumindest reduziert werden können.

Die zweite Strategie ist die schrittweise Einführung von Qualitätsstandards der Sozialtherapie in den Regelvollzug, vor allem im Jugendvollzug und im Frauenvollzug. Dazu gehören Wohngruppen, Betreuungsbeamte, therapeutische Gemeinschaften, Einzel- und Gruppentherapien, offener Vollzug, begleitete Übergänge, Entlassungsurlaub und nachgehende Betreuung. Wenn es gelingt, die Gesamtzahl der Inhaftierten nach dem Muster Schleswig-Holstein, das ich in diesem Buch beschrieben habe, zu reduzieren, können auch die Ressourcen frei werden, die für eine solche Qualitätsoffensive notwendig sind. Allerdings ist selbst dann nur eine maximale Rückfallreduzierung von bis zu 20 Prozent zu erwarten. Auch dieser Vollzug muss vernetzt werden mit dem ambulanten Hilfesystem, um in noch größerem Umfang zum Gelingen der Resozialisierung beizutragen.

Fehlbelegungen belasten den Vollzug

In der Diskussion, wer im Gefängnis »richtig« ist und wer »falsch«, muss man auch über das Thema der Fehlbelegungen in deutschen Strafanstalten sprechen.

Zum einen geht es um die große Zahl von Ersatzfreiheitsstrafern, die vom Gericht eigentlich »nur« zu einer Geldstrafe verurteilt worden sind, diese aber nicht erbringen können, weil sie das Geld nicht haben. Sie leisten deshalb die sogenannte Ersatzfreiheitsstrafe im Gefängnis ab. Auf die Sinnlosigkeit dieser Strafe bin ich bereits näher eingegangen.

In diesen Zusammenhang gehört auch eine erneute Fachdiskussion zu Sinn und Unsinn der kurzen Freiheitsstrafe unter sechs Monaten. Mehr als 20 Prozent aller zu verbüßenden Freiheitsstrafen fallen in diese Kategorie, obwohl Paragraf 47 des Strafgesetzbuches bestimmt, dass kurze Freiheitsstrafen unter sechs Monaten nur in Ausnahmefällen zu verhängen sind (»zur Einwirkung auf den Täter oder zur Verteidigung der Rechtsordnung«). Alle Vollzugspraktiker sind sich einig, dass ein paar Monate Freiheitsentziehung nur eine sehr geringe positive Einwirkung auf den Täter haben können, im Gegenteil: Die negativen Einwirkungen von Subkultur, Prisonisierung und Deprivation dürfen auch für diese kurze Zeit nicht unterschätzt werden. Und bezüglich der Kategorie »Verteidigung der Rechtsordnung« sollte man überlegen, ob in diesen Fällen eine wirksame Resozialisierung nicht Vorrang haben sollte vor einer Verteidigung staatlicher Autorität. Statt einer kurzen Freiheitsstrafe sind Geldstrafen oder Unterstellungen unter einen Bewährungshelfer mit entsprechenden Auflagen und Weisungen viel besser geeignet, um Rückfälle zu verhindern.

Drogenabhängige können im Vollzug nicht sinnvoll therapiert werden

Besonders belastet ist der Vollzug durch die große Zahl der Drogenabhängigen und damit durch den illegalen Drogenhandel, der wiederum die Subkultur stark macht. Noch immer werden die Möglichkeiten der Paragrafen 35 ff. des Betäubungsmittelgesetzes nicht genügend genutzt, durch therapievorbereitende Maßnahmen im Vollzug die weitere Verbüßung einer Freiheitsstrafe zunächst zurückzustellen und dann zu ersetzen. Die Gerichte können unter genau definierten Kriterien nach erfolgreicher Therapie in einer staatlich anerkannten Therapieeinrichtung die Vollstreckung des Strafrestes zur Bewährung aussetzen. Voraussetzungen sind Therapiebedürftigkeit und -bereitschaft des Verurteilten sowie die Einhaltung von Meldepflichten.

Noch zielführender wäre eine grundlegende Reform des Drogenstrafrechts, wie sie eine Gruppe von 122 Rechtsprofessoren und Kriminologen im Frühjahr 2014 öffentlich forderte. Die derzeitige Drogenpolitik sei »gescheitert, sozialschädlich und unökonomisch«. Stattdessen sprechen sie sich für eine Entkriminalisierung des Drogenstrafrechts aus und verweisen auf viele andere Länder (darunter die Schweiz, Niederlande, Spanien und Portugal), in denen eine solche Liberalisierung nicht zu der befürchteten Ausweitung des Drogenkonsums geführt habe. Eine so weitgehende Reform würde insbesondere den Vollzug erheblich entlasten.

Die Drogenpolitik in Deutschland ist nach diesem Verständnis ein Irrweg: Hier werden Süchtige kriminalisiert und weggesperrt. Der Vollzug sollte dringend von der Aufgabe der Behandlung akut Drogenabhängiger entlastet werden. Er kann dies therapeutisch sinnvoll nicht leisten und verschleißt seine Kräfte im nicht zu gewinnenden Krieg gegen den Drogenhandel.

Der reiche Uli Hoeneß und die Armut des Strafrechts

Der Fußballmanager Uli Hoeneß wurde im März 2014 vom Landgericht München wegen Steuerhinterziehung zu einer Freiheitsstrafe von dreieinhalb Jahren verurteilt und trat die Haftstrafe im Juni 2014 in der Justizvollzugsanstalt Landsberg an.

Der Prozess wie auch der anschließende Verlauf seiner Haft fanden in den Medien höchste Aufmerksamkeit. Noch auf der Fahrt zum Haftantritt gab Hoeneß der *BILD*-Zeitung ein Interview. Diese berichtete am Anfang mehrseitig und später nahezu täglich im Sportteil über seinen Alltag im Gefängnis. Dabei achtete die Öffentlichkeit sorgfältig darauf, ob er etwa Privilegien genoss und eine Sonderbehandlung bekam.

Bei der Höhe der hinterzogenen Steuer – es ging um fast dreißig Millionen Euro – war das Landgericht aufgrund der Rechtsprechung des Bundesgerichtshofs gebunden, Uli Hoeneß zu einer mehrjährigen Freiheitsstrafe ohne Bewährung zu verurteilen. Er hatte zwar inzwischen seine Steuerschulden beglichen, dennoch musste aus Gründen der Spezial- und Generalprävention eine langjährige Freiheitsstrafe verhängt werden. Etwas anderes hätte die Öffentlichkeit als Prominentenbonus und ungerechte Besserstellung eines anwaltlich bestens vertretenen vielfachen Millionärs empört.

In der Anstalt Landsberg kam Hoeneß nach anfänglichen Gesundheitsproblemen (mit kurzzeitiger Verlegung in eine

Luxus-Privatklinik, die aber schnell gestoppt wurde) in der Kammer mit Wäscheausgabe für die Mitgefangenen seiner Arbeitspflicht entsprechend Artikel 43 des Bayerischen Strafvollzugsgesetzes (BayStVollzG) nach, mit einer Entlohnung von monatlich etwa zweihundertfünfzig Euro. Die Weihnachtsfeiertage und den Jahreswechsel 2014/2015 durfte er im Rahmen eines Hafturlaubs (nach Art. 14 BayStVollzG bis zu einundzwanzig Tage pro Vollstreckungsjahr) im Kreis seiner Familie zu Hause verbringen.

Mittlerweile befindet er sich als Freigänger im offenen Vollzug der JVA Rothenfeld. Seinen dreiundsechzigsten Geburtstag feierte er Anfang Januar 2015 im Rahmen eines weiteren Hafturlaubs demonstrativ mit medialer Begleitung in einem renommierten Restaurant in München. Anwesend war auch der frühere bayerische Ministerpräsident Edmund Stoiber, der Hoeneß in den zurückliegenden Monaten mehrfach außerhalb der üblichen Besuchszeiten im geschlossenen Vollzug besucht hatte. Als Freigänger hat Hoeneß einen Arbeitsvertrag mit seinem Verein Bayern München. Er hat sein früheres Büro in der Chefetage wieder bezogen und bekommt, wie die Zeitschrift *SPORT BILD* unwidersprochen vermeldete, ein monatliches Gehalt von geschätzten zwanzigtausend Euro. Damit bewegt er sich in der Gehaltsklasse des bayerischen Ministerpräsidenten und dürfte der am besten bezahlte Freigänger Deutschlands sein. An den Freistaat Bayern zahlt Hoeneß monatlich rund dreihundertfünfzig Euro Haftkostenbeitrag für Unterkunft und Verpflegung.

Unter dem Kriterium der Resozialisierung zeigt sich deutlich, dass für diesen dreiundsechzigjährigen Erfolgsmanager der Strafvollzug keine sinnvollen Beiträge leisten kann. An ihm wird der allgemeine Gleichheitssatz des Artikels 3 des Grundgesetzes demonstriert: »Alle Menschen sind vor dem Gesetz gleich.« Gleiches ist gleich zu behandeln – dies bedeutet auch im Vollzug keine Vorzugsbehandlung.

Dabei fällt Teil zwei des Gleichheitssatzes komplett unter den Tisch, der da lautet:»Ungleiches ist ungleich zu behandeln.« Und natürlich müsste ein Resozialisierungsprogramm für jemanden wie Uli Hoeneß völlig ungleich zur üblichen Vollzugsplanung sein, denn alle üblichen Qualifizierungs- und sozialen Unterstützungsprogramme des Vollzugs laufen bei ihm ins Leere. Auch seine »Spielsucht«, über die er selbst im Vorfeld des Prozesses öffentlich gesprochen hatte, muss offenbar nicht mehr therapiert werden. Nach seiner Entlassung wird er auf höchstem Niveau seinen bisherigen Lebensstandard fortsetzen. Bei seinem Verein Bayern München kann er sich die Position, die er nach seiner Rückkehr einnehmen möchte, nach Belieben aussuchen. Schon als Freigänger wird er (wie seinerzeit im ähnlich gelagerten Fall des Wirtschaftsstraftäters Graf Galen in Frankfurt a. M.) von seinem Fahrer mit dem Dienstwagen in die Geschäftsstelle des Vereins und zurück in die Anstalt gefahren. (Bei Graf Galen war es ein Rolls-Royce). Bleibt für jemanden wie Uli Hoeneß also nur für einige Monate Wäschekammer und dann Luxusfreigang als »Edelknacki« bis zur vorzeitigen Entlassung?

Strafrechtsexperten beklagen immer wieder die »Sanktionsarmut« des deutschen Strafrechts. Tatsächlich konnte die 5. Strafkammer Uli Hoeneß nur zu einer Freiheitsstrafe verurteilen. Im Gegensatz zum Jugendstrafrecht mit einer Vielzahl von Erziehungsmaßregeln, Zuchtmitteln und der Jugendstrafe kennt das Erwachsenenstrafrecht lediglich die Geldstrafe und die Freiheitsstrafe (bedingt oder unbedingt). Die spezifischen Resozialisierungsbedürfnisse des jeweiligen Täters und seine individuelle Lebenssituation können durch diese begrenzten Möglichkeiten des Gerichts nur sehr eingeschränkt berücksichtigt werden. Gleiches gilt für die Interessen des Opfers.

Andere europäische Länder kennen deutlich mehr Sanktionsvarianten. Dazu gehören zum Beispiel die gemeinnützige Arbeit, ein erweitertes Fahrverbot, die Aussetzung von

Geldstrafen, die Kombination von Freiheits- und Geldstrafen, die »Halbgefangenschaft« (die verurteilte Person verbleibt in ihrem beruflichen und sozialen Umfeld und verbringt die Abende, Nächte, Wochenenden und Feiertage in der Anstalt), die Geldbuße an gemeinnützige Organisationen oder der Hausarrest, gegebenenfalls elektronisch überwacht. Vor allem aber ist es möglich, verschiedenen Sanktionsformen zu kombinieren – unter besonderer Berücksichtigung der zugrunde liegenden Konfliktsituation, der Opferinteressen und der Resozialisierungsbedürfnisse des Täters.

Bezogen auf Uli Hoeneß ist zu berücksichtigen, dass er seine Steuerschuld beglichen hat, dass seine Lebensverhältnisse bestens geregelt sind, dass er bereits dreiundsechzig Jahre alt ist, dass aber auch eine demonstrative Strafe angezeigt war, die sich allerdings nicht in belanglosen Tätigkeiten in der Anstalt erschöpfen, sondern die Chance zur Sinngebung nutzen sollte. Sinnvoll wäre also ein Mix aus Sanktionsstrafe und Resozialisierungsmaßnahmen. Das könnte zum Beispiel sein: eine hohe Geldbuße an eine gemeinnützige Organisation (Steuerhinterziehung ist ein Delikt, in dem der Konflikt zwischen Eigennutz und Gemeinwohl reguliert wird), gemeinnützige Arbeit im Vollzug als Teil eines richtig verstandenen Täter-Opfer-Ausgleichs (Art. 78 BayStVollzG); Freigang zur ehrenamtlichen Arbeit, beispielsweise in einem Seniorenheim oder im Sport mit Menschen mit Behinderung, und in der letzten Phase möglicherweise vorzeitige Entlassung mit Auflagen und Weisungen zu weiteren sozialverantwortlichen Tätigkeiten, die durch einen Bewährungshelfer zu überwachen und zu begleiten sind.

All dies wäre schon jetzt nach geltendem Recht im Fall Hoeneß möglich gewesen. Auch mit einer freiwilligen Geldzahlung oder einer Spende an eine gemeinnützige Organisation hätte er versuchen können, einen Beitrag zur Sinngebung seiner Freiheitsentziehung und zur Versöhnung zu leisten.

Warum dies nicht stattgefunden hat? Die Gesellschaft und die Politik in Deutschland sind (noch) nicht reif, Teil zwei des Gleichheitssatzes in einem öffentlichen Diskurs rational zu diskutieren. Noch dominieren irrationale Strafbedürfnisse und die Angst der Mächtigen vor dem Vorwurf einer Klassenjustiz, die einseitig die Interessen der Amigos vertritt.

Eine solche Differenzierung und Individualisierung im Strafrecht und in der Straf-Vollstreckung müsste allerdings für alle Täter (und auch Opfer) gelten, also auch für die Intensiv- und Wiederholungstäter, die die große Mehrheit in den Gefängnisses ausmachen. Viele wissenschaftliche Untersuchungen haben nachgewiesen, dass eine wirkungsvolle Resozialisierung – also die Vermeidung weiterer Rückfälle – ein Höchstmaß an Individualisierung aller stationären und ambulanten Maßnahmen erfordert und keinen Reso-Automaten, der alles gleich macht.

Ich bin sicher: Wenn es eine öffentliche Diskussion darüber gäbe, ob jemand wie Uli Hoeneß aufgrund seines Vergehens einfach »weggesperrt« werden sollte oder ob er ein individuelles Resozialisierungs- und Wiedergutmachungsprogramm durchlaufen soll, das sinnvolle und produktive Kräfte freisetzt – die Mehrheit würde der zweiten Variante den Vorzug geben. Aber wer hat Mut beziehungsweise Einfluss genug, einen öffentlichen Diskurs zu diesem Thema zu initiieren? Der Fall Hoeneß könnte so über die Skandal-Berichterstattung hinaus eine wertvolle rechtspolitische Bedeutung gewinnen.

Noch gilt allerdings die Erkenntnis von Anatole France, dem französischen Literaturnobelpreisträger von 1921: Die großartige »Gleichheit vor dem Gesetz« verbietet den Reichen wie den Armen, unter Brücken zu schlafen, auf den Straßen zu betteln oder Brot zu stehlen.

Bewährungshilfe für alle?

Verglichen mit anderen europäischen Staaten wird die vorzeitige Entlassung mit Unterstellung unter einen Bewährungshelfer in Deutschland eher restriktiv gehandhabt. Der Vollzug und die zuständigen Strafvollstreckungskammern prüfen jeden Einzelfall sehr sorgfältig. Mehrere empirische Studien haben belegt, dass so die spätere Rückfälligkeit um 15 bis 20 Prozent gemindert werden kann.

Es ist deshalb unverständlich, dass immer noch mehr als 70 Prozent aller Gefangenen mit Endstrafe und damit ohne anschließende Bewährung entlassen werden. Für Ersatzfreiheitsstrafer und Kurzstrafer ist dies auch nicht erforderlich, aber zumindest alle Gefangenen, die mehr als ein Jahr Freiheitsstrafe verbüßt haben (dies sind etwa 60 Prozent), sollten einen Bewährungshelfer zugeordnet bekommen. Das hätte zur Folge, dass im Rahmen des Übergangsmanagements ein detaillierter Eingliederungsplan und dessen kontrollierte Umsetzung – zumindest für das schwierige erste Jahr nach der Entlassung – verbindlich vorgeschrieben wäre. Das Entlassungsloch würde vermieden, die Rückfallquoten reduziert.

Bei den jetzigen hohen Fallzahlen kann die Bewährungshilfe dies allerdings nicht leisten. Experten fordern deshalb bundesweit eine Aufstockung um etwa tausend Stellen. Diese, so die Rechnung, sollten aus dem Personalüberhang des Vollzugs gewonnen werden, der sich aus dem weiteren Rückgang der Gefangenenquoten aufgrund einer gezielten Strategie der Rückfallreduzierung und aus demografischen Gründen ergibt.

Parallel müsste ein Ausbau der Freien Straffälligenhilfe erfolgen. So könnten leistungsfähige regionale Resozialisierungsnetzwerke entstehen, insgesamt also eine Optimierung der ambulanten und stationären Resozialisierung erfolgen, begleitet von ausgebauten Opferhilfen und Maßnahmen des Opferschutzes.

Optimierung der ambulanten und stationären Resozialisierung

Die exemplarische Darstellung eines Ausschnitts aus dem Leben des Straftäters Timo S. im ersten Teil dieses Buches hat deutlich gemacht, dass er zu einer Vielzahl von Organisationen und Institutionen der Polizei, der Justiz, der Jugend- und Sozialhilfe und weiteren öffentlichen und freien Trägern Kontakt hatte beziehungsweise von diesen mehr oder weniger intensiv begleitet, beraten und kontrolliert wurde. Alle Maßnahmen hatten zum Ziel, den Täter sozial zu integrieren und von weiteren Straftaten abzuhalten. Ab Strafmündigkeit mit vierzehn Jahren können es bei einem Fünfundzwanzigjährigen wie Timo S. gut und gern zwischen zwanzig und dreißig Sozialarbeiter, Psychologen, Pädagogen und Juristen sein, die in dieser Phase versucht haben, ihn positiv zu beeinflussen – im ständigem Wechsel zwischen ambulanten und stationären Maßnahmen, zwischen Hilfe und Kontrolle.

Selbst Fachleute durchschauen dieses fachliche, rechtliche und organisatorische Verwirrsystem kaum mehr. Es ist seit den Fünfzigerjahren des letzten Jahrhunderts historisch gewachsen, ohne dass jemals eine Zwischenbilanz und Generalrevision stattgefunden hat. Im Grunde entspricht das gegenwärtige Hilfesystem damit in seiner Komplexität und Unklarheit den Biografien seiner Klienten. Es müsste selbst resozialisiert und dadurch optimiert werden.

Punktuelle Ansätze dafür gibt es in nahezu allen Bundesländern: In den letzten Jahren sind zahlreiche Projekte entstanden, die die künstlichen und lebensfremden Grenzen zwischen stationären und ambulanten Maßnahmen überwinden wollen und die gewachsenen Zuständigkeiten infrage stellen. Das Konzept dieses sogenannten Übergangsmanagements setzt an zwei Kritikpunkten an: Es will die Trennungslinien zwischen drinnen und draußen vor, während und nach der Inhaftierung überwinden, und es will durch Fallmanagement die Hilfe- und Kontrollprozesse an den Übergängen zwischen drinnen und draußen aus einer Hand heraus fachlich steuern. Dadurch wird die Wirksamkeit der Resozialisierung gesteigert, und der Klient erhält einen kompetenten Partner, der mit ihm gemeinsam verlässlich Chancen vorbereitet und nutzt, der aber auch bei Klippen und Rückfällen an seiner Seite bleibt. Fehlende Verlässlichkeit und abgebrochene und wechselhafte Beziehungen erweisen sich immer wieder als zentrale kriminogene Faktoren. Ein wirksames Hilfesystem muss deshalb gegenteilige positive Erfahrungen ermöglichen und sie dauerhaft absichern.

Über diese »Leuchtturmprojekte« in den Ländern hinausgehend ist es aber erforderlich, das Übergangsmanagement als Bindeglied und Brücke zwischen der ambulanten und stationären Resozialisierung rechtlich, organisatorisch, finanziell und personell flächendeckend und nicht nur punktuell abzusichern – eine Reformaufgabe, die durchaus gleichwertig zur Strafvollzugsreform der Siebzigerjahre anzusehen ist.

Nachdem fast alle Länder mittlerweile ihre Strafvollzugsgesetze in Kraft gesetzt haben, stehen nunmehr Landes-Resozialisierungsgesetze an, die die Verzahnung mit den ambulanten Sozialen Diensten der Justiz (Gerichtshilfe, Bewährungshilfe, Führungsaufsicht) und der Freien Straffälligenhilfe gewährleisten. Bisher gibt es dazu nur einen ersten Professorenentwurf (Cornel, Dünkel, Maelicke, Sonnen) und einen Gesetzentwurf aus dem Saarland (»Gesetz zur ambulanten Resozialisierung und Opferhilfe«), der diese Systemveränderung beabsichtigt und auch die Interessen der Opfer integriert.

Außerdem fehlen Resozialisierungs-Masterpläne der Länder, in denen auf Landes- und kommunaler Ebene Netzwerke zwischen den drei Säulen Vollzug, Soziale Dienste der Justiz und Freie Straffälligenhilfe bedarfs- und wirkungsorientiert entwickelt und abgesichert werden. Modellhaft dafür kann der Bericht *Vernetzung statt Versäulung – Optimierung der stationären und ambulanten Resozialisierung in Hamburg* sein, verfasst von einer Kommission von Experten und Praktikern, die ich im Jahr 2010 in Hamburg leiten durfte. Die Kommission legte eine detaillierte Analyse des Reso-Systems im Stadtstaat und mehr als hundert Vorschläge zur Optimierung vor. Die Umsetzung geht seitdem nur sehr langsam und schrittweise voran – es ist zu hoffen, dass nach der Bürgerschaftswahl im Frühjahr 2015 eine neue Regierung neue Impulse setzen wird.

Sinn und Unsinn der Föderalismusreform

Dieses Buch hat sich bisher weitgehend auf die Darstellung von exemplarischen Einzelfällen und auf die Stärken und Schwächen der regionalen Reso-Systeme und ihrer Akteure konzentriert. Letztlich entscheiden aber die Gesetze des Bundes über die rechtlichen Rahmenbedingungen der Resozialisierung, zum Beispiel durch das Strafgesetzbuch, die Strafprozessordnung, das Jugendgerichtsgesetz und das Sozialgesetzbuch – um nur einige wenige zu nennen.

Zu dieser Bundeskompetenz gehörte bis zum Jahr 2006 auch das Bundes-Strafvollzugsgesetz. Für die Fachwelt völlig überraschend kam es im Spätherbst des Jahres 2004 im Rahmen der Föderalismusreform zu einem Angebot der Bundesjustizministerin Brigitte Zypries, die Gesetzgebungskompetenz für den Strafvollzug vom Bund auf die Länder zu übertragen. Die Mehrheit der Länder empfand diese Kompetenzübertragung als eine »aufgedrängte Bereicherung«. Sie hatten sie nicht gefordert und standen ihr zunächst ablehnend gegenüber. Auch sämtliche Fachverbände (zum Beispiel Richter, Strafverteidiger, Anstaltsleiter, Bewährungshelfer) lehnten den Vorschlag einhellig ab. Als jedoch die

Front der Länder bröckelte und neben Bayern und anderen CDU-regierten Ländern auch das traditionell SPD-regierte Nordrhein-Westfalen seine Zustimmung signalisierte, wurde der Zypries-Vorschlag im Rahmen eines »Tauschgeschäfts« in der Großen Koalition durchgesetzt. Auch die Bedenken von Rechtspolitikern des Bundestags (insbesondere der SPD-Fraktion) und fast aller Experten bei einer »Massen-Anhörung« im Mai 2006 konnten daran nichts mehr ändern. Eine vorgesehene Auswertung der Anhörung im zuständigen Rechtsausschuss des Bundestags wurde mit der Mehrheit der Großen Koalition verhindert, der Rechtsausschuss wurde somit vollständig übergangen.

Insider wissen, dass letztlich eine »Negativkoalition« verschiedener konservativ regierter Länder mit dem Bundesjustizministeriums zu diesem Ergebnis führte: Insbesondere Bayern und Hessen konnten sich auf Bundesebene mit ihren restriktiven Vorstellungen zur Reform des Bundes-Strafvollzugsgesetzes nicht durchsetzen. Das Bundesjustizministerium seinerseits konnte mit seinen Ideen für ein innovatives Bundes-Jugendstrafvollzugsgesetz die Mehrheit der Länder nicht überzeugen und wollte dieses schwierige Rechtsgebiet am liebsten loswerden. Schließlich lag die Durchführung und Finanzierung des Vollzugs allein in der Hand der Länder, dann sollten diese auch die Zuständigkeit für die Gestaltung der rechtlichen Rahmenbedingungen bekommen. Roland Koch erklärte sich bei dem wichtigen Streitpunkt Kooperationsverbot im Hochschulbereich nur dann zu einem Kompromiss bereit, wenn bei dem Thema Strafvollzug den Ländern nicht mehr reingeredet würde.

Die Föderalismusreform trat am 1. September 2006 in Kraft. Seitdem haben alle Bundesländer eigene Landesgesetze für den Jugendvollzug und für die Untersuchungshaft beschlossen. Für den Erwachsenenvollzug haben bisher elf neue Vollzugsgesetze das alte Bundes-Strafvollzugsgesetz abgelöst, für den Jugendarrest wurden drei neue Landesgesetze beschlossen. Hinzu kamen Gesetze zum Sicherungsverwahrungsvollzug. Insgesamt gibt es in allen sechzehn Ländern mehr als sechzig verschiedene Gesetzesvorhaben. Bis Ende 2015 dürften alle Länder ihre Hausaufgaben erledigt haben.

Der Gesetzgebungsaufwand infolge der Föderalismusreform war immens, alle sechzehn Justizministerien waren voll belastet mit den entsprechenden Gesetzesvorlagen für ihre Landtage. Allerdings orientierten sich die meisten an Musterentwürfen, sodass landesspezifische Besonderheiten nur marginal festzustellen sind. Unterschiede betreffen vor allem die Umsetzung der Gesetze – beispielsweise beim offenen Vollzug, bei Vollzugslockerungen oder bei der Personalausstattung. Diese Qualitätsunterschiede zwischen den Bundesländern in der ambulanten und stationären Resozialisierung gab es bereits vor der Föderalismusreform, sie sind seitdem allerdings noch größer geworden.

Einen »Wettbewerb der Schäbigkeit« (also einen Abbau von Standards), den die Gegner der Kompetenzübertragung befürchtet hatten, hat es durch die Reform nicht gegeben, allerdings auch keinen »Wettbewerb der Konzepte«, den die Befürworter propagiert hatten. Von großer Bedeutung sind jedoch die Kritikpunkte, die die Einheit des Strafrechts, des Strafverfahrensrechts und des Rechts des Strafvollzugs betreffen, letztlich also die Einheit des Rechtsstaats in Deutschland. Diese bündelnde und integrierende Gesamtzuständigkeit des Bundes wurde durch die Föderalismusreform in diesem Rechtsgebiet zerstört – alle Experten hatten in der Anhörung des Bundestags rechtzeitig darauf hingewiesen. In der Praxis vor Ort zeigen sich immer größer werdende Unterschiede, die auch in diesem Buch dargestellt wurden.

Auf Bundesebene ist eine zunehmende Tendenz zur Verschärfung des Strafrechts festzustellen, dabei werden die

Länder bei der Umsetzung der daraus folgenden Maßnahmen (Jugendarrest, Jugendstrafe, Führungsaufsicht, Untersuchungshaft, Strafvollzug, Sicherungsverwahrung) alleingelassen. Der Bund hat dafür keine legislative Verantwortung mehr.

Bisher hat es keine unabhängige strafvollzugswissenschaftliche Evaluation der Wirkungen und Nebenwirkungen der Kompetenzübertragung für den Strafvollzug vom Bund auf die Länder gegeben. Die Untersuchung von Hans-Peter Schneider *(Der neue deutsche Bundesstaat – Bericht über die Umsetzung der Föderalismusreform I)* beschränkt sich auf einen formalen Vergleich der bis zu diesem Zeitpunkt vorliegenden Landesgesetze. Es ist ausdrücklich keine sozialwissenschaftlich-empirische Untersuchung über die Qualitätsentwicklung in den Anstalten. Schneider kommt zu dem Fazit, dass sich die Warnung von Brigitte Zypries vor Musterentwürfen im Bereich des Strafvollzugs weitgehend bestätigt hat. Selbst die eigenständigen Gesetze der großen Länder weichen nicht wesentlich voneinander ab. Die Unterschiede ergeben sich nach Schneider im Wesentlichen aus der differierenden Finanzkraft der Länder beim Vollzug der Gesetze. Dies war jedoch auch schon vor der Föderalismusreform der Fall.

Drei der vier verantwortlichen Verhandler und Entscheider, die in einer Nachtsitzung vom 25. auf den 26. Juni 2006 das »Tauschgeschäft« besiegelt hatten, sind nicht mehr an Bord (Edmund Stoiber, Kurt Beck, Franz Müntefering). Die Leitung des Bundesjustizministeriums hat seitdem mehrfach gewechselt, keiner der damaligen Länderjustizminister oder -ministerinnen ist mehr im Amt. Einzig Angela Merkel könnte (und sollte!) Verantwortung für ihr damaliges Handeln übernehmen.

Ein demokratischer Rechtsstaat darf ein solches Verfahren und ein solches Ergebnis nicht stillschweigend hinnehmen. Deshalb schlage ich vor, zu dieser Thematik eine Enquetekommission des Bundestags mit unabhängigen Experten einzusetzen. Es reicht nicht aus, dass sich die Länder wechselseitig bestätigen, wie gut sie die Reform gesetzestechnisch bewältigt haben. Der Bundesgesetzgeber ist gefordert, sich über Wirkungen und Nebenwirkungen sowie Sinn und Unsinn seines Handelns ein eigenes Bild zu machen und auf dieser Grundlage zu klären, welche korrigierenden Aktivitäten zur Absicherung der Einheit und vollen Leistungsfähigkeit des Rechts- und Sozialstaats in Deutschland nunmehr erforderlich sind.

Das Modellprojekt RESI in Köln

In völligem Gegensatz zur Föderalismusreform stehen für mich die positiven Erfahrungen mit dem RESI-Projekt (Resozialisierung und soziale Integration) in Köln, das ich in den Jahren 2008 bis 2012 beraten und begleiten durfte. Auf Initiative meiner früheren »grünen« Justizministerin Anne Lütkes finanzierte der Verein »wir helfen« in Zusammenarbeit mit dem *Kölner Stadtanzeiger* ein Projekt, in dem vieles realisiert werden konnte, was ich auch in diesem Buch einfordere: eine durchgehende Betreuung von jugendlichen Strafgefangenen vor und nach ihrer Haftentlassung, ein Höchstmaß an individueller und situativer Betreuung, ein leistungsfähiges Verbundsystem ambulanter Hilfen mit einem fallsteuernden Lotsen. Das Kölner Projekt konzentrierte sich auf insgesamt vierundzwanzig Jugendliche zwischen vierzehn und neunzehn Jahren, die aus dem Jugendstrafvollzug in Nordrhein-Westfalen wieder nach Köln zurückkehrten und dort intensiv betreut wurden.

Die wissenschaftliche Begleitung durch Hans-Joachim Plewig und Antje Kohlschmidt von der Leuphana Universität Lüneburg ergab eindeutige Ergebnisse: Absolventen des RESI-

Projekts haben eine Rückfallrate von nur 13 Prozent – eine Quote, die bisher weder in Deutschland noch international durch ähnliche Projekte erreicht wurde. Pro betreutem Jugendlichen oder Heranwachsenden entstanden durchschnittlich pro Jahr 8300 Euro Aufwand für Fachleistungsstunden der Betreuer. Zum Vergleich: Ein Haftplatz im Jugendvollzug in Nordrhein-Westfalen kostet pro Tag 111,55 Euro, mithin im Jahr rund 40 000 Euro.

Der Bericht stellt außerdem fest, dass für alle befragten Jugendlichen und Heranwachsenden das Projekt von existenzieller Bedeutung war. Sie bauten zu ihren Betreuern (sie nannten sie »Buddies«) vertrauensvolle, belastbare und unbefristete Beziehungen auf. Die meisten hatten so etwas in ihrem bisherigen Leben in Kölner Problemstadtteilen noch nicht erlebt, aber immer bewusst oder unbewusst danach gesucht. Sie erhielten rund um die Uhr Unterstützung, aber auch Kontrolle beim Umgang mit jeglicher individueller und situativer Problemlage. Und sie erprobten und erlebten, dass ihre »Buddies« zu jedem Zeitpunkt in Krisensituationen für sie da waren und zu ihnen standen.

Nach dreieinhalb Jahren lief die Förderung durch den Verein »wir helfen« aus. Trotz intensivster Anstrengungen gelang es nicht, eine Weiterfinanzierung sicherzustellen. Hannelore Kraft, Ministerpräsidentin des Landes Nordrhein-Westfalen, die sich öffentlich sonst immer für eine »präventive Sozialpolitik« starkmacht, teilte mit, dass entsprechende Fördermittel nicht verfügbar seien. Ein Armutszeugnis, wenn man bedenkt, dass es um jährlich 200 000 Euro ging, bei einem Gesamthaushaltsvolumen in Nordrhein-Westfalen von jährlich etwa sechzig Milliarden Euro. Die Folgen waren dramatisch: Die entstandenen Beziehungen zwischen den Case Managern und den von ihnen betreuten Jugendlichen und Heranwachsenden mussten abgebrochen werden, erneute Rückfalluntersuchungen liegen (noch) nicht vor.

Die Moral der Geschichte: Jugendkriminalität, auch von Intensivtätern, kann massiv reduziert werden, doch die verantwortlichen Politiker scheuen sich, das aufzugreifen und umzusetzen, was fachlich möglich und in seiner positiven Wirkung wissenschaftlich nachgewiesen ist.

Wir brauchen bundesweit ungefähr fünfzig RESI-Projekte in allen Bundesländern, um Rückfälle in dem Ausmaß zu verhindern, wie es in Köln gelungen ist. Ein Gesamtaufwand von jährlich etwa zehn Millionen Euro ist dafür bundesweit erforderlich. Zum Vergleich: Für den Jugendstrafvollzug werden bundesweit jährlich rund dreihundert Millionen Euro aufgewendet. Die Öffentlichkeit, die Medien und die Landtage sind gefordert!

Eine Insel in Norwegen

Die Insel Bastøy liegt in idyllischer, malerischer Position südlich von Oslo, knapp fünfundsiebzig Kilometer vor der norwegischen Küste. Man kann Bastøy als Gefängnisinsel bezeichnen, doch dieser Name führt in die Irre. Auf Bastøy gibt es keine Mauern, keinen Stacheldraht und keine Vollzugsbeamten mit klapperndem Schlüsselbund.

Auf der Insel sind etwa hundert Straftäter untergebracht. Sie leben in rot gestrichenen Bungalows, mit Blick ins Grüne, fast wie im Urlaub. Wohngemeinschaften aus Mördern, Totschlägern, Erpressern und Drogendealern.

Straftäter, die nach Bastøy dürfen, haben einen Großteil ihrer Strafe bereits im geschlossenen Vollzug abgesessen und sich danach auch schon im offenen Vollzug bewährt. Sie bauen Gemüse im Garten an, führen handwerkliche Tätigkeiten aus und bewegen sich ansonsten frei auf der Insel. Sogar einem Mörder, der sein Opfer mit der Kettensäge zerteilt hatte, wurde es gestattet, mit einer Kettensäge Bäume zu fällen.

Die Bewohner von Bastøy dürfen bloß eines nicht: die

Insel verlassen. Bisher gab es nur einen Fluchtversuch, ein Häftling wollte mit einem kleinen Boot entkommen. Nach ein paar Kilometern kenterte das Boot jedoch, er trieb hilflos in der See und konnte gerade noch gerettet werden.

Was sich anhört wie eine Mischung aus Science-Fiction und naiver, utopistischer Idylle, ist in Norwegen bisher ziemlich erfolgreich. Auf der Insel können die Gefangenen viel besser als im Gefängnis lernen, ihr eigenes Leben zu organisieren und sich eigenverantwortlich zu bewegen. Ihnen wird das Positive eines gesetzestreuen Verhaltens vor Augen geführt. Ziel ist es, den Straftäter auf bestärkende und wertschätzende Weise an das Leben in der Gesellschaft heranzuführen. Freilich steht im Hintergrund immer die Drohung, bei Regelverstößen wieder zurück in den geschlossenen Vollzug verlegt zu werden.

Die Rückfallquote für Straftäter, die in Bastøy gewesen sind, liegt bei sensationellen 16 Prozent. Zudem ist diese Lösung für den Staat sehr kostengünstig: Die Gefangenen werden nur von durchschnittlich vier Beamten bewacht. Aufwendige Sicherungssysteme, Schließanlagen, installierte Kameras, Stacheldraht und dicke Betonmauern – all das kann man sich auf Bastøy sparen, ohne Abstriche an der Sicherheit zu machen.

Arne Nilsen, Direktor von Bastøy, sagt: »Warum bestrafen, wenn man den Menschen auch Menschlichkeit nahebringen kann?«

Restorative Justice – gibt es etwas Besseres als Strafrecht?

Die Suche nach etwas Besserem als dem Strafvollzug führt zwangsläufig dazu, auch nach etwas Besserem als dem (derzeitigen) Strafrecht zu suchen. Alle Fälle und Projekte, die ich in diesem Buch vorgestellt habe, sollen aufzeigen, dass es in der jetzigen Form der Bearbeitung des Konflikts zwischen

Täter, Staat und Opfer nur sehr selten gelingt, eine nachhaltige Bereinigung oder Lösung zu erreichen.

Der große Fortschritt unseres Strafsystems seit dem Mittelalter liegt darin, dass in der gesetzlich detailliert geregelten Art des Verfahrens im Gegensatz zur früheren Willkür und dem Recht des Stärkeren nunmehr der Staat die Konfliktbearbeitung übernommen hat und dabei an feste Regeln gebunden ist. Er allein hat das Monopol zu strafen und kann dies mit seinem »Gewaltmonopol« bis hin zum Freiheitsentzug auch durchsetzen. Der Rechtsstaat in Deutschland bietet seinen Bürgern damit ein hohes Maß an Sicherheit und Lebensqualität.

Bei genauerem Hinschauen zeigt sich jedoch in nahezu jedem Einzelfall, dass dies weitgehend nur für das formelle Regelwerk des Strafgesetzbuchs, der Strafprozessordnung und der Strafvollzugsgesetze gilt. Durch Strafen können zwar Grenzen aufgezeigt werden, eine sozial gerechte Konfliktlösung ist dadurch jedoch nicht zu erreichen. Vielfach verursacht die Bestrafung sogar zusätzlich soziale Folgeschäden.

Schon Gustav Radbruch, der Reichsjustizminister in der Weimarer Republik, hatte »nicht Verbesserung des Strafrechts, sondern Ersatz des Strafrechts durch etwas Besseres« gefordert. Dies bedeutete eine klare Abkehr von der Tatvergeltung hin zum Sichern, Helfen und Heilen: »Nicht die Tat, sondern der Täter, nicht der Täter, sondern der Mensch«, so Gustav Radbruch.

Mit dem Ziel, eine »Soziale Strafrechtspflege« zu etablieren, sind in den zurückliegenden Jahrzehnten viele Zwischenschritte auf dem Weg zu etwas Besserem als Strafrecht vollzogen worden: der Ausbau der Gerichtshilfe und der Bewährungshilfe, die gemeinnützige Arbeit statt der Ersatzfreiheitsstrafe, der Täter-Opfer-Ausgleich, die Resozialisierungsorientierung des Strafvollzugs, die rechtliche Besserstellung des Opfers – alles jedoch nur Verbesserungen im Rahmen des Strafrechts und keine wirklichen Alternativen zu diesem.

Schätzungen besagen, dass es jährlich bundesweit etwa 25 000 bis 30 000 Fälle eines Täter-Opfer-Ausgleichs gibt, vorwiegend im Bereich der »minderschweren« Kriminalität, davon immerhin rund die Hälfte Körperverletzungsdelikte. Selbst konservative Berechnungen halten jedoch bis zu einem Drittel der strafrechtlichen Verfahren für geeignet, einen Täter-Opfer-Ausgleich erfolgreich durchzuführen. Auch hier wird wieder die Diskrepanz deutlich zwischen dem, was fachlich möglich ist, und dem, was in der Praxis real umgesetzt wird.

Eine neuere Bewegung in Deutschland importiert aus der internationalen Fachdiskussion in letzter Zeit das erheblich weiter gehende Konzept der »Restorative Justice«. Gemeint ist im Sinne einer »wiederherstellenden Gerechtigkeit« ein Ersatz für das geltende Strafrecht, keine bloße Verbesserung desselben.

Restorative Justice beteiligt vor allem das Opfer an der Suche nach alternativen Formen der Konfliktlösung und will insoweit ein Ersatz für die gängigen gerichtlichen Strafverfahren sein. Hauptziel ist die Wiedergutmachung materieller und immaterieller Schäden und die (Wieder-)Herstellung von positiven sozialen Beziehungen zwischen Tätern und Opfern.

In Österreich beispielsweise wird in geeigneten Fällen nach der Anklageerhebung ein Mediationsverfahren angeboten. Ist dies erfolgreich, wird die Strafverfolgung eingestellt. Scheitert die Mediation, wird das gerichtliche Strafverfahren fortgesetzt.

In den USA gibt es Beispiele, dass aus dem Gefängnis heraus Kontakte zwischen Täter und Opfer aufgenommen wurden mit dem Ziel, einen Schadensausgleich zu ermöglichen und mit der Entlassung verbundene Ängste zu mindern.

Gemeinsame Bausteine dieser Programme sind die Mediation zwischen Täter und Opfer, Konferenzen und »runde Tische« mit weiteren Beteiligten sowie die Moderation des gesamten Prozesses durch spezialisierte hauptamtliche oder freiwillige Kräfte.

Als weit über das Strafrecht hinausgehendes Konfliktlösungsmodell findet Restorative Justice zunehmend auch an Schulen, in Einrichtungen der Jugendhilfe, in Wohnanlagen und in Stadtvierteln statt, auch in einigen Jugendgefängnissen gibt es erste Erfahrungen. Modellhaft ist auch hier die aktuelle Entwicklung in Schleswig-Holstein.

Mehrere Untersuchungen haben ergeben, dass durch Restorative Justice Rückfälle reduziert und die Zufriedenheit der Beteiligten an dieser Art des Verfahrens erhöht werden konnten. Restorative Justice kann also als ein Versuch bewertet werden, bei Konflikten die Entmündigung durch eine übergeordnete Autorität zu vermeiden und sie durch eigenverantwortliches und konstruktives Handeln der Betroffenen und Beteiligten zu ersetzen.

Mein Freund Max – Überleben in der Nachspielzeit

Ich hatte anfangs schon von ihm gesprochen: Wir lernten uns 1969 in der Justizvollzugsanstalt Freiburg kennen, er war der verurteilte Bankräuber, der durch seine Fragen und Wünsche aus der Politikgruppe eine Entlassungsgruppe machte. Wir nennen ihn Max, schließlich möchte ich nicht, dass seine heutige Ehefrau durch dieses Buch von seinem Vorleben erfährt. Ich fände es besser, wenn er ihr davon hätte erzählen können. Das nicht zu tun, war und ist aber allein seine Entscheidung.

Für Max begann sein zweites Leben an einem Tag im April im Jahr 1967. Seine damalige Ehefrau hatte ihm vor wenigen Tagen mitgeteilt, dass sie schon lange eine Beziehung zu einem anderen Mann habe, mit dem sie endlich Kinder bekommen wolle. Mit Max ging das nicht, er war zeugungsunfähig. Sie wollte sich deshalb baldmöglichst von ihm scheiden lassen.

Max war zu dem Zeitpunkt sechsundzwanzig Jahre alt und arbeitete als Sachbearbeiter beim TÜV in einer norddeutschen Kleinstadt. Er war strafrechtlich nie auffällig geworden und führte bis dahin, wie er sagte, ein »langweiliges, aber normales« Leben. Der Auszug seiner Frau aus der gemeinsamen Wohnung zog ihm förmlich den Boden unter den Füßen weg. Er war völlig verzweifelt und begann übermäßig zu trinken.

Und nun stand an diesem Frühlingstag ein ihm gut bekannter Autohändler in seinem Büro und bat ihn, kurzfristig auf seinen Aktenkoffer aufzupassen. Er wolle gleich zu einer Gebrauchtwagenmesse weiterfahren, müsse aber erst noch einen Wagen durch den TÜV bringen. Im Koffer sei Geld für Autokäufe auf der Messe, das würde er gerne für etwa eine Stunde im Büro von Max sicher deponieren.

Max stimmte zu, der Bekannte verließ das Büro und ließ Max allein mit seinen Sorgen und dem Koffer voller Geld.

Er schaute hinein und schätzte, dass in dem Koffer nahezu hunderttausend D-Mark Bargeld sein mussten. Es dauerte keine zehn Minuten, bis er sich entschied, sein bisheriges Leben hinter sich zu lassen. Er nahm den Koffer und fuhr los – nichts wie weg, viele Kilometer, in ein anderes Bundesland. Bei alten Freunden konnte er ein paar Tage unterkommen.

Das Geld und der Rausch des Abenteuers waren jedoch schneller weg, als er es für möglich gehalten hätte. Nach wenigen Monaten stand er vor der Frage, wie sein Leben weiter verlaufen solle. Zurück konnte er nicht, schließlich war er wegen des Diebstahls des Geldkoffers zur Fahndung ausgeschrieben. Außerdem war er bei dem sinnlosen Ausgeben des Geldes mit Leuten in Berührung gekommen, für die es nicht ungewöhnlich war, durch Überfälle ihr aufwendiges Leben zu finanzieren.

Max wusste, dass sein früheres bürgerliches Leben endgültig vorbei war, und er wollte dies auch. Er war voller Aggressionen und wollte nun alles auf eine Karte setzen. Deshalb entschied er sich, eine Bank auszurauben, um mit dem geraubten Geld ein freies und ungebundenes Leben führen zu können. Ein paar Tage lang suchte er nach einer geeigneten Filiale. Seine neuen Freunde besorgten ihm eine Waffe – eine Maschinenpistole.

Als es so weit war, ging es leichter und schneller, als Max gedacht hatte. Er zog sich einen Nylonstrumpf über den Kopf, betrat die Bank und schrie laut: »Dies ist ein Überfall, alle hinlegen!!!« Dann sprang er auf den Banktresen – die Tresen waren damals noch überall ungesichert – und zog mit einer Salve seiner Maschinenpistole erst einmal den Putz von der Decke.

Das genügte, um die anwesenden Kunden und Bankangestellten restlos einzuschüchtern. Einer alten Frau, die einen Schock erlitt und leise wimmerte, redete Max gut zu, um sie zu beruhigen. Dann hatten die Angestellten schon das Geld in einen schwarzen Müllsack gepackt, und er war mit seinem Motorrad verschwunden.

Die Presse schrieb vom »Gentleman-Bankräuber« und stilisierte ihn zu einer Art Robin Hood, weil er so freundlich zu den Kunden und den Angestellten gewesen war. Er wechselte die Orte, weitere erfolgreiche Überfälle folgten. Sein Markenzeichen wurde jedes Mal der Sprung auf den Tresen und die Salve mit der Maschinenpistole an die Decke. Es gab nie Verletzte, und er wendete nie direkte Gewalt gegen Personen an.

Doch nach etwa sechs Monaten wurde er gefasst. Sicherheitskameras hatten ihn während der Überfälle aufgenommen, Fahndungsplakate mit seinem Konterfei hingen überall aus, einer seiner neuen Freunde informierte die Polizei und verdiente sich die Fangprämie.

Max' erste und einzige Freiheitsstrafe betrug sieben Jahre. Er verbüßte sie in der Justizvollzugsanstalt Freiburg, zuletzt im offenen Vollzug in der Außenstelle Waldkirch, wurde vorzeitig entlassen und nie wieder rückfällig.

Max lernte nach seiner Entlassung eine Witwe kennen, die

ihn in ihrem Betrieb als Geschäftsführer einstellte und bald darauf heiratete. Mit ihr ist er jetzt fast vierzig Jahren zusammen. Er ist alt geworden und hatte in den letzten Jahren zwei Schlaganfälle.

Wir telefonieren regelmäßig und freuen uns beide darüber, dass es dem anderen gut geht. Er ist stolz, dass unser Sohn Steffen nun Rechtsanwalt in Hamburg ist. Er habe schon früh bei unseren Besuchen in Waldkirch gemerkt, dass aus dem Jungen etwas Besonderes würde, sagt er immer wieder.

Kürzlich hatte Max ein Problem: Er hatte bei einem Autounfall unverschuldet eine Radfahrerin angefahren, die Polizei machte einen Alkoholtest und vernahm ihn am Unfallort. Die Beamten fragten ihn auch, ob er vorbestraft sei, und er hatte »Nein« zu Protokoll gegeben.

Nun wollte er von mir wissen, ob diese falsche Angabe für ihn negative Konsequenzen haben könne. »Bernd, ich konnte nicht anders«, sagte er, »meine Frau war dabei, sie weiß doch nichts von meiner Vergangenheit!«

Und was ist aus Timo geworden?

Timo S. ist nun dreißig Jahre alt. Er arbeitet nicht mehr halbtags bei IKEA, sondern hat einen Ganztagsjob als Lagerarbeiter gefunden. Davon kann er, wie er selbst sagt, »relativ gut« leben. Seine Schuldenregulierung funktioniert, seine Gläubiger haben sich mit niedrigen Monatsraten abgefunden.

Anja M. ist verheiratet und hat ein weiteres Kind bekommen. Anjas Ehemann hat Chantal adoptiert, mit Timos Zustimmung. Timo muss aktuell keinen Unterhalt mehr für seine Tochter zahlen.

Seine Mutter ist ein Pflegefall geworden. Sie ist dement und lebt in einem Heim in der Nähe. Timo hat ihre Wohnung übernommen, er besucht sie alle paar Monate, sie erkennt ihn nicht mehr.

Während seiner Bewährungszeit durchlebte Timo eine große Krise: Er hatte wieder mal zu viel Alkohol getrunken und in diesem Zustand vergeblich versucht, in ein Haus einzudringen. Geklaut hatte er nichts, es war nur an der Haustür ein geringfügiger Sachschaden entstanden. Der Geschädigte war mit einer Geldzahlung als Schadenswiedergutmachung zufrieden und sah von einer Anzeige bei der Polizei ab. All dies war nur möglich, weil Timo seinem Bewährungshelfer sofort alles gestanden hatte und dieser unverzüglich aktiv mit dem Opfer verhandelte. Hätte der Geschädigte bei der Polizei Anzeige erstattet, wäre Timo mit hoher Wahrscheinlichkeit wegen versuchten Einbruchsdiebstahls zu einer nicht zur Bewährung ausgesetzten Freiheitsstrafe verurteilt worden. Seine bis zu diesem Zeitpunkt relativ gut verlaufene Resozialisierung wäre komplett gescheitert.

Zu Sascha hat Timo keinen Kontakt mehr. Sascha verbüßt eine Freiheitsstrafe von fünf Jahren in der JVA Märkelheim, nachdem die Polizei bei einer Großrazzia in seiner Wohnung und im Keller umfangreiches Diebesgut gefunden hatte. Sascha hatte sich zu einem professionellen Hehler entwickelt. Die Presse hatte ausführlich über eine Bande von Einbrechern berichtet – ein Sonderkommando der Polizei hatte ein ganzes Netzwerk auffliegen lassen. Timo ist heilfroh, nicht mehr dazuzugehören und noch einmal davongekommen zu sein. Er schwankt noch, ob er seinen alten Freund mal im Gefängnis besuchen soll.

Ab und zu geht Timo zu den Treffen mit ehrenamtlichen Helfern in die Anlaufstelle der Arbeiterwohlfahrt. Er hat dort vor Kurzem eine junge Frau kennengelernt, die ihm sehr, sehr gut gefällt. Seine Knastzeit liegt nun viele Jahre zurück, er sehnt sich nicht nur nach sexueller Befriedigung, sondern nach echter Liebe.

Dank

Dieses Buch ist entstanden, weil ich mich als mittlerweile dreiundsiebzigjähriger Zeitzeuge verpflichtet fühle, mit den Inhalten und innovativen Projekten, die ich über viele Jahrzehnte in zahlreichen Fachpublikationen, Lehrveranstaltungen und Kongressen zur Diskussion gestellt habe, gebündelt und zugespitzt eine längst überfällige öffentliche Diskussion anzuregen. Wenn man gesellschaftliche Verhältnisse verändern will, genügen interne und sich ständig wiederholende Fachdiskussionen nicht. Man muss damit die Öffentlichkeit, die Medien suchen und finden.

Deshalb gilt mein erster Dank den Redakteuren der *ZEIT*, (Martin Kotynek, Stephan Lebert und Daniel Müller), die mich ermuntert haben, über die bisherigen Beiträge in ihrer Wochenzeitschrift hinaus dieses Buch zu verfassen. So entstand auch der Kontakt zu Matthias Landwehr und seinen Mitarbeitern, die wiederum die Brücken zum Verlag C. Bertelsmann bauten.

Zwei junge Autoren, Florian Glässing und Thomas Mahler, halfen mir, dieses Buch zu schreiben. Viele Stunden und Tage habe ich für sie auf Band gesprochen, habe alle wichtigen und exemplarischen Erlebnisse und Rahmenbedingungen reflektiert und dargestellt, die für eine kritische Analyse und für Innovationen zum Thema Resozialisierung relevant sind.

Ein besonderer fachlicher und auch freundschaftlicher Austausch verbindet mich über viele Jahrzehnte mit Horst Becker, Heinz Cornel, Frieder Dünkel, Christoph Flügge, Gerd Koop, Holle-Eva Löhr, Harald Preusker und Bernd-Rüdeger Sonnen. Aus der Diskussion mit ihnen sind immer wieder kritische Analysen und innovative Vorschläge entstanden, die sich auch in diesem Buch wiederfinden.

Eine unerschöpfliche Quelle an Fakten, Situationsbeschreibungen und fachlichen Einschätzungen für das Resozialisierungsthema ist die Fachzeitschrift *Forum Strafvollzug*. Zu fast jedem Thema habe ich dort wichtige Informationen gefunden. Mein Dank gilt deshalb stellvertretend Frank Arloth, Jochen Goerdeler und Wolfram Reusch.

All meine Erkenntnisse, die ich in diesem Buch zusammengefasst darstelle, konnte ich nur durch den Austausch mit vielen Mitstreitern gewinnen, die neue Inhalte und Methoden einer wirkungsvollen Resozialisierung seit den Sechzigerjahren mit konzipiert, erprobt oder gefördert haben – sei es in der Praxis, sei es in der Wissenschaft, in der Politik oder in den Medien. Zu nennen sind Lilo Bieback-Diel, Vera Birtsch, Werner Bublies, Wolfgang Gottschalk, Dietrich Herfurth, Uwe Jensen, Wulf Jöhnk, Antje Kohlschmidt, Hartmut Krieg, Almuth Kummerow, Hannelore Maelicke, Wolfgang Medrisch, Helga Moriz, Helmut Ortner, Stefan Pelny, Hans-Joachim Plewig, Peter Rettenbeck, Nahmen Roeloffs, Joachim Rosenkranz, Johannes Sandmann, Volker Schwarz, Renate Simmedinger, Wolfhart Christoph Sommerlad, Andreas Strunk, Jo Tein, Stefan Thier, Monika Wunsch und viele andere mehr.

Und auch das Expertenteam vom Deutschen Institut für Sozialwirtschaft (DISW) war mit Rat und Tat beteiligt: Alfred Dieckmann, Georg Horcher, Fabian Frei, Rainer Fretschner, Andreas Langer, Stefan Siemer, Andreas Tietze und Peter Zängl.

Wie immer hat meine Tochter Kristine mir bei der technischen Erstellung des Manuskripts tatkräftig geholfen. Als ihr Sohn (unser dritter Enkel) Joa Matti geboren wurde, hat Christopher Wein von der Fachhochschule Kiel diese Aufgabe übernommen. Erstmals in meinem Leben als Autor wurde ich durch eine professionelle Lektorin betreut. Erst jetzt weiß ich, was das an zusätzlichem Arbeitsaufwand, aber vor allem auch an Qualitätsgewinn bedeuten kann. Sibylle Auer hat mir das Lesen und Schreiben neu beigebracht, ich werde ihr immer dankbar bleiben.

Hannelore Maelicke hat in den letzten Wochen und Monaten nicht nur meinen Krankenhausaufenthalt liebevoll begleitet, sie hat umsichtig und besorgt auch unser gemeinsames Leben so gestaltet, dass das Manuskript termingerecht erstellt werden konnte. Und natürlich hat sie die Textentwürfe wie immer kritisch durchgearbeitet und wusste vieles aus unserer gemeinsamen Vergangenheit und Gegenwart präziser und pointierter als ich.

Ihr widme ich dieses Buch und freue mich auf hoffentlich viele Jahre gemeinsamer »Nachspielzeit« mit ihr.

Kiel, im Februar 2015
Bernd Maelicke

Literatur

Arloth, Frank: Strafvollzugsgesetze, Kommentar, 3. Aufl., München 2011

Arnold, Ulli; Maelicke, Bernd: Lehrbuch der Sozialwirtschaft, 4. Aufl., Baden-Baden 2014

Bausch, Joe: Knast, 3. Aufl., Berlin 2013

Berndt, Christina: Resilienz, 8. Aufl., München 2014

Bieback-Diel, Lilo; Maelicke, Bernd: Endbericht der Planungsberatung des Mutter-Kind-Heimes der Frauen-Strafanstalt Frankfurt-Preungesheim, Frankfurt a. M. 1984

Birtsch Vera; Rosenkranz, Joachim: Mütter und Kinder im Gefängnis, Weinheim 1988

Brägger, Benjamin: Das schweizerische Vollzugslexikon, Basel 2014

Cornel, Heinz; Kawamura-Reindl, Gabriele; Maelicke, Bernd; Sonnen, Bernd-Rüdeger: Resozialisierung, 3. Aufl., Baden-Baden 2009

Cornel, Heinz; Simmedinger, Renate: Wiederaufnahme der Strafvollzugsreform, Berlin 1992

Cornel, Heinz: Die soziale Situation Haftentlassener, Berlin 1992

Ders.: Neue Punitivität durch Reduzierung der Strafrestaussetzungsquote im deutschen Strafvollzug?, Bad Godesberg 2013

Dünkel, Frieder: Empirische Beiträge und Materialien zum Strafvollzug, Freiburg i. Br. 1992

Dünkel, Frieder; Maelicke, Bernd: Irren ist (un)menschlich, 10 Irrtümer einer neo-konservativen Strafvollzugspolitik und ihre Widerlegung, in: Neue Kriminalpolitik, 2004, S. 131 ff.

Dünkel, Frieder; Tietze, Andreas; Zängl, Peter: Wertschöpfung durch Wertschätzung, Festschrift für Bernd Maelicke, Baden-Baden 2011

Eilenberger, Wolfram: Tatort und die Philosophie, Stuttgart 2014

Einsele, Helga; Maelicke, Bernd: Anlaufstelle für straffällig gewordene Frauen, Stuttgart 1980

Flügge, Christoph; Maelicke, Bernd; Preusker, Harald: Das Gefängnis als lernende Organisation, Baden-Baden 2001

Gurkasch, Dieter: Leben Reloaded, München 2013

Haupt, Holger; Weber, Ulrich: Handbuch Opferschutz und Opferhilfe, Baden-Baden 1999

Jehle, Jörg-Martin; Albrecht, Hans-Jörg: Legalbewährung nach strafrechtlichen Sanktionen, Berlin 2013

Klie, Thomas: Wen kümmern die Alten? München 2014

Laubenthal, Klaus: Strafvollzug, 6. Aufl., Heidelberg 2011

Maelicke, Bernd: Entlassung und Resozialisierung, Heidelberg 1977

Ders.: Brauchen wir ein Bundesresozialisierungsgesetz?, in: Zeitschrift für Rechtspolitik, 1986, S. 203 ff.

Ders.: Wie Wasser von Klippe zu Klippe geworfen. Ambulante Alternativen zum Jugendarrest und Jugendstrafvollzug, Frankfurt a. M. 1987

Maelicke, Bernd; Simmedinger, Renate: Sozialarbeit und Strafjustiz, Weinheim 1987

Maelicke, Bernd; Ortner, Helmut: Alternative Kriminalpolitik, Weinheim 1988

Maelicke, Bernd; Simmedinger, Renate: Schwimmen gegen den Strom – um der Überzeugung willen, Festschrift für Helga Einsele, Frankfurt a. M. 1990

Maelicke, Bernd: Komplexleistung Resozialisierung, in: Forum Strafvollzug, 2009, S. 60 ff.

Ders.: Vernetzung statt Versäulung. Vorschläge zur Optimierung der ambulanten und stationären Resozialisierung in Hamburg, Köln 2010

Ders.: Lexikon der Sozialwirtschaft, 2. Aufl., Baden-Baden 2013

Ders.: Vom Reso-Flipper zum Reso-Gesetz, in: Forum Strafvollzug, 2014, S. 113 ff.

Maelicke, Hannelore: Öffnung: Stand der Entwicklung des Mutter-Kind-Heimes in Frankfurt-Preungesheim, in: Birtsch/Rosenkranz, 1988, S. 177 ff.

Dies.: Mütter und Kinder im Gefängnis – die Suche nach humanen Lösungen, in: Maelicke/Simmedinger, 1990, S. 73 ff.

Dies.: Frauenkriminalität, Frauenstrafvollzug und ambulante Alternativen, in: Zeitschrift für Strafvollzug und Straffälligenhilfe, 1993, S. 226 ff.

Dies.: Ist Frauenstrafvollzug Männersache?, Baden-Baden 1995

Dies.: Helga Einsele – Ein Leben um der Überzeugung willen, in: Neue Kriminalpolitik, 2005, S. 56

Dies.: Frauenstrafvollzug, in: Fachlexikon der Sozialen Arbeit, 7. Aufl., Baden-Baden 2011

Müller, Andreas: Schluss mit der Sozialromantik!, Freiburg i. Br. 2013

Nikolopoulos, Iris-Niki: Der Kampf um den Konsens. Verfassungsändernde Prozesse: Vom Agenda Setting bis zur Endabstimmung, Wiesbaden 2014

Plewig, Hans-Joachim; Kohlschmidt, Antje: Projekt: Kölner Netzwerk »Resozialisierung und Soziale Integration« (RESI), Endbericht der wissenschaftlichen Begleitung, Lüneburg 2012

Preusker, Harald; Flügge, Christoph; Maelicke, Bernd: Das Gefängnis als Risiko-Unternehmen, Baden-Baden 2010

Sachs, Josef; Schmidt, Volker: Faszination Gewalt. Was Kinder zu Schlägern macht, Zürich 2014

Schneider, Hans-Peter: Der neue deutsche Bundesstaat – Bericht über die Umsetzung der Föderalismusreform I, Baden-Baden 2013

Tsokos, Michael; Guddat, Saskia: Deutschland misshandelt seine Kinder, München 2014

Register

Namensregister

Sachregister